TCP/IP – Grundlagen, Adressierung, Subnetting

Dirk Jarzyna

TCP/IP – Grundlagen, Adressierung, Subnetting

mitp

Bibliografische Information der Deutschen Nationalbibliothek
Die Deutsche Nationalbibliothek verzeichnet diese Publikation in der Deutschen Nationalbibliografie; detaillierte bibliografische Daten sind im Internet über <http://dnb.d-nb.de> abrufbar.

Bei der Herstellung des Werkes haben wir uns zukunftsbewusst für umweltverträgliche und wiederverwertbare Materialien entschieden.
Der Inhalt ist auf elementar chlorfreiem Papier gedruckt.

ISBN 978-3-8266-9499-8
1. Auflage 2013

www.mitp.de
E-Mail: mitp-verlag@sigloch.de
Telefon: +49 7953 / 7189 - 079
Telefax: +49 7953 / 7189 - 082

Lektorat: Ernst Heinrich Pröfener
Sprachkorrektorat: Jürgen Dubau
Satz: III-satz, Husby, www.drei-satz.de
Druck: Westermann Druck, Zwickau

Inhaltsverzeichnis

Einführung

Über TCP/IP sind schon viele Bücher geschrieben worden, dicke und dünne, leicht verständliche, schwer verdauliche, rote und blaue. Kein origineller Einfall also, ein weiteres hinzuzufügen. So war ursprünglich auch geplant, ein Buch ausschließlich über IPv6-Grundlagen zu schreiben. Doch schon zu Beginn der Arbeit wurde klar, dass es kaum möglich ist, einfach bei IPv6 einzusteigen, ohne zuvor über IP in der Version 4 oder TCP/IP allgemein geschrieben zu haben. Denn IPv6 baut in vielerlei Hinsicht auf IPv4 auf, und es ist deutlich einfacher, IPv6 zu verstehen, wenn IPv4 verstanden ist. Da man nicht unbedingt bei jedem an IPv6 interessierten Leser ein solides Grundverständnis von IPv4 voraussetzen kann, erschien es mir notwendig, in den ersten Kapiteln dieses Buchs ein solches Grundverständnis aufzubauen. Entstanden ist so schließlich ein Buch, das Grundwissen über IPv4 bzw. TCP/IP und IPv6 zu gleichen Teilen vermittelt. Tatsächlich nimmt sich dieses Buch bestimmte IPv4-Themen sehr gründlich vor. Das betrifft beispielsweise die mit IPv4-Adressen verbundene Mathematik. Ich habe die Erfahrung gemacht, dass zwar viel über IP-Adressen und Subnetting geschrieben wird, aber der Interessierte kaum eine gründliche Anleitung findet, die ihm dabei hilft, Subnetting in der Praxis durchzuführen.

In diesem Buch geht es also generell um TCP/IP. Deshalb war der für die erste Auflage dieses Buchs genutzte Titel »IPv6 – Das Praxisbuch« unglücklich gewählt. Ich bin zwar der Auffassung, dass das Buch tatsächlich alle für die Praxis relevanten Aspekte von IPv6 behandelt, aber der Titel war definitiv irreführend. Der Titel »TCP/IP – Grundlagen, Adressierung, Subnetting trifft den Inhalt genauer. Aber natürlich befasst sich ein großer Teil des Buches mit IPv6. Und das aus gutem Grund:

Die Netzwerk- und Internetwelt hat sich im Laufe der letzten Jahre dramatisch verändert: Ethernet feierte im Mai 2013 seinen vierzigsten Geburtstag! Das Internet ist riesig geworden und gereift, die Netzwerktechnik hat sich weiterentwickelt, und neue Technologien, die vor zehn, zwanzig Jahren noch unbekannt waren, sind heute allgegenwärtig und erlauben es den Menschen, miteinander zu kommunizieren, Dokumente, Bilder, Musik, Videos und Gummibärchen auszutauschen und von fast jedem Ort der Erde aus auf Daten zuzugreifen, die an irgendeinem anderen Ort auf der Erde gespeichert sind. Noch vor zwanzig Jahren gab es kein globales Netzwerk, mit dem sich interessierte Zeitgenossen einfach so verbinden konnten. Erst vor rund zehn, zwölf Jahren war das öffentliche Internet an dem Punkt angelangt, wo sich Menschen in den meisten Teilen der Welt mit ihm verbinden konnten. Selbst zur Jahrtausendwende waren die typischen Internetbenutzer überwiegend Menschen mit einem Faible für Computertechnik oder Benutzer, die das Internet beruflich nutzten. Heute scheint praktisch jeder aufs Internet zuzugreifen – über PCs, mobile Geräte, Telefone, Fernsehgeräte, Radios und sogar Kühlschränke. Und das mit dem Kühlschrank ist ernst gemeint.

So gut wie jedes Mobiltelefon unterstützt Internetverkehr und benötigt deshalb eine IP-Adresse. Dies gilt auch für moderne TV-Geräte, für Internet-Radios sowieso. Viele neue Autos können eine IP-Adresse beziehen und nutzen. Einige Hardwarehersteller sind der Meinung, wirklich jede ihrer Appliances benötige unbedingt die Fähigkeit, sich mit dem Internet zu verbinden. Selbst Nintendo hat den Gameboy zum IP-Adressen-Konsumenten weiterentwickelt, indem das Unternehmen ihm einen kleinen Web-Browser und ein paar weitere Funktionen eingepflanzt hat. Die riesige Zahl der Internetbenutzer und fast explosionsartig zunehmende Anzahl internetfähiger Endgeräte hat Auswirkungen: Die verfügbaren IP-Adressen (IPv4) sind so gut wie erschöpft. Das bedeutet nicht, dass sich Netzwerkfachleute nicht mehr mit IPv4 beschäftigen müssen, denn die riesige Zahl IPv4 nutzender Geräte will ja nach wie vor gemanagt werden, sondern es bedeutet, dass nun zusätzlich IPv6-Kenntnisse erforderlich sind.

»Irgendwann innerhalb der nächsten sechs Jahre wird die Menge der noch zuteilbaren IPv4-Adressen verbraucht sein.« Dies schrieb in ähnlicher Form die *Information Week*, und zwar bereits am 21. Mai 2007 (`www.informationweek.com`, »The Impending Internet Address Shortage«). Diese Situation ist inzwischen eingetreten.

Das bedeutet, dass die Migration zum neuen Internet-Protokoll IPv6 beschleunigt werden muss, um die sich abzeichnende Katastrophe ein für alle Mal zu stoppen.

Die Migration zu IPv6 wird durch den Bedarf nach immer mehr Adressen getrieben werden. Außerdem steigt die Nachfrage nach IPv6 durch den Druck der Behörden: Die US-Regierung setzte bereits ein Datum im Jahr 2008, bis zu dem sämtliche Einrichtungen, Behörden, Ämter und Agenturen der Regierung ihre Core-IP-Netzwerke auf IPv6 umgestellt haben sollten. Inzwischen haben wir 2013, die Sache dürft also längst erledigt sein. Ob dies tatsächlich so ist, war mir nicht wichtig genug, um es zu recherchieren. Als Signal taugt diese Regierungsinitiative auf jeden Fall.

Die Frage, die sich IT-Verantwortlichen stellt, lautet nicht mehr, ob sie zu IPv6 migrieren, sondern *wann* sie dies tun.

Die zwei wichtigsten Gründe für die Migration zu IPv6 wurden genannt: der Bedarf nach mehr Adressen und die Vorgaben durch Behörden. Daneben gibt es aber noch viele weitere Gründe, die IP-Verantwortliche eine Migration in Angriff nehmen lassen sollten, darunter folgende:

- Adresszuweisungsfunktionen: Die IPv6-Adresszuweisung erlaubt dynamische Zuteilung, leichtere Änderung und die Wiederherstellung von Adressen.
- Kein Bedarf für NAT und PAT: Durch Nutzung öffentlich registrierter eindeutiger Adressen auf allen Geräten entfällt die Notwendigkeit von Netzwerkadress- und Port-Übersetzungen. Ein angenehmer Nebeneffekt ist die Beseitigung einiger Anwendungsschicht- und VPN-Tunneling-Probleme, die NAT sonst bereitet.

- Aggregation: Der riesige Adressbereich von IPv6 erlaubt eine viel leichtere Zusammenfassung von Adressblöcken im Internet.
- IPSec: IPSec funktioniert natürlich sowohl mit IPv4 als auch mit IPv6, ist auf IPv6-Hosts jedoch zwingend erforderlich. Man kann also darauf vertrauen, dass IPSec vorhanden ist, beispielsweise für VPN-Tunneling.
- Header-Verbesserungen: Router müssen nicht mehr für jedes Paket eine Header-Prüfsumme berechnen, was natürlich den Overhead pro Paket reduziert. Außerdem enthält der Header ein Flow-Label, das die leichte Identifizierung von Paketen erlaubt, die über dieselbe einzelne TCP- oder UDP-Verbindung gesendet werden.

Selbstverständlich wird die weltweite Migration von IPv4 zu IPv6 kein einmaliges Ereignis sein. Ja selbst innerhalb von ein, zwei Jahren wird sie nicht erledigt sein. Stattdessen wird sie ein sehr langfristiger Prozess sein, der – siehe die Regierung der USA – bereits begonnen hat. IT-Verantwortliche, Netzwerkadministratoren und System Engineers werden zunehmend mehr über IPv6 lernen müssen. Dieses Buch ist eine Informationsquelle dafür.

IPv6 wurde nicht von Grund auf neu erfunden, sondern bedient sich bei einigen Konzepten, Methoden und Strategien durchaus bei IPv4. Andererseits unterscheidet es sich in vielen Punkten signifikant von IPv4. Um IPv6 zu verstehen, bietet es sich deshalb an, beide Protokollfamilien miteinander zu vergleichen. Dieses Buch tut genau dies an vielen Stellen. Im ersten Teil des Buchs findet der Leser alles wirklich Wissenswerte zu TCP/IP und IPv4, im zweiten Teil geht es dann ausschließlich um IPv6.

Dieses Buch erhebt keinen Anspruch auf Vollständigkeit; es beschreibt Dinge, die für die Praxis relevant sind. Sie finden hier also beispielsweise keine Listen, die jedes einzelne Bit einer DHCP-Acknowledgment-Nachricht beschreiben, sondern Sie erfahren hier, wozu DHCP dient, wie es grundsätzlich funktioniert und wo Sie es bei Bedarf herbekommen.

Teil I

TCP/IP-Grundlagen

Das TCP/IP- und OSI-Netzwerkmodell

Es existiert heute kaum ein Computer, der die TCP/IP genannte Netzwerkprotokollsammlung nicht unterstützt. Das liegt daran, dass heute so gut wie jeder Computer mit dem Internet verbunden ist und deshalb gar nicht darum herum kommt. Jedes Betriebssystem, ob Windows, Linux oder Unix, unterstützt TCP/IP. Selbst die sogenannten digitalen Assistenten (PDAs) und neueren Mobiltelefone unterstützen TCP/IP. Netzwerk-Switches unterstützen TCP/IP und Router natürlich ebenfalls, denn sonst könnten sie ihre Aufgabe, Daten über lokale Netzwerke und das Internet an den richtigen Adressaten weiterzuleiten, gar nicht erledigen.

So einfach war es nicht immer. Es ist noch nicht besonders lange her, da gab es keine Netzwerkprotokolle – auch kein TCP/IP. Computerhersteller erfanden die ersten Netzwerkprotokolle, die aber zunächst nur die Systeme genau dieses Herstellers unterstützten. Die Details der Implementierung wurden als Geheimnis gehütet. Irgendwann erkannten die Hersteller aber die Notwendigkeit, ihre Computer auch mit Computern und Geräten anderer Hersteller kommunizieren zu lassen, und veröffentlichten ihre Netzwerkprotokolle. IBM veröffentlichte beispielsweise 1974 ihr Netzwerkmodell *Systems Network Architecture* (SNA). Daraufhin entwickelten andere Hersteller Produkte, mit deren Hilfe ihre Computer über SNA mit den Computern von IBM kommunizieren konnten. Das funktionierte tadellos, hatte aber unter anderem den Nachteil, dass die großen Hersteller sagen konnten, wo es im Netzwerkmarkt langgeht. Dieses Problem ist noch immer nicht so ganz gelöst ...

Eine bessere Lösung war es jedenfalls, ein offenes standardisiertes Netzwerkmodell zu schaffen, das alle Hersteller unterstützen. In den später 1970er Jahren nahm sich die *International Organization for Standardiza-*

tion (ISO) dieser Aufgabe an und begann, an etwas zu arbeiten, das wir heute als *Open-Systems-Interconnection-* oder *OSI-Netzwerkmodell* kennen. Das Ziel des OSI-Modells war von Anfang an, Netzwerkprotokolle zu standardisieren, um die Kommunikation zwischen allen Computern auf der Welt zu ermöglichen.

Dem US-Verteidigungsministerium verdanken wir nicht nur Patriot-Raketen sondern auch ein zweites standardisiertes offenes Netzwerkmodell. Verschiedene amerikanische Universitäten entwickelten (freiwillig) im Auftrag des Ministeriums Netzwerkprotokolle. Diese Arbeit resultierte in ein konkurrierendes Netzwerkmodell mit dem Namen TCP/IP.

Ende der 1980er Jahre gab es viele konkurrierende proprietäre Netzwerkmodelle, darunter beispielsweise auch Novells IPX/SPX, und zwei konkurrierende standardisierte Netzwerkmodelle (OSI und TCP/IP). Was passierte, wissen wir: Am Ende setzte sich TCP/IP durch, nicht nur unter den zwei standardisierten Modellen, sondern es verdrängte auch viele der proprietären Protokolle.

Dieses Kapitel liefert die Grundlagen zu TCP/IP. Es beschreibt, was das TCP/IP-Netzwerkmodell ist und wie es funktioniert. Da in Verbindung mit TCP/IP immer wieder Begriffe auftauchen, die sich auf OSI beziehen, ist es notwendig, auch kurz auf das OSI-Modell einzugehen.

1.1 Die TCP/IP-Architektur

TCP/IP definiert eine große Anzahl von Protokollen, die Computern erlauben, miteinander zu kommunizieren. Allerdings sind es nur einige wenige Protokolle, die tatsächlich als »Hauptprotokolle« betrachtet werden. Von diesen wenigen Schlüsselprotokollen gelten zwei Protokolle als die wichtigsten: Das *Internet Protocol* (IP) übernimmt die Adressierung, das Datagram-Routing und weitere Funktionen in einem Internetzwerk. Das *Transmission Control Protocol* (TCP) ist das primäre Protokoll der Transportschicht; es ist verantwortlich für den Verbindungsaufbau und das Verbindungsmanagement und sorgt für einen zuverlässigen Datentransport zwischen Softwareprozessen auf Geräten. Die Details aller Protokolle der TCP/IP-Suite sind in Dokumenten beschrieben, die *Request for Comments* (RFCs) genannt werden. Wer die in den TCP/IP-RFCs beschriebenen Protokolle in einen Computer implementiert, kann relativ sicher sein, dass dieser Computer mit anderen Computern kommunizieren kann, die ebenfalls TCP/IP implementiert haben.

Wie andere Netzwerkarchitekturen verteilt TCP/IP die verschiedenen Protokolle auf unterschiedliche Schichten oder Layers eines Architektur- oder Schichtenmodells. Ein solches Modell hilft, die einzelnen Komponenten und deren Funktionen zu beschreiben. Als klassisches Schichtenmodell wird zwar das 1979 definierte OSI-Modell angesehen. *Protokollschichtenkonzepte* existierten allerdings schon lange, bevor sie durch das OSI-Modell formalisiert wurden. Ein Beispiel dafür ist eben die TCP/IP-Protokollarchitektur. Da TCP/IP historisch eng mit dem *Department of Defence* (US-Verteidigungsministerium) verknüpft ist, wird das TCP/IP-Schichtenmodell auch als *DoD-Modell* bezeichnet.

Tabelle 1.1 zeigt die Hauptkategorien des TCP/IP-Architekturmodells.

TCP/IP-Layer (Schicht)	Beispielprotokolle
Application (Anwendungsschicht)	HTTP, POP3, SMTP, FTP, Telnet
Transport (Transportschicht)	TCP, UDP
Internet (Internetschicht)	IP (IPv4 und IPv6)
Network Access (Netzzugangsschicht)	Ethernet, Token-Ring, FDDI

Tabelle 1.1: Das TCP/IP-Architekturmodell

Hinweis

Für die Bezeichnungen der einzelnen Schichten sowohl im TCP/IP- als auch im OSI-Schichtenmodell gibt es deutsche Begriffe. In Tabelle 1.1 sehen Sie die deutschen Begriffe in Klammern hinter den englischen Originalbegriffen. Es empfiehlt sich, beide Begriffe zu lernen, weil der größte Teil der Dokumentation zu TCP/IP und anderen Netzwerkthemen in englischer Sprache vorliegt und IT-Profis selbst in Deutschland häufig die englischen Originalbegriffe bevorzugen (und die deutschen Begriffe manchmal noch nicht einmal kennen – ich selbst muss sie auch immer wieder nachschlagen).

Tabelle 1.1 zeigt die vier Schichten des TCP/IP-Modells und nennt für jede Schicht beispielhaft ein paar populäre Protokolle, die eben auf der jeweiligen Schicht angesiedelt sind. Die folgenden Abschnitte beschreiben jede der vier Schichten und ihr Zusammenspiel genauer.

1.1.1 Die TCP/IP-Anwendungsschicht

Gleich das Wichtigste vorweg: Die *TCP/IP-Anwendungsschicht* definiert nicht die Anwendung selbst, sondern Dienste, die von Anwendungen benötigt werden. Das kann im Fall von HTTP beispielsweise die Fähigkeit sein, eine Datei zu übertragen. Die TCP/IP-Anwendungsschicht bietet also der auf einem Computer laufenden Anwendungssoftware Dienste. Sie bildet die Schnittstelle zwischen der Software auf dem Computer und dem Netzwerk.

Die heute populärste TCP/IP-Anwendung ist ohne Zweifel der Web-Browser. Einen Web-Browser zu benutzen ist so einfach wie Kaugummi kauen: Sie starten den Web-Browser auf Ihrem Computer und tippen den Namen der gewünschten Website ein, die daraufhin – falls nichts schiefgeht – erscheint. Hinter den Kulissen läuft dabei natürlich einiges ab.

Nehmen wir einmal an, Peter öffnet seinen Browser, der bequemerweise so konfiguriert ist, dass er automatisch die Homepage des Web-Servers Webby lädt.

Um die Webseite von Webby zu bekommen, sendet Peter einen *HTTP-Header* zu Webby. Dieser *Header* enthält den Befehl »get«, um eine Datei abzurufen. Normalerweise enthält diese Anfrage auch noch den Namen der Datei. Wird kein Name angegeben, nimmt der Web-Server an, dass die Default-Webseite gewünscht ist. Damit liegt er in der Regel richtig.

Hinweis

In deutschsprachiger Literatur über Netzwerkprotokolle liest man statt Header gelegentlich Kopf, beispielsweise statt Nachrichten-Header Nachrichtenkopf. Obwohl dies ein Buch in deutscher Sprache ist, möchte ich doch lieber beim englischen Originalbegriff Header bleiben.

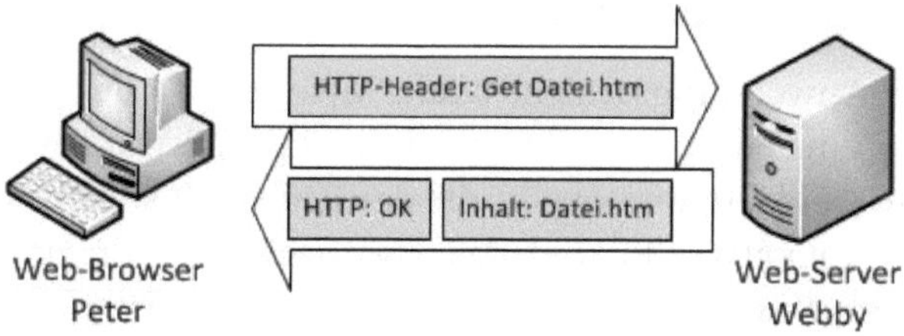

Abb. 1.1: Eine HTTP-Get-Anfrage und die HTTP-Antwort

Die Antwort des Web-Servers enthält ebenfalls einen HTTP-Header, der aber gerade mal ein »OK« zurück liefert. In der Realität enthält der Header natürlich einen HTTP-Return-Code, der sagt, ob die Anfrage bedient werden kann. Kann der Web-Server die gewünschte Datei nicht finden, sendet er einen HTTP-404-Fehler, »not found«. Findet er die Datei, dann sendet er den Return-Code 200: »Alles klar, ich bearbeite die Anfrage.«

Dieses einfache Beispiel zeigt eines der wichtigsten Konzepte von Netzwerkmodellen: Wenn eine bestimmte Schicht auf einem Computer mit derselben Schicht auf einem anderen Computer kommuniziert, dann nutzen die beiden Computer *Header*, welche die zu kommunizierenden Informationen enthalten. Die Header sind ein Teil dessen, was zwischen den Computern übertragen wird. Dieser Prozess wird »*same-layer interaction*« genannt, übersetzt etwa »Interaktion gleicher Schichten«.

Das Anwendungsschichtprotokoll (HTTP in unserem Beispiel) auf Peters Computer kommuniziert mit der Anwendungsschicht auf dem Web-Server Webby. Diese Kommunikation erfolgt durch das Erzeugen und Senden von Anwendungsschicht-Headern. Egal um welches Anwendungsschichtprotokoll es sich handelt, sie alle nutzen dasselbe Konzept der Kommunikation.

Neben HTTP umfassen die Protokolle dieser Schicht u.a. noch die Applikationsprotokolle FTP und SMTP sowie die administrativen Protokolle SNMP, DHCP und DNS.

1.1.2 Die TCP/IP-Transportschicht

Während zur TCP/IP-Anwendungsschicht relativ viele Protokolle zählen – HTTP ist ja nur eines davon –, gibt es auf der *TCP/IP-Transportschicht* eigentlich nur zwei Hauptprotokolle, die der Rede wert sind: das *Transmission Control Protocol* (TCP) und das *User Datagram Protocol* (UDP). Eine detaillierte Beschreibung der Transportprotokolle erfolgt später, und in diesem Abschnitt konzentrieren wir uns auf eine Schlüsselfunktion von TCP, die gut geeignet ist, etwas mehr über das generelle Konzept von Netzwerkmodellen zu erklären.

Um zu verstehen, was *Transportprotokolle* leisten, müssen wir an die Schicht direkt oberhalb der Transportschicht denken, die Anwendungsschicht. Jede Schicht stellt der direkt oberhalb liegenden Schicht einen Dienst zur Verfügung. Kehren wir noch einmal zurück zu unserem Beispiel mit Peter und Webby. Was wäre passiert, wenn Peters HTTP-Anfrage oder die Antwort des Web-Servers während der Übertragung irgendwo im TCP/IP-Netzwerk verloren gegangen wäre? Klar, die Seite wäre nicht im Browser erschienen.

TCP/IP benötigt also einen Mechanismus, der die Lieferung von Daten über ein Netzwerk garantiert. Da natürlich sehr viele Anwendungsschichtprotokolle eine garantierte, also zuverlässige Datenübertragung über ein Netzwerk wünschen, bietet TCP ihnen eine Error-Recovery-, also Fehlerbehebungsfunktion, die sich Acknowledgments (Bestätigungsnummern) bedient.

Betrachten Sie Abbildung 1.2: Der Web-Browser beauftragt TCP, die HTTP-Get-Anfrage zuverlässig auszuliefern. TCP sendet die Daten von Peter zum Web-Server – die Daten treffen fehlerfrei beim Web-Server ein, was dieser umgehend durch ein Acknowledgment bestätigt. Außerdem reicht der Web-Server die Daten an die Web-Server-Software weiter, die sie verarbeitet. Dasselbe geschieht in umgekehrter Richtung mit der Antwort des Web-Servers, die ebenso erfolgreich bei Peter eintrifft.

Welche Vorteile die TCP-Fehlerbehebung bietet, stellt man natürlich erst dann fest, wenn die Daten unterwegs verloren gehen. Gehen wir einstweilen davon aus, dass bei einem Datenverlust nicht etwa HTTP eingreift, sondern TCP die Daten erneut sendet und gewährleistet, dass sie erfolgreich empfangen werden.

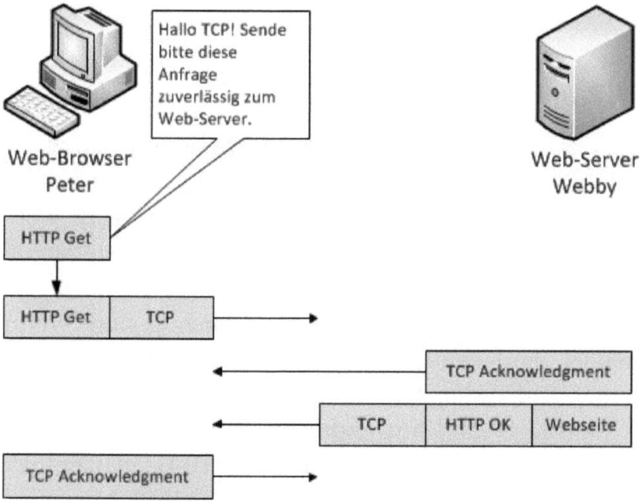

Abb. 1.2: TCP stellt HTTP seine Dienste zur Verfügung.

Dieses zweite Beispiel veranschaulicht ein Konzept, das »*adjacent-layer interaction*« genannt wird, übersetzt etwa »Interaktion benachbarter oder angrenzender Schichten«. Dieses Konzept beschreibt, wie die benachbarten Schichten eines Netzwerkmodells auf demselben Computer zusammenarbeiten. Das Protokoll der höheren Schicht, in diesem Fall HTTP, muss etwas tun, was es nicht kann (Fehlerbehebung). Also beauftragt das Protokoll der höheren Schicht das Protokoll der eine Stufe tiefer liegenden Schicht (TCP) damit, diese Aufgabe zu übernehmen. Das Protokoll der tieferen Schicht bietet dem Protokoll der höheren Schicht also einen Dienst.

Die beiden Beispiele zur Anwendungs- und Transportschicht ignorierten viele Details des physischen Netzwerks. Beide Schichten funktionieren immer genau gleich, unabhängig davon, ob sich die involvierten Endpunkt-Computer im selben LAN befinden oder ob sie durch das komplette Internet voneinander getrennt sind. Die zwei verbleibenden

Schichten aber, die Internet- und die Netzzugangsschicht, müssen das zugrunde liegende physische Netzwerk verstehen, denn sie definieren die Protokolle, die benutzt werden, um die Daten von einem Host zum anderen zu liefern.

1.1.3 Die TCP/IP-Internetschicht

Die *Internetschicht* ist zuständig für die logische Adressierung der physischen Netzwerkschnittstelle. Das klingt kompliziert, ist aber ganz einfach. Sehen wir uns noch einmal die Anfrage an, die Peter zum Web-Server sendet, diesmal mit einigen Details über das *Internetprotokoll* (IP). Die Linien bei Peters Arbeitsstation und dem Web-Server repräsentieren einfach zwei LANs, deren Details nicht wichtig sind. Wenn Peter die Daten sendet, dann sendet er tatsächlich ein IP-Paket. Dieses IP-Paket enthält einen IP-Header, den Transportschicht-Header (in diesem Fall einen TCP-Header), den Anwendungsschicht-Header (HTTP) und Anwendungsdaten (in diesem Fall keine). Der IP-Header enthält jeweils ein Quell- und ein Ziel-IP-Adressfeld. Das Quell-IP-Adressfeld enthält Peters IP-Adresse (1.1.1.1), das Ziel-IP-Adressfeld die IP-Adresse des Web-Servers (2.2.2.2).

Peter sendet das Paket zum Router R1. R1 untersucht die Ziel-IP-Adresse (2.2.2.2) und fällt die Routing-Entscheidung, das Paket zum Router R2 zu senden. Das funktioniert, weil R1 genug von der Netzwerktopologie kennt, um zu wissen, dass der Web-Server (2.2.2.2) auf der anderen Seite von R2 liegt. Wenn R2 das Paket empfängt, leitet dieser Router es über das Ethernet an den Web-Server weiter. Sollte die Verbindung zwischen R1 und R2 ausfallen, dann erlaubt IP R1, eine neue Route zu lernen, die den Web-Server über R3 erreicht.

IP definiert also IP-Adressen für jedes TCP/IP-fähige Gerät (IP-Host genannt). Diese Adressen erlauben IP-Hosts zu kommunizieren. Außerdem definiert IP *Routing*. Routing beschreibt, wie ein Router Datenpakete weiterleiten oder *routen* sollte.

Auf dieser Schicht finden wir also IP, außerdem unterstützende Protokolle wie ICMP und diverse Routing-Protokolle wie OSPF, RIP oder BGP.

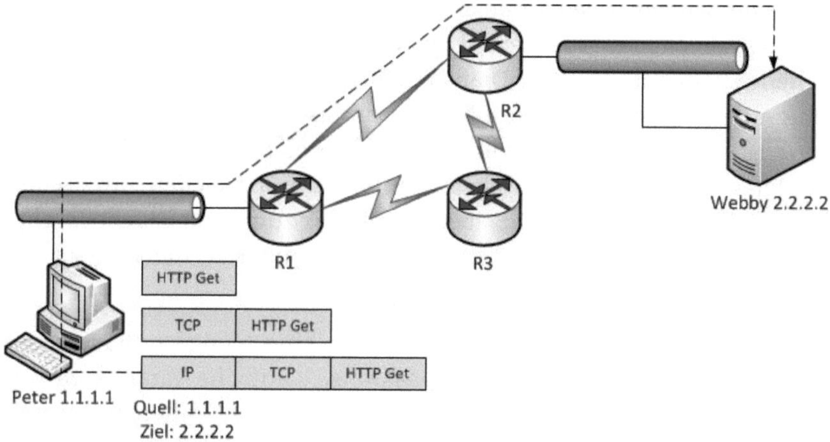

Abb. 1.3: IP-Dienste

1.1.4 Die TCP/IP-Netzzugangsschicht

Die *Netzzugangsschicht* definiert die für die Lieferung von Daten über ein physisches Netzwerk notwendigen Protokolle und Geräte. Der Begriff *Netzzugang* oder *Network Access* lässt bereits daran denken, dass diese Schicht definiert, wie ein Host-Computer zu verbinden ist mit dem physischen Medium, über das Daten transportiert werden können. Ethernet ist beispielsweise ein Protokoll, das auf der Netzzugangsschicht angesiedelt ist. Es definiert die notwendige Verkabelung, die Adressierung und Protokolle für ein Ethernet-LAN. Andere Protokolle der Netzzugangsschicht definieren Stecker, Kabel und Stromstärken für Protokolle, die Daten über WAN-Verbindungen übertragen.

Hier ist anzumerken, dass auf dieser Schicht sehr häufig überhaupt kein Protokoll läuft, das zur TCP/IP-Familie gehört. Wird TCP/IP zum Beispiel über ein Ethernet ausgeführt, dann ist es Ethernet, das sich um die Funktionen dieser Schicht kümmert. Trotzdem definiert der TCP/IP-Standard natürlich Protokolle für TCP/IP-Netzwerke, die keine eigenen Netzzugangsschichtprotokolle haben. Diese Protokolle sind das *Serial Line Internet Protocol* (SLIP) und das *Point-to-Point Protocol* (PPP).

Wie jede Schicht in jedem beliebigen Netzwerkmodell bietet die Netzzugangsschicht der im Modell über ihr liegenden Schicht Dienste. Sehen wir uns an, welche Dienste sie IP bietet. IP nutzt die Netzzugangsschicht, um IP-Pakete über das physische Netzwerk zu übertragen. Nun kennt IP zwar die Netzwerktopologie und weiß, welche Router miteinander und welche Computer mit welchen physischen Netzwerken verbunden sind, aber Details des zugrunde liegenden physischen Netzwerks kennt IP nicht. Deshalb nutzt IP die Dienste der Netzzugangsschicht.

Die Netzzugangsschicht umfasst natürlich eine Menge unterschiedlicher Protokolle. Dazu zählen beispielsweise sämtliche Variationen von Ethernet-Protokollen und anderen LAN-Standards, außerdem WAN-Standards wie *ATM* und das *Point-to-Point Protocol* (PPP).

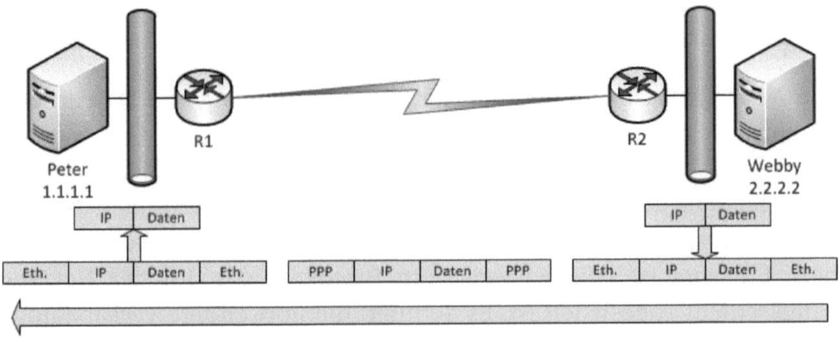

Abb. 1.4: Ethernet- und PPP-Dienste für IP

Sehen wir uns Abbildung 1.4 an. Web-Server Webby (rechts in der Abbildung) sendet seine Antwort an Peter. Dazu nutzt der Web-Server zunächst Ethernet, um das Paket an Router R2 zu senden. Dieser Prozess verlangt die Einhaltung der Ethernet-Protokollregeln. Spezifisch bedeutet dies, das IP-Paket (den IP-Header und die Daten) zwischen einen Ethernet-Header und einen Ethernet-Trailer zu stecken. Diesen generellen Vorgang nennt man *Einkapselung* oder *Kapselung* (Encapsulation).

Das Paket ist nun bei R2 angekommen, es muss nun von R2 zu R1 übertragen bzw. geroutet werden. Zwischen den beiden Routern wird das WAN-Protokoll PPP genutzt. Aufgabe des IP-Routings ist es, IP-Pakete auszuliefern, das heißt IP-Header und Daten. R2 benötigt den von Webby übermittelten Ethernet-Header und -Trailer nicht mehr. Also entfernt er den Ethernet-Header und -Trailer, übrig bleibt das Original-IP-Paket. Nun geht es mittels PPP weiter. R2 kapselt das IP-Paket also zwischen einem PPP-Header und PPP-Trailer ein und sendet den entstandenen Daten-Frame über die WAN-Verbindung zum Router R1.

Wichtig

Die Datengruppe einschließlich der Ethernet- und/oder PPP-Header und -Trailer auf Ebene der Netzzugangsschicht nennt man *Frame*. Auf Ebene der Internetschicht spricht man von einem *Paket*, und die Transportschicht überträgt *Segmente*.

Auf der Seite von Peter dreht sich der Vorgang um: R1 entfernt den PPP-Header und -Trailer, weil die Übertragung über die serielle Verbindung erledigt ist. Dann setzt R1 einen neuen Ethernet-Header vor und einen neuen Ethernet-Trailer hinter das IP-Paket, um es nun via Ethernet zu Peters Computer weiterleiten zu können.

1.2 Das OSI-Referenzmodell

Grundlage einer standardisierten Kommunikation zwischen Computern ist das *OSI-Referenzmodell* der ISO (OSI = *Open Systems Interconnection*, ISO = *International Organization for Standardization*). Das OSI-Modell ist für die Informations- und Kommunikationstechnologie wichtig, weil es ein komplettes Modell der Funktionen eines Kommunikationssystems zur Verfügung stellt. Halten sich also die verschiedenen Hersteller von Systemen an dieses Modell, dann können sich die Systeme untereinander verstehen. Allerdings passt das Modell nicht immer und ist auch nicht auf allen Computern verfügbar. Nichtsdestotrotz eignet es sich prima zur Beschreibung, zur Analyse und zum Vergleich verschiedener netzwerk- und kommunikationsrelevanter Angelegenheiten.

Ich beschreibe das OSI-Referenzmodell hier recht oberflächlich, da nahezu jedes Buch, das von Netzwerken allgemein handelt, Beschreibungen dieses Modells beinhaltet – der interessierte Leser sei darauf verwiesen. Die ISO hat für das OSI-Referenzmodell sieben Schichten definiert, die klar voneinander getrennt sind. Jede Schicht beschreibt detailliert bestimmte Aufgaben und Funktionen des Kommunikationsprozesses.

Das OSI-Referenzmodell beschreibt den Datenfluss in einem Netzwerk, angefangen bei der niedrigsten Schicht, die die physikalische Verbindung definiert, bis zu der Schicht, die die Anwendung des Benutzers definiert. Jede Information, die über das Netzwerk übertragen wird, wird wie beim zuvor besprochenen TCP/IP-Netzwerkmodell von Schicht zu Schicht weitergereicht. Jede einzelne Schicht kommuniziert mit der jeweils unter- und übergeordneten Schicht (*adjacent-layer interaction*) über definierte Schnittstellen. Empfängt eine Schicht ein Datenpaket, so prüft sie die Zieladresse des Pakets. Ist die eigene Adresse nicht vorhanden, so wird das Paket zur nächsten Schicht weitergereicht.

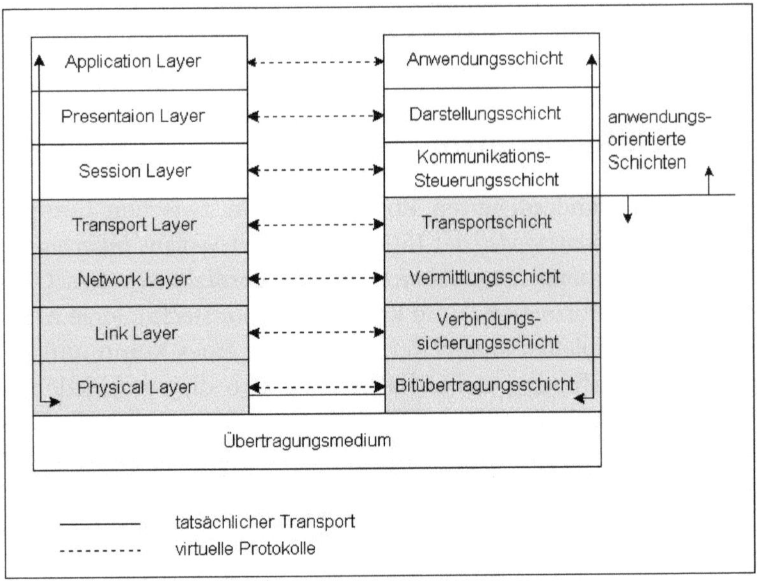

Abb. 1.5: Die sieben Schichten des OSI-Referenzmodells

Wenn zwei Computer in einem Netzwerk miteinander kommunizieren, so unterstellt die Software jeder einzelnen Schicht eines Computers, dass sie mit genau derselben Schicht des anderen Computers kommuniziert (*same-layer interaction*). So kommuniziert beispielsweise die Transportschicht des ersten Computers mit der Transportschicht des zweiten Computers. Dabei hat die Transportschicht des ersten Computers überhaupt keine Ahnung davon, wie die Kommunikation die tieferen Schichten durchläuft, über das physikalische Medium übertragen wird und schließlich durch die einzelnen Schichten des zweiten Computers fließt.

Wie erwähnt, besitzt jede einzelne Schicht fest umrissene Aufgaben, die nachfolgend kurz beschrieben werden:

Die *Anwendungsschicht* repräsentiert die Dienste, die Anwendungssoftware direkt unterstützen, beispielsweise Software für Filetransfer, Datenbankzugriffe oder E-Mail. Diese Schicht ist der Punkt, an dem Anwendungsprogramme, die außerhalb des Computers kommunizieren müssen, auf Netzwerkdienste zugreifen. Die Anwendungsschicht definiert außerdem Prozesse für die Benutzerauthentifizierung.

Die *Darstellungsschicht* ist zuständig für die Transformation der Daten in Standardformate, beispielsweise ASCII-Text, EBCDIC-Text, binär, BCD oder JPEG. Neben der Interpretation und Umsetzung der Daten bietet die Darstellungsschicht Dienste wie Verschlüsselung und Datenkompression.

Die *Kommunikationssteuerungs- oder Sitzungsschicht* erlaubt zwei Anwendungen, auf verschiedenen Konversationen oder Sitzungen (Sessions) aufzubauen, zu verwenden und abzubauen. Man redet hierbei von Prozess-zu-Prozess-Verbindungen. Die Kommunikationssteuerungsschicht ist ferner zuständig für die Prozesssynchronisation. Diese Schicht ist die unterste Ebene der anwendungsorientierten Schichten des Referenzmodells.

Zu den Aufgaben der *Transportschicht* zählt u.a. Fehlererkennung und -behebung. Lange Nachrichten werden, falls notwendig, in dieser Schicht für die Übertragung in kleinere Segmente zerlegt und auf Seiten des Empfängers wieder zu den Originalnachrichten zusammengesetzt. Die empfangende Transportschicht kann Empfangsbestätigungen senden. Die Transportschicht bildet logische Ende-zu-Ende-Verbindungen in Abstraktion der technischen Übertragungssysteme.

Die *Vermittlungsschicht* adressiert Nachrichten und übersetzt logische Adressen und Namen in physikalische Adressen. Sie bestimmt die Route vom Quell- zum Zielcomputer. Hier erfolgt also die Wegbestimmung im Netz, das Routing.

Die *Verbindungssicherungs- oder kurz Sicherungsschicht* bildet aus den Bits der Bitübertragungsschicht und den Paketen der Vermittlungsschicht Frames (logisch strukturierte Datenpakete). Die Schicht ist zuständig für den Transport der Frames von einem Computer zu einem anderen.

Die *Bitübertragungsschicht* überträgt Bits von einem Computer zu einem anderen. Hinter dieser Schicht verbergen sich die nachrichtentechnischen Hilfsmittel für die Übertragung der Bits.

Wichtig

Was Sie sich über das OSI-Referenzmodell unbedingt merken sollten, ist die Tatsache, dass das Modell beschreibt, was getan werden soll, nicht jedoch, wie es getan wird. Wichtig ist das insofern, als dass die Details der Implementierungen des Systems den jeweiligen Herstellern überlassen bleiben.

1.2.1 Einordnung der Komponenten und Protokolle ins OSI-Referenzmodell

Der große Vorteil des OSI-Referenzmodells ist dessen klare Strukturierung: Jeder einzelnen Schicht des Modells sind klare Aufgaben zugeordnet. Die Kommunikation zwischen den Schichten läuft über ebenso klar definierte Schnittstellen.

Was jetzt noch fehlt, ist die Zuordnung der Bestandteile eines Kommunikationssystems zu den einzelnen Schichten des Modells. In der folgenden Tabelle sehen Sie, auf welchen Ebenen sich bereits bekannte

Dinge wie Verkabelung und Netzwerkkarten befinden. Weiterhin wird dargestellt, auf welchen Ebenen sich welche Protokolle befinden.

OSI-Schicht	Bestandteil
7. Anwendungsschicht	HTTP, Telnet, FTP, POP3, X.400, FTAM, VTAM, X.500
6. Darstellungsschicht	ASN.1, SMB
5. Sitzungsschicht	NCP, NLSP
4. Transportschicht	TCP, SPX
3. Vermittlungsschicht	IP, IPX, Router
2. Sicherungsschicht	Ethernet (IEEE 802.3), Token-Ring (IEEE 802.5), PPP, Frame-Relay, ATM, LAN-Switch, Wireless-Access-Point, DSL-Modem, Kabelmodem
1. Bitübertragungsschicht	Ethernet (IEEE 802.3), RJ-45, EIA/TIA-232, V.35, Hub, Repeater, Verkabelung, Netzwerkkarte

Tabelle 1.2: OSI-Schichten und Bestandteile

1.2.2 OSI und TCP/IP

Das OSI-Modell wird heute als Standard für Vergleiche mit anderen Netzwerkmodellen genutzt. Tabelle 1.3 vergleicht die sieben Schichten des OSI-Modells mit den vier Schichten des TCP/IP-Modells.

OSI	TCP/IP
Anwendungsschicht	Anwendungsschicht
Darstellungsschicht	
Sitzungsschicht	
Transportschicht	Transportschicht
Vermittlungsschicht	Internetschicht
Sicherungsschicht	Netzzugangsschicht
Bitübertragungsschicht	

Tabelle 1.3: OSI und TCP/IP

Jede der sieben Schichten des OSI-Modells besitzt eine Sammlung genau definierter Funktionen. Somit ist es möglich, jedes Netzwerkprotokoll und jede Netzwerkspezifikation zu untersuchen und festzustellen, welcher der sieben Schichten das Protokoll oder die Spezifikation entspricht. Die Internetschicht von TCP/IP, überwiegend durch IP implementiert, entspricht ziemlich direkt der Vermittlungsschicht von OSI. Viele Netzwerkprofis sagen deshalb auch, IP sei ein *Schicht-3-* oder *Layer-3-Protokoll*. Nummeriert man die OSI-Schichten mit der Bitübertragungsschicht beginnend durch, landet man tatsächlich bei Schicht 3. Im TCP/IP-Modell wäre es allerdings Schicht 2 – schön blöd. Da sich aber bei der Beschreibung von Protokollen jeder auf das OSI-Modell bezieht, kann man IP tatsächlich als Schicht-3-Protokoll bezeichnen – alles wieder im Lot. Statt Schicht-3-Protokoll kann man natürlich auch Vermittlungsschichtprotokoll oder Network-Layer-Protokoll sagen. Habe ich Ihnen schon gesagt, dass ich diese deutschen Übersetzungen der Schichtbezeichnungen ziemlich künstlerisch und wenig zungenfreundlich finde? So sehen das auch andere Zeitgenossen – ich habe jedenfalls noch nie jemanden von einem Vermittlungsschichtprotokoll oder gar Kommunikationssteuerungsschichtprotokoll reden gehört.

Beim Betrachten der Tabelle 1.3 könnte man den Eindruck gewinnen, die Vermittlungsschicht des OSI-Modells wäre mit der Internetschicht des TCP/IP-Modells identisch. Das ist nicht der Fall, aber beide Schichten sind sich immerhin sehr ähnlich. Die OSI-Vermittlungsschicht definiert die logische Adressierung und das Routing. Das tut die TCP/IP-Internetschicht ebenfalls. Die Details unterscheiden sich, aber da beide Schichten dieselben Dinge spezifizieren, entspricht die TCP/IP-Internetschicht der OSI-Vermittlungsschicht doch sehr genau. Dasselbe gilt auch für die TCP/IP-Transportschicht. Hier heißt die entsprechende OSI-Schicht sogar genau so. TCP ein Transportschicht- oder Schicht-4-Protokoll zu nennen, ist also völlig korrekt.

Aber nicht alle Schichten des TCP/IP-Modells entsprechen genau einer Schicht des OSI-Modells. Beispielsweise definiert die TCP/IP-Netzzugangsschicht Protokolle und Spezifikationen, die OSI in den Schichten 1 und 2, also der Bitübertragungs- und der Verbindungssicherungsschicht definiert.

1.2.3 OSI-Einkapselung

Etwas weiter oben wurde kurz das Konzept der Kapselung oder Einkapselung erklärt. Darunter versteht man das Hinzufügen immer neuer Header- und gegebenenfalls Trailer-Informationen zu einem Datenpaket. Jede Schicht eines Netzwerkmodells fügt den Daten einen neuen Header hinzu, einige Schichten auch einen Trailer. Je nachdem, um welche Schicht im TCP/IP-Modell es geht, besitzen die entstandenen Datenpakete andere, eindeutige Namen: *Segmente* auf der TCP/IP-Transportschicht, *Pakete* auf der TCP/IP-Internetschicht und *Frames* auf der TCP/IP-Netzzugangsschicht.

Bei OSI sieht das ganz ähnlich aus, denn auch OSI funktioniert mit dem Prinzip der Kapselung und bezeichnet die entstehenden Datenpakete auf jeder Schicht anders. Allerdings nutzt OSI nicht wirklich originelle eindeutige Namen für die Pakete, sondern nummeriert sie eigentlich nur durch. Bei OSI bezeichnet man ein Datenpaket als *Protocol Data Unit* (etwa Protokolldateneinheit). Um zu kennzeichnen, auf welcher Schicht das jeweilige Datenpaket anzutreffen ist, setzt OSI einfach ein *Layer*, gefolgt von der Nummer der Schicht, davor. Ein Datenpaket der Vermittlungsschicht heißt also *Layer 3 Protocol Data Unit*, abgekürzt *L3PDU*.

1.3 Das weiß ich nun

1. TCP und UDP sind Protokolle welcher OSI-Schicht?
   a. Sitzungsschicht
   b. Darstellungsschicht
   c. Verbindungsschicht
   d. Sicherungsschicht
   e. Transportschicht
2. Wie nennt man die über das Netzwerk zu sendende Dateneinheit auf der TCP/IP-Internetschicht?
   a. Frame
   b. Päckchen

c. Segment

d. Postbrief

e. Paket

3. Welche der folgenden Protokolle sind Protokolle der TCP/IP-Internetschicht?

   a. SMTP

   b. Ethernet

   c. UDP

   d. IP

   e. HTTP

   f. TCP

4. Welche OSI-Schicht definiert die Standards für Datenformate und Verschlüsselung?

   a. Sicherungsschicht

   b. Darstellungsschicht

   c. Vermittlungsschicht

   d. Transportschicht

5. Welcher OSI-Schicht entspricht die TCP/IP-Internetschicht?

   a. Vermittlungsschicht

   b. Darstellungsschicht

   c. Sicherungsschicht

   d. Nachtschicht

   e. Transportschicht

6. Welche TCP/IP-Schicht definiert logische Adressen und Routing?

   a. Netzzugangsschicht

   b. Internetschicht

   c. Transportschicht

   d. Anwendungsschicht

Auflösung im Anhang A.

Routing und IP-Adressierung

Die auf der OSI-Schicht 3 (also der Vermittlungsschicht oder Network-Layer) angesiedelten Protokolle beschreiben, wie Datenpakete vom Quellcomputer zum Zielcomputer geliefert werden. Die Vermittlungsschicht definiert Folgendes: das Routing, die logische Adressierung, Routing-Protokolle sowie Hilfsfunktionen (Utilities) wie das Domain Name System (DNS), das Dynamic Host Configuration Protocol (DHCP) und das Address Resolution Protocol (ARP).

Dieses Kapitel liefert einige Grundlagen zum Routing, zur logischen IP-Adressierung und zu Routing-Protokollen. Anschließend sehen wir uns einige Details der OSI-Vermittlungsschicht (der TCP/IP-Internetschicht) an.

2.1 Funktionen der Vermittlungsschicht

Zu den Aufgaben der Vermittlungsschicht gehören die logische Adressierung und das Routing. Protokolle, die diese Dinge definieren, sind also Schicht-3-Protokolle. Das populärste Schicht-3-Protokoll ist heute ohne Zweifel IP, aber es gibt noch andere Schicht-3-Protokolle, beispielsweise Novells IPX (tatsächlich nutzen noch heute einige Netware-Netzwerke dieses Protokoll) und Apples AppleTalk-Datagram-Delivery-Protocol (DDP). Aber, wie gesagt, das heute am meisten genutzte Schicht-3-Protokoll ist IP.

Die Hauptaufgabe von IP ist es, Pakete (mit den darin enthaltenen Daten) vom Quellcomputer zum Zielcomputer zu routen (*Routing* bedeutet soviel wie *Wegewahl*). Glücklicherweise ist der Routing-Prozess sehr simpel, wie wir bald sehen werden. IP benötigt weder Vereinbarungen noch sonstigen Nachrichtenaustausch, bevor es ein Paket sendet. IP hat also keinen Overhead. Da sich IP also vor dem Datenversand nicht mit dem Zielhost verständigen muss, gilt es als ein *verbindungsloses* Protokoll. IP versucht, jedes Paket auszuliefern. Aber wenn ein Host oder zwischengeschalteter Router ein Paket nicht ausliefern kann, wird es schlicht verworfen, also gelöscht. Es erfolgt keine Fehlerbehebung!

Das IP-Routing stützt sich voll und ganz auf IP-Adressen, und tatsächlich wurde das IP-Adressierungsschema mit einem Hintergedanken ans Routing entworfen.

2.1.1 Routing

Das Routing (oder die Wegewahl) ist die Logik der Datenweiterleitung von der Quelle zum Ziel. Abbildung 2.1 illustriert diesen an sich simplen Prozess.

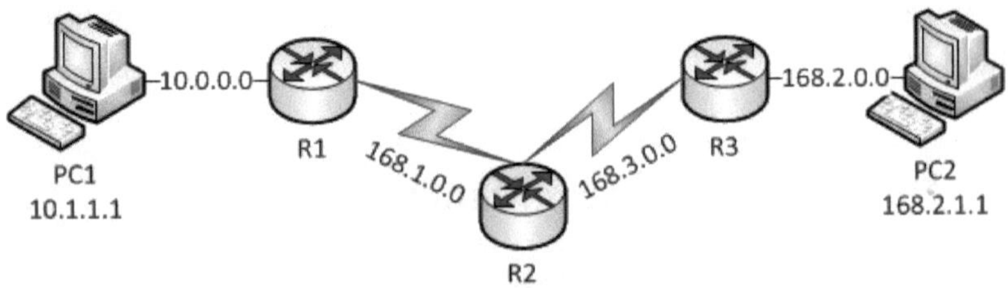

Abb. 2.1: Routing-Logik

PC1 möchte ein Paket zu PC2 senden. Da PC2 nicht im selben Ethernet (10.0.0.0) wie PC1 ist, muss PC1 das Paket zu einem Router senden, der sich im selben Ethernet wie PC1 befindet, in diesem Fall zu R1. PC1 sendet also einen Sicherungsschicht-(Data-Link-)Frame über das Medium (Ethernet) zu R1. Natürlich enthält der Frame das zu versendende Datenpaket. Zur Adressierung des Routers nutzt der Frame eine Sicherungsschicht-(Data-Link-)Adresse, also eine *MAC-Adresse*.

Der Computer, der die Daten erzeugt hat (also PC1), weiß selbst nicht viel über das Netzwerk, nur gerade einmal, wie er die Daten zu einem nahe gelegenen Router bekommt. Das reicht aber schon.

Die beiden Router R1 und R2 nutzen einen identischen Prozess, um das Paket zu routen. Die *Routing-Tabelle* eines jeden Schicht-3-Protokolls enthält eine Liste von *Vermittlungsschichtadressgruppen* (in diesem Fall IP-Adressgruppen). Eine Routing-Tabelle enthält also keinen einzelnen Adresseintrag für jede individuelle Vermittlungsschichtadresse, sondern einen Eintrag pro Gruppe. Die Router vergleichen die Ziel-Vermittlungsschichtadresse mit den Einträgen der Routing-Tabelle und finden eine Übereinstimmung. Der übereinstimmende Eintrag in der Routing-Tabelle verrät dem Router, wohin er das Paket als Nächstes senden muss.

Wie sind diese Adressgruppen zu verstehen? Sehen wir uns in Abbildung 2.1 PC2 an: Die Adresse dieses PCs beginnt mit 168.2. Jeder andere PC, dessen Adresse ebenfalls mit 168.2 beginnt, befindet sich im selben Ethernet wie PC2. So benötigt der Router lediglich einen Eintrag für das gesamte Netzwerk: »alle Adressen, die mit 168.2 beginnen«.

Alle Router, die zwischen PC1 und PC2 liegen, nutzen diesen oder jedenfalls einen sehr ähnlichen Prozess. Irgendwann landet das Paket bei dem Router, der direkt mit dem Netzwerk oder Subnetz des Zielcomputers verbunden ist (in diesem Fall R3).

Der Prozess des letzten Routers (R3) auf dem Weg ist ein wenig anders als der aller anderen Router, denn der letzte Router muss das Paket nicht zu einem weiteren Router, sondern zum Zielcomputer weiterleiten. Dazu gleich mehr.

2.1.2 Das Zusammenspiel von Vermittlungs- und Sicherungsschicht

Wenn ein mit der Ziel-IP-Adresse übereinstimmender Eintrag in der Routing-Tabelle gefunden wird (oder eine Default-Route existiert – dazu später mehr), dann wird die Vermittlungsschicht entscheiden, das Paket über die ebenfalls in der Routing-Tabelle verzeichnete Netzwerkschnittstelle zu senden. Dazu übergibt die Vermittlungsschicht (Network-Layer) das Paket an die Sicherungsschicht (Data-Link-Layer), die es wiederum an die Bitübertragungsschicht (Physical-Layer) weiterleitet. Bevor die

Sicherungsschicht das Paket an die Bitübertragungsschicht übergibt, fügt sie dem Paket einen Header und einen Trailer hinzu, sie erzeugt einen Frame aus dem Paket. Der Routing-Prozess leitet das Paket und nur das Paket Ende-zu-Ende durch das Netzwerk weiter. Dabei entfernt er unterwegs die Header und Trailer der Sicherungsschicht. Die Sicherungsschicht-Header und -Trailer werden unterwegs sukzessive neu erzeugt, um die Daten zum nächsten Router oder Host transportieren zu können. Jede Sicherungsschicht auf dem Weg zum Ziel sorgt nur dafür, dass die Daten das folgende Gerät erreichen. Dieser ganze Prozess nutzt die in Kapitel 1 beschriebene Kapselung.

Da die Router unterwegs neue Sicherungsschicht-Header und -Trailer erzeugen und Sicherungsschicht-Header nur Sicherungsschichtadressen enthalten, müssen die Router (und andere Geräte wie PCs) wissen, wie sie herausfinden können, welche Sicherungsschichtadresse sie benutzen müssen. Ein Weg, wie ein Router entscheidet, welche Sicherungsschichtadresse er nutzt ist, ist die Verwendung des *Address Resolution Protocol* (ARP).

2.1.3 IP-Paket und IP-Header

Jedes in einem Sicherungsschicht-Frame eingekapselte IP-Paket hat einen IP-Header, dem weitere Header und die eigentlichen Daten folgen. Abbildung 2.2 zeigt die in einem Standard-IPv4-Header enthaltenen Felder. Es handelt sich um einen 20-Byte-Header ohne optionale IP-Felder, wie er heute in den meisten Netzwerken anzutreffen ist.

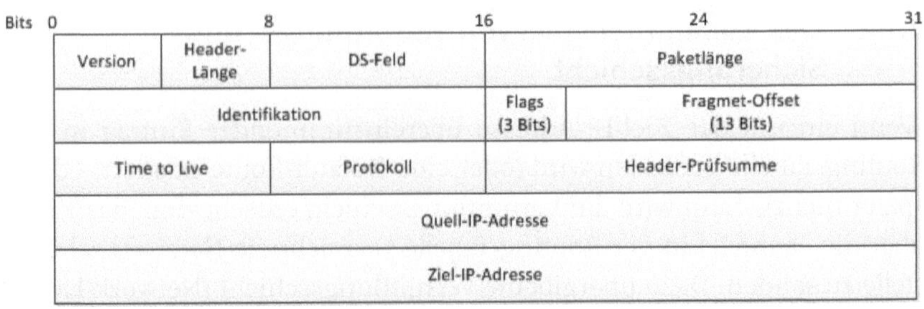

Abb. 2.2: Der IPv4-Header

Die meisten Felder des IPv4-Header werden wir ignorieren. Wichtige Felder indes, auf die dieses Buch noch häufiger Bezug nimmt, sind Time-to-Live (TTL), Protokoll und natürlich Quell- und Ziel-IP-Adresse. Der Vollständigkeit halber beschreibt die folgende Tabelle dennoch alle Felder.

Feld	Beschreibung
Version	Die Version des IP-Protokolls. Die meisten Netzwerke nutzen heute (noch) Version 4.
Header-Länge	Definiert die Länge des IP-Headers einschließlich optionaler Felder.
DS-Feld	Differentiated Services. Genutzt für die Markierung von Paketen für die Zuordnung unterschiedlicher Grade von Quality-of-Service (QoS).
Paketlänge	Beschreibt die Länge des IP-Pakets einschließlich Daten.
Identifikation	Wird vom Fragmentierungsprozess genutzt. Alle Fragmente des Originalpakets haben dieselbe Identifikation.
Flags	Drei vom IP-Fragmentierungsprozess genutzte Bits.
Fragment-Offset	Eine Nummer, die den Hosts hilft, fragmentierte Pakete wieder zum Originalpaket zusammenzusetzen.
Time to Live	Ein Wert, der zur Verhinderung von Routing-Schleifen genutzt wird.
Protokoll	Identifiziert den Inhalt des Datenteils des IP-Pakets. Protokoll-Nr. 6 gibt beispielsweise an, dass der erste Teil im IP-Paketdaten-Feld ein TCP-Header ist.
Header-Prüfsumme	Speichert einen Frame-Check-Sequence-(FCS-)Wert, mit dem festgestellt werden kann, ob es einen Bit-Fehler im IP-Header gibt.
Quell-IP-Adresse	Die 32-Bit-IP-Adresse des Senders des Pakets.
Ziel-IP-Adresse	Die 32-Bit-IP-Adresse des Empfängers des Pakets.

Tabelle 2.1: Die Feldes des IPv4-Headers

2.1.4 Adressierung auf Ebene der Vermittlungsschicht

Hier beginnen wir damit, uns über eines der wichtigsten Konzepte von TCP/IP (und anderer Schicht-3-Protokolle) zu unterhalten. Vermittlungsschichtprotokolle definieren die Bedeutung und das Format logischer Adressen. Der Begriff »logisch« bezieht sich in diesem Fall nicht darauf, ob die Adressen tatsächlich einen Sinn ergeben – ich habe schon mehr als genug unsinnige logische Adressen gesehen. Als logische Adresse bezeichnen wir in diesem Zusammenhang eine Adresse, die einer physischen Adresse, beispielsweise einer MAC-Adresse, gegenüber steht.

Jeder Computer, der mit anderen Computern kommunizieren möchte, muss über mindestens eine logische Vermittlungsschichtadresse verfügen. Ohne eine solche Adresse kann er weder Datenpakete senden noch empfangen.

Vermittlungsschichtadressen sind so gestaltet, dass sie logische Gruppierungen von Adressen erlauben. Wir haben dieses Konzept schon bei Routing-Tabelleneinträgen kennengelernt. Kurz wiederholt: Etwas im Wert der numerischen Adresse impliziert eine Gruppe von Adressen. Im Fall von IP-Adressen nennen wir eine solche Gruppe ein *Netzwerk* oder *Subnetz*. Vermittlungsschichtprotokolle implementieren dieses Konzept unterschiedlich, aber bei IP-Adressen sieht es so aus, dass der erste Teil einer IP-Adresse für alle Adressen einer Gruppe identisch ist.

Routing nutzt die Tatsache, dass Vermittlungsschichtadressen gruppiert sind. Wir haben bereits gesehen, dass die Routing-Tabellen einen Eintrag pro Gruppe enthalten, nicht pro individuelle Adresse. Nur deshalb können Router so hoch skalieren, dass sie tatsächlich mehrere Tausend Hosts unterstützen.

2.1.5 Routing-Protokolle

Bislang haben wir einfach unterstellt, dass Router irgendwie wissen, wie sie ein Paket von PC1 zu PC2 weiterleiten müssen. Um die richtige Entscheidung treffen zu können, benötigen die Router Routing-Tabellen, die eine Route enthalten, die an PC2 gesendeten Paketen entspricht.

Diese Routen sagen dem Router, wohin er das Paket als Nächstes senden soll. Solche Routing-Tabellen müssen natürlich erst einmal mit Einträgen gefüllt werden, bevor ein Router sie nutzen kann.

In den meisten Fällen erzeugen Router ihre Routing-Tabelleneinträge dynamisch. Dafür nutzen sie Routing-Protokolle, welche die Standorte der Vermittlungsschichtgruppen im Netzwerk lernen und bekannt geben. Routing-Protokolle definieren wie jedes andere Protokoll Nachrichtenformate und Prozeduren. Ihr Endziel ist es, die Routing-Tabelle zu füllen mit allen bekannten Zielgruppen und der besten Route, über die jede Gruppe erreicht werden kann.

Bis jetzt haben wir einige der Basisfunktionen der OSI-Vermittlungsschicht eher allgemein besprochen. Nachdem nun diese Grundlagen gelegt sind, können wir uns den Routing-Prozess spezifisch für TCP/IP ansehen.

2.2 IPv4-Adressierung

Für jeden IT-Profi, der mit Netzwerken bzw. dem Routing in Netzwerken zu tun hat, dürfte die IP-Adressierung eines der wichtigsten Themen sein. Netzwerkadministratoren, die im Umgang mit IP-Adressen, deren Formaten, Gruppenkonzepten und Unterteilungen in Subnetze nicht fit sind, sind keine Netzwerkadministratoren.

Die folgenden Abschnitte geben einen Überblick über die IP-Adressierung und das IP-Subnetting.

2.2.1 Ein paar IP-Adressbegriffe

Jedes Gerät, das mithilfe von TCP/IP kommunizieren möchte, benötigt eine IP-Adresse. Besitzt es eine IP-Adresse und natürlich die erforderliche Hard- und Software, kann es IP-Pakete senden und empfangen. Ein Gerät, das IP-Pakete senden und empfangen kann, wird *IP-Host* genannt.

Eine IP-Adresse ist eine 32-Bit-Nummer, die üblicherweise in *dotted-decimal Notation* (durch Punkte getrennte ganze Zahlen in Dezimaldarstellung) geschrieben wird. Der Ausdruck »dezimal« leitet sich von der Tatsache ab, dass jedes Byte (8 Bits) der 32-Bit-IP-Adresse als sein dezimales Äquivalent dargestellt wird. Dadurch entstehen vier hintereinander geschriebene Dezimalzahlen, die durch Punkte voneinander getrennt werden (daher der Ausdruck »dotted«). Beispielsweise ist 168.1.1.1 eine in Dotted-decimal-Form geschriebene IP-Adresse, deren tatsächliche Binär-Version 10101000 00000001 00000001 00000001 ist. Die Binär-Version ist prima für Computer und Herrn Data von der *Enterprise* geeignet – Menschen können sie sich nur schwer merken, weshalb sie auch nur selten niedergeschrieben wird. Allerdings ist es häufig notwendig, zwischen beiden Formaten zu konvertieren – dazu später mehr.

Jede der vier Dezimalzahlen einer IP-Adresse wird *Oktett* genannt. Das hat nichts mit einer Gruppe von Musikern zu tun, sondern ist einfach ein anderer neutraler Begriff für *Byte*. Jede IP-Adresse besteht also aus vier Oktetten. Das erste Oktett der IP-Adresse 168.1.1.1 ist 168, das zweite Oktett 1 usw. Die möglichen dezimalen Werte für jedes Oktett liegen zwischen 0 und 255 inklusiv.

Wichtig

Jede Netzwerkschnittstelle hat ihre eigene IP-Adresse. Viele Menschen sagen, ihr Computer habe eine IP-Adresse, aber tatsächlich ist es die im Computer steckende Netzwerkkarte, die eine IP-Adresse besitzt. Hat ein Computer zwei oder mehr Netzwerkkarten, dann hat er auch zwei oder mehr IP-Adressen. Das Gleiche gilt für Router.

2.2.2 Wie IP-Adressen gruppiert werden

Die Originalspezifikationen für TCP/IP gruppierten IP-Adressen in Sammlungen aufeinanderfolgender Adressen, die *IP-Netzwerke* genannt werden. Alle Adressen in einem einzelnen Netzwerk haben im ersten Teil der Adresse einen identischen Wert.

Abbildung 2.3 zeigt ein einfaches Internetzwerk, das aus drei separaten IP-Netzwerken besteht.

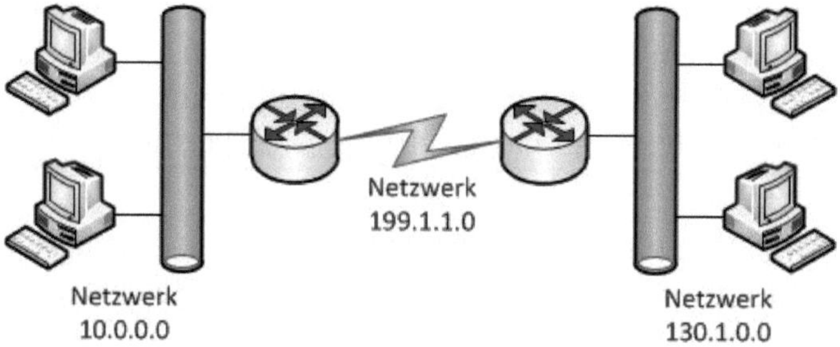

Abb. 2.3: Ein einfaches Beispielnetzwerk mit drei Subnetzen

Die Konventionen zur IP-Adressierung und IP-Adressgruppierung machen das Routing relativ simpel. In Abbildung 2.3 sind beispielsweise alle IP-Adressen, die mit 10 beginnen, im IP-Netzwerk auf der linken Seite. Alle Hosts, deren IP-Adressen mit 130.1 beginnen, befinden sich im IP-Netzwerk auf der rechten Seite. Und 199.1.1 ist das Präfix für alle IP-Adressen in dem Netzwerk, das die Adressen der seriellen Verbindung enthält. In Abbildung 2.3 gehören nur die IP-Adressen der beiden Router zu dieser letzten Gruppierung.

Die Router bilden jeweils eine Routing-Tabelle mit drei Einträgen: ein Eintrag pro Präfix oder Netzwerknummer. Der Router auf der rechten Seite kann beispielsweise einen Eintrag haben, der sich auf alle Adressen bezieht, die mit 10 beginnen.

Aus der Abbildung lassen sich zwei Regeln ablesen:

1. IP-Adressen derselben Gruppe dürfen nicht durch einen Router getrennt sein,
2. IP-Adressen, die durch einen Router getrennt sind, müssen sich in verschiedenen Gruppen befinden.

2.2.3 Netzwerkklassen

In Abbildung 2.3 bilden alle IP-Adressen, die mit 10 beginnen, eine Gruppe (das Netzwerk auf der linken Seite). Alle IP-Adressen, die mit 130.1 beginnen, bilden eine weitere Gruppe (das Netzwerk auf der rechten Seite). Und in der Mitte haben wir eine Gruppe der IP-Adressen, die mit 199.1.1 beginnen. Das ist verständlich. Weniger verständlich ist indes, dass wir einmal ein Präfix haben, das aus einem Oktett besteht, dann eines, das zwei Oktette nutzt, und schließlich ein Präfix, das sogar aus drei Oktetten besteht. Kann das so richtig sein? Ja. Das hat mit einem anderen Konzept zu tun: den IP-Adressklassen.

RFC 791 definiert das IP-Protokoll mit mehreren unterschiedlichen Klassen von Netzwerken. IP definiert insgesamt drei Netzwerkklassen für Adressen, die individuellen Hosts zur Verfügung stehen – Adressen dieser Klasse werden Unicast-IP-Adressen genannt. Diese drei Klassen werden mit A, B und C bezeichnet. Darüber hinaus definiert TCP/IP noch die Klassen D und E: Klasse D für Multicast-Adressen und Klasse E für experimentelle Adressen.

Alle Adressen im selben Klasse-A-, -B- oder -C-Netzwerk haben denselben numerischen *Netzwerk-* oder *Subnetzteil* der Adresse. Der Rest der Adresse wird *Host*-Teil der Adresse genannt.

Die Klassen A, B und C haben unterschiedliche Längen für den Teil der Adresse, der das Netzwerk identifiziert:

- Klasse-A-Adressen haben einen ein Byte (ein Oktett) langen Netzwerkteil. Damit bleiben drei Bytes (drei Oktette) für den Host-Teil übrig.
- Klasse-B-Adressen haben einen zwei Byte (zwei Oktette) langen Netzwerk- und einen zwei Byte (zwei Oktette) langen Host-Teil.
- Klasse-C-Adressen haben einen drei Byte (drei Oktette) langen Netzwerk- und einen nur ein Byte (ein Oktett) langen Host-Teil.

Das Netzwerk 10.0.0.0 auf der linken Seite von Abbildung 2.3 ist also ein Klasse-A-Netzwerk, das lediglich ein Oktett für den Netzwerkteil der Adresse nutzt. Die Adressen aller Hosts in diesem Netzwerk beginnen also mit 10. Auf der rechten Seite der Abbildung ist das Klasse-B-Netzwerk 130.1.0.0 aufgeführt; es nutzt zwei Oktette für den Netzwerk- und zwei Oktette für den Host-Teil der Adressen.

Nun kann man folgende Konvention erkennen: Wenn wir den Netzwerkteil einer Nummer schreiben, dann schreiben wir dezimale Nullen in den Host-Teil der Nummer. Das Klasse-A-Netzwerk 10 schreiben wir also als 10.0.0.0, das Klasse-B-Netzwerk 130.1 als 130.1.0.0 auf.

Aus den unterschiedlichen Größen der Netzwerk- und Host-Teile der verschiedenen Klassen folgen unterschiedliche viele darstellbare Werte für Netzwerke und Hosts. Sehen wir uns unser Klasse-A-Netzwerk noch einmal an: Es benötigt ein Oktett (Byte) für den Netzwerkteil. Bleiben drei Oktette oder 24 Bits übrig für den Host-Teil. Das ergibt 2^{24} verschiedene mögliche Werte im Host-Teil der Klasse-A-Adresse. Also kann jedes Klasse-A-Netzwerk 2^{24} IP-Adressen besitzen – abzüglich zweier reservierter Host-Adressen in jedem Netzwerk. Tabelle 2.2 fasst diese Informationen für die drei Klassen A, B und C kurz zusammen:

Klasse	Anzahl Netzwerk-Bytes	Anzahl Host-Bytes	Adressen pro Netzwerk
A	1 (8 Bits)	3 (24 Bits)	$2^{24}-2$
B	2 (16 Bits)	2 (16 Bits)	$2^{16}-2$
C	3 (24 Bits)	1 (8 Bits)	$2^{8}-2$

Tabelle 2.2: Größe des Netzwerk- und Host-Teils je Klasse

Die Netzwerkadressen sehen zwar aus wie IP-Adressen, können aber einer Schnittstelle nicht als IP-Adresse zugewiesen werden. Netzwerkadressen repräsentieren die Gruppe aller IP-Adressen in einem Netzwerk – ähnlich wie Postleitzahlen Stadtteile oder Gruppen von Straßen repräsentieren. Die Netzwerkadresse selbst ist also schon mal eine der reservierten Adressen, die nicht als IP-Adresse für ein Gerät genutzt werden können.

Außer dieser Netzwerkadresse ist eine zweite Nummer in jedem Netzwerk reserviert. Die erste reservierte Nummer, die *Netzwerkadresse,* besitzt ausschließlich binäre Nullen in ihrem Host-Teil. Der andere reservierte Wert besitzt ausschließlich binäre Einsen (dezimal 255) in seinem Host-Teil. Diese Adresse heißt *Netzwerk-Broadcast-Adresse.* Auch diese Adresse kann keiner Schnittstelle als IP-Adresse zugewiesen werden. Pakete, die zu einer solchen Adresse gesendet werden, werden an alle Geräte in diesem Netzwerk gesendet.

Die Netzwerkadresse ist der niedrigste, die Netzwerk-Broadcast-Adresse der höchste Wert in diesem Netzwerk. Alle Werte zwischen der Netzwerkadresse und der Netzwerk-Broadcast-Adresse sind gültige IP-Adressen, die Schnittstellen in diesem Netzwerk zugewiesen werden dürfen.

Klasse-A-, -B- und -C-Netzwerknummern

Das Internet ist letztendlich nicht mehr als eine Sammlung fast aller IP nutzenden Netzwerke und fast aller TCP/IP-Host-Computer in der Welt. Um das technisch zu ermöglichen und administrierbar zu machen, musste das Originaldesign des Internets einige Features vorsehen:

- Jeder mit dem Internet verbundene Computer benötigt eine eindeutige IP-Adresse.
- Eine zentrale Autorität weist Unternehmen, Regierungen, Universitäten, ISPs etc. basierend auf der Größe der jeweiligen IP-Netzwerke Klasse-A-, -B- oder -C-Netzwerke zu.
- Die zentrale Autorität weist jede Netzwerknummer nur einmal zu, um weltweit eine eindeutige Zuweisung zu gewährleisten.
- Jede Organisation, die über eine zugewiesene Klasse-A-, -B- oder -C-Netzwerkadresse verfügt, weist individuelle IP-Adressen in ihrem eigenen Netzwerk zu.

Weist jede Organisation nun jede IP-Adresse auch wirklich nur einem einzigen Computer zu, dann besitzt jeder Computer im Internet tatsächlich eine global eindeutige IP-Adresse.

Die heute für die IP-Adresszuweisung verantwortliche Organisation heißt *Internet Corporation for Assigned Network Numbers* (ICANN, `www.icann.org`). Die ICANN vergibt einen Teil der Autorität an regional operierende Autoritäten. In Europa ist die *Regional Internet Registry for Europe* (RIPE, `www.ripe.net`) mit Sitz in Amsterdam für den Adresszuweisungsprozess zuständig.

Die folgende Tabelle zeigt alle möglichen Netzwerknummern, welche die ICANN und die untergeordneten Autoritäten zugewiesen haben könnten. Die Tabelle zeigt außerdem die maximal mögliche Anzahl von Netzwerken und Hosts je Klasse:

Klasse	Werte im ersten Oktett	Gültige Netzwerk-nummern	Maximale Anzahl Netzwerke	maximale Anzahl Hosts
A	1 bis 126	1.0.0.0 bis 126.0.0.0	2^7-2 (126)	$2^{24}-2$ (16 777 214)
B	128 bis 191	128.0.0.0 bis 191.255.0.0	2^{14} (16 384)	$2^{16}-2$ (65 534)
C	192 bis 223	192.0.0.0 bis 223.255.255.0	2^{21} (2 097 152)	2^8-2 (254)

Tabelle 2.3: Alle möglichen Netzwerknummern

Netzwerkadministratoren sollten in der Lage sein, sofort zu erkennen, ob ein Netzwerk zur Klasse A, B oder C gehört.

IP-Subnetting

IP-Subnetting unterteilt ein Klasse-A-, -B- oder -C-Netzwerk in eine Anzahl kleinerer Gruppen von IP-Adressen. Die Regeln der Klassen A, B und C gelten immer noch, aber mit Subnetting lässt sich ein einzelnes Klasse-A-, -B- oder -C-Netzwerk in viele kleinere Gruppen unterteilen. Subnetting behandelt jede Unterteilung eines einzelnen Klasse-A-, -B- oder -C-Netzwerks so, als ob sie selbst ein Netzwerk wäre.

Die Konzepte hinter dem Subnetting versteht man schnell, wenn man eine Netzwerktopologie, die kein Subnetting verwendet, mit einer Netzwerktopologie vergleicht, die Subnetting nutzt.

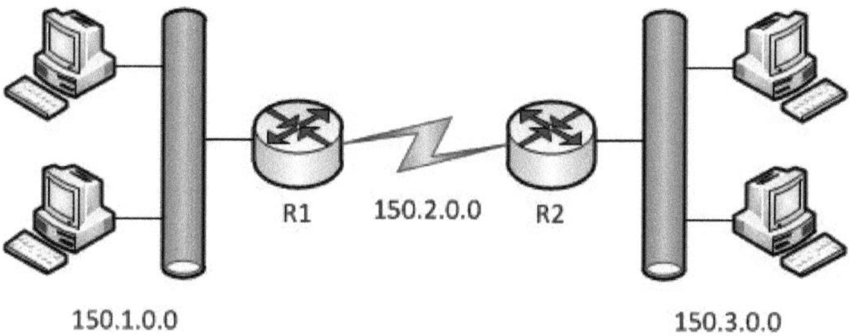

Abb. 2.4: Netzwerktopologie ohne Subnetting

Die Netzwerktopologie in Abbildung 2.4 erfordert drei Gruppen von IP-Adressen, in diesem Beispiel drei Klasse-B-Netzwerke. Jedes der beiden LANs nutzt ein eigenes Klasse-B-Netzwerk. Jedes an die Router R1 und R2 angeschlossene LAN befindet sich also in einem separaten IP-Netzwerk. Die beiden seriellen Schnittstellen, welche die Punkt-zu-Punkt-Verbindung zwischen den beiden Routern bilden, nutzen ebenfalls ein eigenes IP-Netzwerk, denn die beiden Schnittstellen sind nicht durch einen Router getrennt.

Jedes Klasse-B-Netzwerk hat $2^{16}-2$ Host-Adressen – mehr, als man jemals für jede LAN- und WAN-Verbindung benötigt. Das Netzwerk auf der linken Seite enthält alle Adressen, die mit 150.1 beginnen. Adressen, die mit 150.1 beginnen, können also nirgendwo anders in diesem Internetzwerk verwendet werden. Sollten also an einer anderen Stelle in diesem Internetzwerk mal IP-Adressen ausgehen, könnte dort keine der vielen übrigen IP-Adressen, die mit 150.1 beginnen, genutzt werden. Die in Abbildung 2.4 dargestellte Topologie verschwendet also viele Adressen.

Diese Topologie wäre noch nicht einmal erlaubt, würde sie mit dem Internet verbunden sein. Keine ICANN-Unterorganisation würde (heute) drei separat registrierte Klasse-B-Netzwerknummern zuweisen. Vermutlich würde man noch nicht einmal mehr eine Klasse-B-Nummer erhalten, denn die meisten davon sind bereits vergeben. Stattdessen würde man wohl ein paar Klasse-C-Netzwerke erhalten, die man mit Subnetting unterteilt. Abbildung 2.5 zeigt eine realistischere Topologie, die Subnetting nutzt.

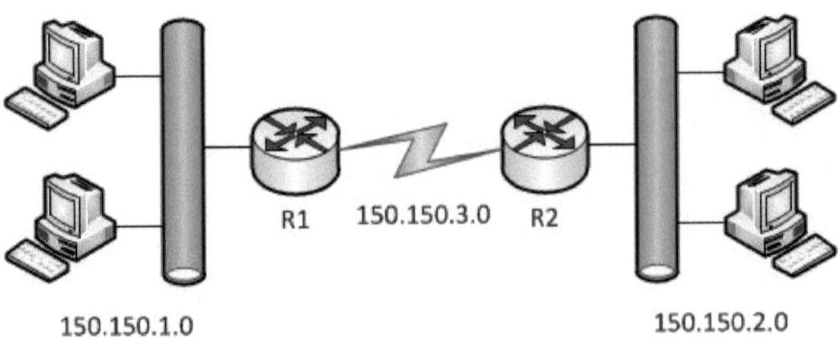

Abb. 2.5: Netzwerktopologie mit Subnetting

Auch die Netzwerktopologie in Abbildung 2.5 verlangt drei Gruppen. Anders als die in Abbildung 2.4 gezeigte Topologie nutzt diese Topologie aber ein einzelnes Klasse-B-Netzwerk. Diese Topologie unterteilt das Klasse-B-Netzwerk 150.150.0.0 in drei Subnetze. Für dieses Subnetting wird das dritte Oktett herangezogen, um eindeutige Subnetze des Netzwerks 150.150.0.0 zu identifizieren. Jede Subnetznummer in Abbildung 2.5 hat einen anderen Wert im dritten Oktett.

Beim Subnetting erscheint ein dritter Bestandteil einer IP-Adresse zwischen dem Netzwerk- und dem Host-Teil der Adresse: der *Subnetzteil*. Dieses Feld nutzt Bits des Host-Teils der Adresse. Zu beachten ist, dass der Netzwerkteil der Adresse niemals kleiner wird. Deshalb gelten auch nach wie vor Klasse-A-, -B- und -C-Regeln, wenn wir die Größe des Netzwerkteils der Adresse definieren. Der Host-Teil aber schrumpft, um für den Subnetzteil der Adresse Platz zu machen. Abbildung 2.6 zeigt das Format von Adressen beim Subnetting. Dargestellt wird die Anzahl der Bits in jedem der drei Teile einer IP-Adresse.

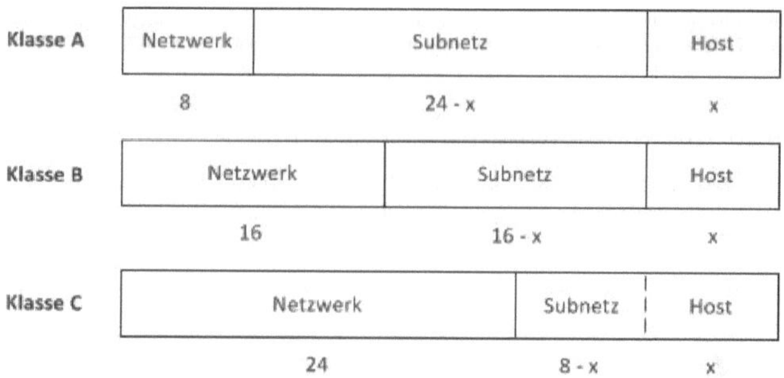

Abb. 2.6: Adressformate beim Subnetting

Statt nun Routing-Entscheidungen auf Basis des Netzwerkteils einer Adresse zu treffen, können Router nun auf Grundlage der kombinierten Netzwerk- und Subnetzteile routen.

Das in Abbildung 2.6 dargestellte Konzept mit drei Teilen einer IP-Adresse (Netzwerk, Subnetz und Host) heißt *Classful Addressing* (klassenbezogene Adressierung). Diese Bezeichnung bezieht sich eigentlich nur darauf, wie wir eine IP-Adresse betrachten können: in diesem Fall als eine Adresse, die aus drei Teilen besteht. Classful Addressing bedeutet, dass die Adresse als eine Adresse betrachtet wird, die einen Netzwerkteil besitzt, für den Klasse-A-, -B- und -C-Regeln gelten – daher auch der Begriff »classful« bzw. »klassenbezogen«.

Da aber der Routing-Prozess wie erwähnt die Netzwerk- und Subnetzteile gemeinsam berücksichtigt, können wir die IP-Adresse auch anders betrachten: *Classless Addressing* (klassenlose Adressierung). Bei dieser Betrachtungsweise hat die Adresse statt drei nur noch zwei Teile: den Teil, der fürs Routing genutzt wird, und den Host-Teil.

Der Teil, den das Routing nutzt, besteht aus den kombinierten Netzwerk- und Subnetzteilen. Dieser erste Teil wird häufig einfach *Subnetzteil* oder *Präfix* genannt. Abbildung 2.7 veranschaulicht das Konzept.

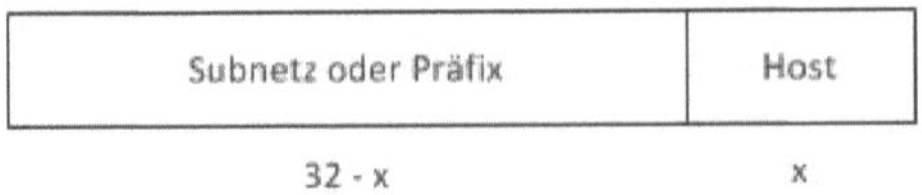

Abb. 2.7: Das klassenlose Adressformat beim Subnetting

Die IP-Adressierung mit Subnetting nutzt ein Konzept, das *Subnetzmaske* heißt. Eine Subnetzmaske definiert die Struktur einer IP-Adresse, sie bestimmt die Größe des Subnetzteils.

2.3 IP-Routing

Nun, da wir ein wenig mehr über IP-Adressen wissen, können wir uns einem der wichtigsten Netzwerkkonzepte überhaupt zuwenden: dem Routing. Der folgende Abschnitt konzentriert sich darauf, wie der sendende Host entscheidet, wohin er das Paket eigentlich sendet, und wie Router auswählen, wie sie das Paket bis zum Ziel routen oder weiterleiten.

2.3.1 Routing-Logik der Hosts

Hosts wenden eine sehr einfache Logik an, wenn sie entscheiden, wohin sie ein Paket senden. Die ganze Logik besteht aus lediglich zwei simplen Schritten:

1. Falls sich die Ziel-IP-Adresse im selben Subnetz befindet wie der sendende Host (der Quell-Host), sendet der Host das Paket direkt zum Ziel-Host.
2. Falls sich die Ziel-IP-Adresse nicht im selben Subnetz befindet wie der sendende Host, sendet der Host das Paket zu seinem *Default-* oder *Standard-Gateway*.

2.3.2 Routing-Entscheidungen und IP-Routing-Tabellen

Etwas früher haben wir schon gesehen, wie Router Pakete generell weiterleiten. Schauen wir uns nun die Routing-Logik etwas detaillierter an.

Ein Router wendet folgende Logik an, wenn er einen Sicherungsschicht-Frame empfängt (also einen Frame, der das zu sendende IP-Paket enthält):

1. Nutze das FCS-Feld (Frame Check Sequence) der Sicherungsschicht, um zu gewährleisten, dass der Frame fehlerfrei ist. Gibt es Fehler, dann wirf den Frame fort.
2. Falls der Frame im ersten Schritt nicht fortgeworfen wurde, entferne nun den alten Sicherungsschicht-Header und -Trailer. Damit bleibt das IP-Paket übrig.
3. Vergleiche die Ziel-IP-Adresse des IP-Pakets mit der Routing-Tabelle und finde die Route, die der Zieldresse entspricht. Diese Route identifiziert die ausgehende Schnittstelle des Routers und möglicherweise den Next-Hop-Router.
4. Kapsele das IP-Paket in einen neuen, für die ausgehende Schnittstelle geeigneten Sicherungsschicht-Header und -Trailer ein und leite den Frame weiter.

Mit diesen fünf Schritten sendet jeder Router das IP-Paket zum nächsten Ort (Router), bis das Paket sein endgültiges Ziel erreicht.

Konzentrieren wir uns nun auf die Routing-Tabelle und den Vergleich im Schritt 3. Das IP-Paket hat ja eine spezifische Ziel-IP-Adresse in seinem Header, die Routing-Tabelle hingegen eine Liste von Netzwerken und Subnetzen. Um eine Übereinstimmung zu finden, denkt der Router so:

Netzwerk- und Subnetznummern repräsentieren Gruppen von Adressen, die alle mit demselben Präfix beginnen. Zu welcher der Gruppen, die in meiner Routing-Tabelle aufgelistet sind, gehört die Ziel-IP-Adresse des Pakets?

Selbstverständlich wenden Router zur Lösung des Problems mathematische Prozesse an, aber der Text, den Sie gerade gelesen haben, beschreibt doch exakt, was passiert.

2.4 IP-Routing-Protokolle

Der gerade beschriebene Routing-Prozess kann nur funktionieren, wenn die Routing-Tabellen aller Router aktuell sind. Natürlich kann man die Routing-Tabellen manuell füllen, indem man statische Routen konfiguriert. Anschließend ist dafür zu sorgen, dass die Tabellen aktuell bleiben. Viel einfacher und mit weniger Pflegeaufwand verbunden ist es, Routing-Protokolle zu nutzen. IP-Routing-Protokolle füllen die IP-Routing-Tabellen der Router automatisch mit gültigen und schleifenfreien Routen. Jede Route enthält eine Subnetznummer, die Schnittstelle, über die ausgehende Pakete zu senden sind, und die IP-Adresse des nächsten Routers, der Pakete für das spezifische Subnetz empfangen soll.

Es existieren mehrere IP-Routing-Protokolle, aber alle haben einige gemeinsame Ziele:

- Routen zu allen Subnetzen im Netzwerk dynamisch lernen und die Routing-Tabelle damit füllen.

- Bei mehreren möglichen Routen zu einem Subnetz die beste Route in die Routing-Tabelle eintragen.
- Bemerken, wenn Routen in der Tabelle nicht mehr gültig sind, und daraufhin die ungültigen Routen aus der Tabelle entfernen.
- Durch andere Router verfügbare Routen für zuvor aus der Routing-Tabelle entfernte Routen der Tabelle neu hinzufügen.
- So schnell wie möglich neue Routen hinzufügen oder verlorene Routen ersetzen. Die Zeit zwischen dem Verlieren einer Route und dem Finden einer funktionierenden Ersatzroute nennt man *Konvergenzzeit.*
- Routing-Schleifen verhindern.

Routing-Protokolle können fürchterlich kompliziert sein, aber die grundsätzliche Logik, die sie verwenden, ist trotzdem relativ simpel:

1. Für jedes direkt mit dem Router verbundene Subnetz fügt der Router der Routing-Tabelle Routen hinzu.
2. Das Routing-Protokoll eines jeden Routers benachrichtigt die benachbarten Router über alle Routen, die in der Routing-Tabelle eingetragen sind. Dazu gehören die Routen für direkt angeschlossene Subnetze und Routen, die von anderen Routern gelernt wurden.
3. Wurde eine neue Route von einem Nachbarn gelernt, trägt das Routing-Protokoll des Routers eine neue Route in seine Routing-Tabelle ein. Als Next-Hop-Router wird dabei normalerweise der Router eingetragen, von dem die Route gelernt wurde.

2.5 Utilities der Vermittlungsschicht

Auf Ebene der OSI-Vermittlungsschicht (oder TCP/IP-Internetschicht) sind einige Netzwerk-Utilities angesiedelt, die Netzwerkadministratoren in TCP/IP-Netzwerken täglich nutzen. Einige davon sind so wichtig, dass ohne sie im Netzwerk gar nichts ginge. In den folgenden Abschnitten werden wir uns folgende Utilities näher ansehen:

- Address Resolution Protocol (ARP),
- Domain Name System (DNS),
- Dynamic Host Configuration Protocol (DHCP) und
- Ping.

ARP und DNS erledigen vergleichbare Aufgaben und arbeiten oft zusammen. Deshalb sehen wir uns beide Utilities gemeinsam an.

2.5.1 DNS und ARP

Computer arbeiten wunderbar mit Zahlen, aber der typische Computeranwender merkt sich lieber (und einfacher) den Namen einer Website statt deren IP-Adresse. Selbst Computerenthusiasten, die mit IP-Adressen ein schon fast intimes Verhältnis haben, werden spätestens dann streiken, wenn sie sich fünf bis zwölf MAC-Adressen merken sollen. TCP/IP benötigt also etwas, das alle für die Kommunikation notwendigen Informationen dynamisch entdeckt oder herausfindet, ohne dass der faule Benutzer sich mehr merken muss als einen Namen.

Was denn für Namen? Computernamen beispielsweise. Wer seinen Browser öffnet und sich mit der Webseite http://www.it-fachportal.de/downloads.html verbindet, weiß vielleicht gar nicht, dass sich im eingetippten Universal Resource Locator (URL) tatsächlich ein Computername verbirgt. Der Teil »www.it-fachportal.de« ist tatsächlich der Name des Webservers des Verlags, der freundlicherweise dieses Buch veröffentlicht. Mit einem solchen Namen können nun allerdings Router im Internet nichts anfangen – wir haben ja gerade gesehen, dass die ihre Routing-Entscheidungen mithilfe dieser komischen Nummern treffen.

TCP/IP benötigt also einen Weg, die IP-Adresse eines anderen Computers anhand des Computernamens herauszufinden. Das reicht aber noch nicht: TCP/IP benötigt außerdem einen Weg, die MAC-Adressen anderer Computer im selben Subnetz herauszufinden. Abbildung 2.8 illustriert das Problem.

Peter möchte mit Paula kommunizieren. Natürlich kennt Peter seinen eigenen Namen, seine IP-Adresse und seine MAC-Adresse. Was Peter nicht kennt, ist Paulas IP- und MAC-Adresse. Um die fehlenden Informationen zu bekommen, nutzt Peter DNS, um Paulas IP-Adresse herauszufinden, und ARP, um Paulas MAC-Adresse zu ermitteln.

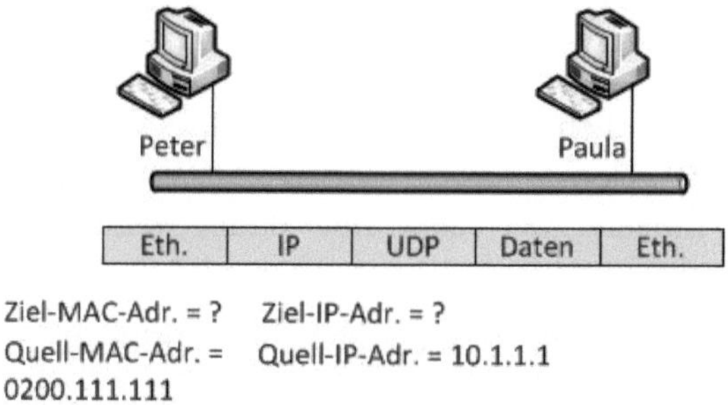

Abb. 2.8: Eine IP- und eine MAC-Adresse wird benötigt

Peter kennt die IP-Adresse eines DNS-Servers. Diese Adresse ist entweder fest konfiguriert oder sie wird via DHCP gelernt. Sobald Peter den Namen des anderen Computers kennt (Paula), sendet er eine *DNS-Anfrage* (DNS-Request) zum DNS und fragt nach der zu diesem Namen gehörenden IP-Adresse. Das DNS antwortet mit der IP-Adresse, beispielsweise 10.1.1.2.

Peter sendet also einfach eine DNS-Anfrage an den DNS-Server, bei der er den Namen Paula oder paula.beispiel.com spezifiziert, und das DNS antwortet mit der IP-Adresse (10.1.1.2).

Sobald ein Host die IP-Adresse des anderen Hosts kennt, muss der sendende Host möglicherweise noch herausfinden, welche MAC-Adresse der andere Computer benutzt. In unserem Beispiel muss Peter jetzt noch wissen, welche MAC-Adresse Paula besitzt. Um diese Adresse zu ermitteln, sendet er einen sogenannten *ARP-Broadcast*. Ein ARP-Broadcast wird immer an eine Broadcast-Ethernet-Adresse gesendet, damit jeder im LAN ihn empfängt. Da Paula sich im selben LAN wie Peter befindet, empfängt sie diesen ARP-Broadcast. Und da der ARP-Broadcast nach der MAC-Adresse für die IP-Adresse 10.1.1.2 fragt und diese IP-Adresse die von Paula ist, antwortet Paula mit ihrer MAC-Adresse. Jetzt kennt Peter die Ziel-IP- und -MAC-Adressen, die er benutzen muss, um mit Paula zu kommunizieren.

Nicht immer nutzen Hosts ARP, um die MAC-Adresse eines Ziel-Hosts zu ermitteln. Sie tun dies nur, wenn sich der Ziel-Host im selben Subnetz befindet. Befindet sich der Ziel-Host in einem anderen Subnetz, dann muss der Quell-Host das Paket an sein Default-Gateway weiterleiten. Der Quell-Host nutzt dann ARP, um die MAC-Adresse des Default-Gateways zu ermitteln.

Hosts müssen ARP nur gelegentlich verwenden, denn jedes Gerät, das IP nutzt, speichert durch ARP gelernte Informationen eine Weile in seinem *ARP-Cache*. Hosts nutzen ARP also nur dann, wenn die gewünschte Information nicht im ARP-Cache gefunden wird.

Die folgenden zwei Abschnitte liefern noch einige weitere Informationen über DNS und ARP.

Das Domain Name System

Hinter dem *Domain Name System* (DNS) verbirgt sich eine Datenbank für Hostnamen. Wenn DNS einen Hostnamen erhält, übersetzt es ihn in die entsprechende IP-Adresse. Auch der umgekehrte Weg ist möglich: Erhält DNS eine IP-Adresse, kann es den entsprechenden Hostnamen ausgeben.

TCP/IP-Software lässt sich so konfigurieren, dass sie DNS zur Namenauflösung verwendet. Zur Namenauflösung sendet die Software eine Anfrage zu einem definierten DNS-Server. Falls dieser die Auflösung nicht durchführen kann, weil kein entsprechender Name/Adressen-Eintrag vorhanden ist, sendet er die Anfrage entweder zu einem weiteren lokalen DNS-Server oder er liefert Informationen über DNS-Server, die in der Hierarchie weiter oben angesiedelt sind und die Auflösung möglicherweise durchführen können. DNS ist also ein hierarchisches System. Im Internet, wo DNS ebenfalls zur Namenauflösung eingesetzt wird, werden DNS-Server hoher Ebenen von zentralen Institutionen gepflegt.

DNS arbeitet nach einem Frage/Antwort-Schema. Als Transportprotokoll verwendet es UDP. UDP ist dafür besser geeignet als TCP, weil es keine logischen Verbindungen herstellen muss, um Daten zu übertragen.

Das Address Resolution Protocol

DNS übernimmt die Zuordnung von IP-Adressen zu Computernamen. Sobald ein Host einen symbolischen Namen kennt, kann er die damit verbundene IP-Adresse erfahren. Um aber einem Host im Netzwerk einen Frame senden zu können, muss der Sender die MAC-Adresse des Empfängers kennen. Eine Möglichkeit, MAC-Adressen zur Verfügung zu stellen, wäre nun, auf jedem Computer IP-Adressen und die dazu gehörenden MAC-Adressen in eine Tabelle einzutragen. Damit ist allerdings das Problem verbunden, die Tabellen immer auf dem neusten Stand zu halten. Sobald eine Netzwerkkarte in einem Host ausgetauscht wird, verfügt der Host über eine neue MAC-Adresse. Wesentlich besser ist eine Methode, die MAC-Adressen dynamisch ermittelt. Eine solche Methode ist das *Address Resolution Protocol* (ARP). ARP arbeitet folgendermaßen:

Host *X* sendet einen ARP-Broadcast-Frame (auch als ARP-Request-Frame bezeichnet) ins Netzwerk. Dieser Frame beinhaltet die IP- und MAC-Adresse des Senders sowie die IP-Adresse des Empfängers. Da es ja ein Broadcast ist, empfangen alle Knoten im Subnetz den Frame und überprüfen, ob die spezifizierte Ziel-IP-Adresse ihre eigene ist. Aber nur der Host, der die spezifizierte IP-Adresse besitzt, antwortet auf den Broadcast mit einem ARP-Reply-Frame, der die angefragte MAC-Adresse beinhaltet. Host *X* schreibt die zurückgelieferte IP-/MAC-Adressenkombination in seine ARP-Cache-Tabelle.

2.5.2 Adresszuweisung und DHCP

Jedes Gerät, das TCP/IP nutzt – tatsächlich jede TCP/IP nutzende Schnittstelle in diesem Gerät – braucht eine gültige IP-Adresse. In kleinen Netzwerken mit wenigen Hosts ist es denkbar, dass Sie sich in Ihrer Funktion als Netzwerkadministrator von Computer zu Computer begeben, um die IP-Adressen zu konfigurieren – so stellen Sie *statische* IP-Adresse ein. In der Tat gibt es einige Geräte, auf denen Sie statische IP-Adressen konfigurieren sollten, beispielsweise Server und Router. Stellen Sie sich aber mal ein Netzwerk mit mehreren Tausend Benutzern vor ... Möchten Sie in einem solchen Netzwerk jede einzelne

Arbeitsstation aufsuchen, um dort eine statische IP-Adresse zu konfigurieren? Ziemlich uncool. Glücklicherweise gibt es ein Utility, das davon befreit, IP-Adressen auf jedem Host fest konfigurieren zu müssen: das *Dynamic Host Configuration Protocol* (DHCP). Mithilfe von DHCP bezieht ein Host seine IP-Adresse (und weitere Informationen) aus einem *IP-Adressen-Pool* dynamisch, sobald er TCP/IP-Zugriff auf das Netzwerk verlangt. Das ist aber nicht der einzige Grund, warum DHCP entwickelt wurde. Mithilfe von DHCP kann ein TCP/IP-Netzwerk auch mehr Benutzer unterstützen, als IP-Adressen vorhanden sind. Stellen Sie sich vor, Sie besitzen eine Klasse-C-Adresse. Damit haben Sie das Potenzial für 254 Verbindungen. Was aber, wenn Sie 400 Benutzer haben? Schichtarbeit wäre eine Lösung, es geht aber eleganter. Im Normalfall müssen ja nicht alle 400 Benutzer permanent auf das Netzwerk zugreifen. Sagen wir mal, dass vielleicht 80 Benutzer permanente Verbindungen benötigen. Für diese 80 Benutzer könnten Sie IP-Adressen fest konfigurieren. In diesem Fall blieben 174 IP-Adressen übrig, die Sie in den Pool stellen können. Da die restlichen 320 Benutzer nur gelegentlich auf das Netzwerk zugreifen, können sie die 174 Adressen in dem Pool gemeinsam nutzen.

DHCP definiert Protokolle, die es Computern erlauben, eine IP-Adresse gewissermaßen zu leasen. Und in diesem Fall haben wir es ausnahmsweise mit einer Form des Leasings zu tun, bei der der Verbraucher nicht übers Ohr gehauen wird. DHCP nutzt einen Server, der eine Liste mit Pools von IP-Adressen speichert. Ein DHCP-Client sendet dem DHCP-Server eine Anfrage, in der er ihn um eine IP-Adresse bittet. Der Server schlägt daraufhin eine IP-Adresse vor. Akzeptiert der Client die vorgeschlagene Adresse, merkt sich der DHCP-Server, dass diese Adresse anderen Clients nicht mehr zur Verfügung steht, und der anfragende Client kann die IP-Adresse benutzen.

DHCP liefert einem DHCP-Client aber nicht nur eine IP-Adresse, sondern auch eine Subnetzmaske, die Adresse des zu benutzenden Default-Gateways, die IP-Adressen der DNS-Server und mehr.

Der Netzwerkadministrator kontrolliert, wie IP-Adressen über sogenannte *Lease-Zeiträume* den Hosts zugewiesen werden. Ein Lease definiert, wie lange ein Host die zugewiesene IP-Adresse verwenden darf, bevor er den Lease über den DHCP-Server erneuern muss. Eine uneingeschränkte Zuordnung wäre problematisch, da in diesem Fall eine IP-Adresse eines Hosts auch dann zugeordnet bliebe, wenn der Host gar nicht mehr im Netzwerk existiert. Wird ein Host aus einem Subnetz entfernt, gibt DHCP die dem Host zugeordnete IP-Adresse wieder frei. Wenn der Host in ein neues Subnetz eingebunden wird, weist DHCP automatisch eine neue IP-Adresse zu. Weder der Benutzer des Hosts noch der Netzwerkadministrator muss den Host neu konfigurieren.

Alle gängigen Betriebssysteme enthalten standardmäßig DHCP-Client-Software. Viele Betriebssysteme, darunter Windows und Linux und natürlich Netzwerkbetriebssysteme wie Windows-Server, enthalten auch DHCP-Server-Software. DHCP-Server-Funktionalität ist außerdem in vielen Routern enthalten.

Hinweis

DHCP ermöglicht also eine sichere und einfache TCP/IP-Netzwerkkonfiguration. Es verhindert Adresskonflikte und erlaubt die zentrale Verwaltung eines IP-Adressen-Pools. Die Windows-DHCP-Client- und Server-Dienste sind in den RFCs 1533, 1534, 1541 und 1542 beschrieben.

IP-Adressmanagement mit DHCP

Über DHCP lassen sich IP-Adressen auf drei verschiedene Arten zuweisen:

- Manuelle Zuordnung
- Automatische Zuordnung
- Dynamische Zuordnung

Bei einer *manuellen Zuordnung* konfiguriert der Netzwerkadministrator die IP-Adresse des DHCP-Clients manuell auf dem DHCP-Server. DHCP wird in diesem Fall lediglich dazu verwendet, dem Client die IP-Adresse zuzuweisen, sobald dieser startet.

Die *automatische Zuordnung* erfordert keine manuelle Zuweisung einer IP-Adresse für einen DHCP-Client. Der DHCP-Client erhält seine IP-Adresse automatisch beim ersten Kontakt mit dem DHCP-Server. Allerdings wird bei dieser Methode die IP-Adresse permanent zugewiesen. Sie kann nicht erneut für andere Clients verwendet werden.

Bei der *dynamischen Zuordnung* erhält der DHCP-Client automatisch eine *temporäre IP-Adresse* zugewiesen. Die Adresse wird für einen spezifizierten Zeitraum *geleast*. Läuft der Zeitraum ab, muss der DHCP-Client sich erneut an den DHCP-Server wenden, um eine neue IP-Adresse zu erhalten.

Egal welche Methode Sie verwenden, Sie können immer DHCP für die einmalige Konfiguration von IP-Parametern verwenden, statt die IP-Konfiguration für jeden einzelnen Host zu wiederholen.

Der DHCP-Adresszuordnungsprozess

DHCP verwendet ein Client/Server-Modell für die Zuordnung von IP-Adressen. Die Zuordnung vollzieht sich in vier Phasen:

- DHCP-Discover-Nachricht (oder IP-Lease-Request)
- DHCP-Offer-Nachricht (oder IP-Lease-Offers)
- DHCP-Request-Nachricht (oder IP-Lease-Selection)
- DHCP-Acknowledgment (oder IP-Lease-Acknowledgment)

Während des Starts sendet der DHCP-Client eine *DHCP-Discover-Nachricht* als Broadcast ins Netzwerk. Jeder DHCP-Server, der diesen Broadcast empfängt, antwortet mit einer *DHCP-Offer-Nachricht*. Nachdem der Client seine Anfrage gesendet hat, wartet er auf die DHCP-Offer-Nachricht eines DHCP-Servers. Falls eine solche Nachricht nicht eintrifft, sendet er seine Anfrage erneut. Insgesamt wiederholt er das viermal, alle fünf Minuten.

Der Client wählt schließlich einen der DHCP-Server, die mit einer DHCP-Offer-Nachricht geantwortet haben, aus. Normalerweise wird es der Server sein, der zuerst geantwortet hat. Diesem DHCP-Server sendet er dann eine *DHCP-Request-Nachricht*, um ihm mitzuteilen, dass er das Angebot nutzen will. Der DHCP-Server sendet daraufhin abschließend ein *DHCP-Acknowledgment*. Diese letzte Nachricht enthält die IP-Adresse sowie Lease-Informationen und TCP/IP-Netzwerk-Konfigurationsparameter für den Client. Sobald der Client diese Bestätigung erhalten hat, kann er sich konfigurieren und im TCP/IP-Netzwerk arbeiten.

Falls sich der Lease dem Ende des Lease-Zeitraums nähert, versucht der Client, ihn zu erneuern:

- Sobald 50 Prozent der Lease-Zeit erreicht sind, versucht der Client, den Lease bei dem DHCP-Server zu erneuern, der den Lease zuvor auch zugewiesen hat.
- Falls der Client nicht mit dem Original-DHCP-Server kommunizieren kann und bereits 87,5 Prozent der Lease-Zeit abgelaufen sind, versucht er, eine Erneuerung des Leases über eine Broadcast-Nachricht zu erzielen. Die Nachricht empfängt jeder verfügbare DHCP-Server.
- Wenn der Lease-Zeitraum abgelaufen ist, muss der Client sofort aufhören, die IP-Adresse zu verwenden. Er muss eine neue IP-Adresse über einen erneuten IP-Lease-Request anfordern.

2.5.3 ICMP Echo und Ping

Sobald ein Netzwerk implementiert ist, benötigt man einen Weg, die grundsätzliche IP-Connectivity zu testen. Das bevorzugte Werkzeug dafür heißt *Ping*.

Ping ist ein Standardwerkzeug in TCP/IP-Netzwerken. Ping nutzt das *Internet Control Message Protocol* (ICMP), um einen *ICMP Echo Request* an eine andere IP-Adresse zu senden. Das Gerät mit dieser Adresse sollte mit einem *ICMP Echo Reply* antworten. Ping sendet also eine einfache Nachricht zu einem anderen Host im Netzwerk und erwartet dessen Antwort (also gewissermaßen ein Pong – ist eigentlich genau wie Pingpong). Antwortet der andere Host, dann steht damit schon mal fest, dass eine grundsätzliche Kommunikation zwischen den zwei Hosts über TCP/IP möglich ist (beide Hosts also Pingpong spielen können).

Ping eignet sich aber nicht nur zum Testen der Verbindung mit anderen Hosts, sondern auch zum Testen der Basiskonfiguration eines einzelnen Hosts. Es gibt ja diese besondere IP-Adresse, die mit dem Wert 127 im ersten Oktett beginnt. Das ist die sogenannte *Loopback-Adresse*. Verläuft ein Ping mit der Loopback-Adresse positiv, dann ist TCP/IP korrekt installiert und konfiguriert.

Verläuft der Ping erfolgreich, sollten Sie anschließend einen Ping mit der eigenen IP-Adresse des Hosts durchführen. Falls bereits andere Computer für TCP/IP eingerichtet sind, pingen Sie diese mit deren IP-Adressen an. Als bevorzugtes Ziel für Ping sollten Sie den Default-Gateway vorsehen, falls ein solches existiert. Ein erfolgreich verlaufener Ping zum Default-Gateway ist ein gutes Zeichen dafür, dass der Host andere Subnetze erreichen kann.

Verläuft ein Ping mit der Loopback-Adresse oder der eigenen Hostadresse nicht positiv, so ist die TCP/IP-Konfiguration des Hosts nicht in Ordnung. Verläuft ein Ping zu einem anderen Host, zum Default-Gateway oder zu Hosts in anderen Subnetzen nicht erfolgreich, dann haben Sie Ping entweder mit einer falschen IP-Adresse ausgeführt oder der angepingte Host ist nicht korrekt konfiguriert oder das Netzwerkkabel oder der Netzwerkadapter eines Hosts ist defekt. Falls Ping im lokalen Subnetz funktioniert, aber keinen Host in entfernten Subnetzen erreicht, dann ist höchstwahrscheinlich der Router falsch konfiguriert.

Die Syntax des Ping-Kommandos ist furchtbar kompliziert, wie das folgende Beispiel zeigt, in dem versucht wird, den Host mit der IP-Adresse 10.2.2.2 anzupingen:

```
ping 10.2.2.2
```

Die Parameter für das Ping-Kommando variieren von Gerät zu Gerät und von Betriebssystem zu Betriebssystem. Auf Windows-Systemen erhalten Sie eine Übersicht, wenn Sie in der Eingabeaufforderung (das, was ältere Generationen als DOS-Box kennen) einfach nur PING ohne weitere Angaben eintippen und die Eingabetaste drücken.

2.6 Das weiß ich nun

1. Welche der folgenden Funktionen sind auf der OSI-Schicht 3 angesiedelt?
   a. Fehlerbehebung
   b. Logische Adressierung
   c. Routing
   d. Verschlüsselung
   e. Physische Adressierung
2. Über welches der folgenden Protokolle kann ein Client sich eine IP-Adresse zuweisen lassen?
   a. DNS
   b. DHCP
   c. ARP
   d. SNMP
3. Welche der folgenden Werte kann das erste Oktett einer Klasse-A-IP-Adresse enthalten?
   a. 0 bis 127
   b. 1 bis 127
   c. 0 bis 126
   d. 1 bis 126
   e. 10 bis 126
4. Wohin sendet ein Host ein Paket, wenn sich der Ziel-Host nicht im selben Subnetz befindet?
   a. Zum DNS-Server
   b. Zum Default-Gateway
   c. Zum nächstgelegenen Router
   d. Ins Nirvana
   e. An die Vermittlungsschicht

5. Um eine Routing-Entscheidung zu treffen, nutzt ein Router normalerweise welche Adresse(n)?
   a. Quell-IP-Adresse
   b. Ziel-MAC-Adresse
   c. Quell-MAC-Adresse
   d. Ziel-IP-Adresse
6. Welche der folgenden Funktionen sind Funktionen eines Routing-Protokolls?
   a. Lernen der Routen zu direkt mit dem Router verbundenen Subnetzen
   b. Weiterleiten von IP-Paketen basierend auf der Ziel-IP-Adresse des Pakets
   c. Bekanntgabe von Routen an benachbarte Router
   d. Eintragen von Routen in die Routing-Tabelle

TCP/IP-Transport

In diesem Kapitel geht es um die beiden TCP/IP-Transportschicht-Protokolle TCP und UDP. Es beginnt mit einer genaueren Betrachtung der Funktionen von TCP, anschließend wenden wir uns kurz UDP zu. »Kurz« deshalb, weil UDP verglichen mit TCP nur sehr wenige Funktionen bietet.

Die OSI-Schicht 4, die Transportschicht, definiert zahlreiche Funktionen, darunter Fehlerbehebung und Flusssteuerung. Die bekanntesten Protokolle, die auf dieser Schicht arbeiten, sind das Transmission Control Protocol (TCP) und das User Datagram Protocol (UDP). Der große Unterschied zwischen diesen beiden Protokollen ist, dass TCP den Applikationen viele Dienste zur Verfügung stellt, UDP dies aber nicht tut. Die gerade erwähnten Funktionen Fehlerbehebung und Flusssteuerung sind gute Beispiele dafür: TCP bietet diese Funktionalität, UDP nicht. Deshalb wählen viele Applikationen TCP als Transportprotokoll. Allerdings hat auch UDP seine Vorteile: Da UDP deutlich weniger Dienste zur Verfügung stellt, kommt es mit einem viel kleineren Header aus als TCP. Das bedeutet weniger Bytes Overhead und damit höhere Performance. Und viele moderne Anwendungen, darunter Voice over IP, benötigen die Funktionalität von TCP gar nicht und wählen gleich UDP.

3.1 Das Transmission Control Protocol

TCP bildet eine Ende-zu-Ende-Verbindung in Vollduplex, die eine Übertragung von Informationen in beide Richtungen zur selben Zeit zulässt. Diese Verbindung kann in zwei Halbduplexverbindungen eingeteilt werden. Auch dabei können die Informationen in beide Richtungen fließen, allerdings nicht mehr gleichzeitig. Die in Gegenrichtung fließenden Daten können zusätzliche Steuerungsinformationen enthalten. Die Verwaltung dieser Verbindung und die Datenübertragung werden von TCP-Software übernommen. TCP-Software – genauer eigentlich TCP/IP-Software – ist üblicherweise im Netzwerkprotokoll-Stack des Betriebssystems angesiedelt. Anwendungsprogramme benutzen eine Schnittstelle dazu, die sich beispielsweise bei Windows in extra einzubindenden Programmbibliotheken (Winsock.dll) oder bei Linux im Linux-Kernel befindet.

Jede TCP-Verbindung wird eindeutig durch zwei Endpunkte identifiziert. Ein Endpunkt stellt ein geordnetes Paar dar, das aus einer IP-Adresse und einem Port besteht. Ein solches Paar bildet eine bidirektionale Software-Schnittstelle und wird als *Socket* bezeichnet. Die IP-Adressen identifizieren die an der Verbindung beteiligten Computer, die Ports identifizieren auf den beiden beteiligten Computern die miteinander kommunizierenden Prozesse.

TCP/IP-Applikationen wählen TCP oder UDP abhängig davon, welche Funktionalität sie benötigen. TCP bietet Fehlerbehebung, allerdings zum Preis eines erhöhten Bandbreitenbedarfs und mehr beanspruchter Rechenleistung. UDP bietet keine Fehlerbehebung, nutzt dafür aber auch weniger Bandbreite und Rechenzyklen. Eine Anwendung wie Voice over IP (VoIP) benötigt keine Fehlerbehebung, denn zu dem Zeitpunkt, wo TCP ein fehlerhaftes Segment erneut übertragen haben könnte, ist es nutzlos. Deshalb nutzt VoIP gleich UDP. Anders sieht es aus bei der interaktiven Verarbeitung von Geschäftsdaten. Hier kommt es nicht so sehr darauf an, wie schnell die Daten über das Netzwerk übertragen werden, sondern darauf, dass sie zuverlässig und fehlerfrei den Empfänger erreichen. Eine entsprechende Anwendung würde TCP als Transportprotokoll wählen.

TCP, definiert im RFC 793, bietet aber nicht nur Fehlerbehebung und Flusssteuerung, sondern übernimmt noch weitere Aufgaben. Tabelle 3.1 zeigt die wichtigsten TCP-Features in der Übersicht.

Funktion	Beschreibung
Multiplexing unter Verwendung von Ports	Diese Funktion erlaubt den empfangenden Hosts auf Grundlage der übermittelten Port-Nummer, die Applikation zu wählen, für welche die Daten bestimmt sind.
Fehlerbehebung	TCP implementiert im Gegensatz zu UDP einen bidirektionalen, byte-orientierten, zuverlässigen Datenstrom zwischen zwei Endgeräten. Das unter TCP liegende Protokoll (IP) ist paketorientiert. Bei der Übertragung mit IP können Pakete verloren gehen, sie dürfen in verkehrter Reihenfolge ankommen oder treffen mitunter sogar doppelt beim Empfänger ein. TCP kümmert sich um die Unsicherheiten der tieferen Schichten, es überprüft die Integrität der Daten durch eine Prüfsumme im Header und stellt die Reihenfolge durch Sequenznummern sicher. Der Sender wiederholt das Senden, falls nicht innerhalb eines bestimmten Zeitraums (Timeout) eine Bestätigung (Acknowledgment) eintrifft. Zusammenfassend kann man die Fehlerbehebung als einen Prozess der Nummerierung und Bestätigung von Daten mit Sequenznummer- und Acknowledgment-Header-Feldern bezeichnen.
Verbindungsauf- und -abbau	Ein TCP-Verbindungsaufbau findet statt, bevor ein anderes TCP-Feature mit seiner Arbeit beginnen kann. Der Prozess initialisiert Sequenz- und Acknowledgment-Header-Felder und führt zu einer Vereinbarung der zu benutzenden Port-Nummern. TCP stellt also zunächst eine Verbindung zwischen zwei Endpunkten einer Netzverbindung (Socket) her. Deshalb bezeichnet man TCP auch als verbindungsorientiertes Transportprotokoll. Am Ende einer Kommunikation zwischen zwei Endpunkten erfolgt ein geregelter Verbindungsabbau.
Flusssteuerung	Ein Prozess, der Window-Größen nutzt, um Pufferspeicher und routende Geräte vor einer Überfüllung zu schützen.
Geordnete Datenübertragung und Segmentierung	Der von höheren Schichten entgegengenommene Byte-Strom wird für die Übertragung segmentiert und auf dem empfangenden Gerät in der richtigen Reihenfolge an die höheren Schichten weitergereicht.

Tabelle 3.1: TCP-Features

Abbildung 3.1 zeigt die Felder im TCP-Header. Die Abbildung dient lediglich als Referenz – kein Mensch muss sich wirklich alle Feldbezeichnungen und Positionen merken. Allerdings sollten Sie wissen, wo Sie nachschlagen können, wenn Sie doch einmal wissen müssen, wie lang eine Sequenznummer ist.

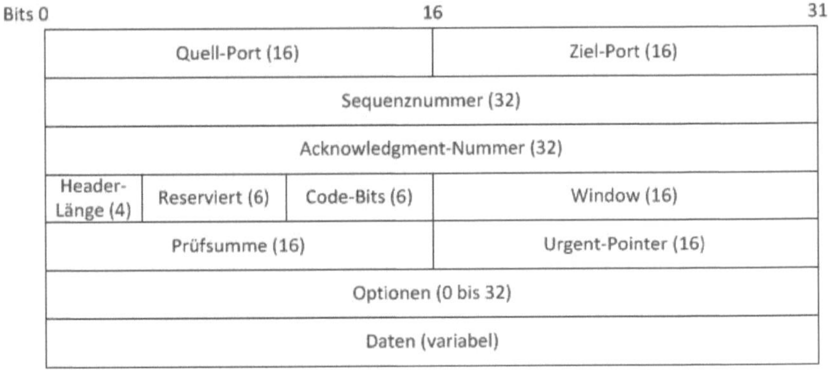

Abb. 3.1: Die Felder im TCP-Header

Die folgende Tabelle enthält kurze Beschreibungen der Felder im TCP-Header.

Feld	Beschreibung
Quell-Port	Die Port-Nummer auf der Senderseite.
Ziel-Port	Die Port-Nummer auf der Empfängerseite.
Sequenznummer	Die Sequenznummer des ersten Datenoktetts des TCP-Pakets oder die Initialisierungssequenznummer, falls das SYN-Flag gesetzt ist. Dient nach der Datenübertragung zur Sortierung der TCP-Segmente.
Acknowledgment-Nummer	Gibt die Sequenznummer an, die der Empfänger des TCP-Segments als Nächstes erwartet. Nur gültig mit gesetztem ACK-Flag.

Tabelle 3.2: Beschreibung der TCP-Header-Felder

Feld	Beschreibung
Header-Länge	Header-Länge oder Daten-Offset. Die Länge des TCP-Headers in 32-Bit-Blöcken. Nutzdaten (die Payload) werden nicht mit gezählt.
Reserviert	Wird nicht verwendet und muss Null sein.
Code-Bits	Zweistellige Variablen, die mögliche Zustände beschreiben, z. B. das URG- oder das ACK-Flag.
Windows	Die Anzahl der Datenoktette, beginnend bei dem durch das Acknowledgment-Feld indizierten Datenoktett, die der Sender des Pakets bereit ist zu empfangen.
Prüfsumme	Dient zur Erkennung von Übertragungsfehlern.
Urgent-Pointer	Gibt zusammen mit der Sequenznummer die genaue Position der Urgent-Daten im Datenstrom an. Nur gültig mit gesetztem URG-Flag.
Optionen	Feld unterschiedlicher Größe für Zusatzinformationen.
Daten	Die Nutzdaten.

Tabelle 3.2: Beschreibung der TCP-Header-Felder (Forts.)

Da das Optionsfeld in der Regel nicht benutzt wird, ist der typische TCP-Header 20 Bytes lang.

3.1.1 Multiplexing über Port-Nummern

Diese Funktion, die übrigens die einzige der oben aufgeführten ist, die sowohl TCP als auch UDP zur Verfügung stellen, bedarf vermutlich einer genaueren Erklärung. Ein Computer, der Daten empfängt, führt möglicherweise gleich mehrere Anwendungen aus, die Daten akzeptieren können. Das sind beispielsweise eine Webserver-Anwendung, eine E-Mail-Applikation und vielleicht Skype. Woher weiß der empfangende Computer nun, für welche dieser drei Anwendungen die eintreffenden Daten bestimmt sind? Das erfährt er mithilfe des TCP- und UDP-Multiplexings.

Multiplexing nutzt ein Konzept, das *Socket* genannt wird. Ein Socket wird aus folgenden drei Teilen gebildet:

- eine IP-Adresse,
- ein Transportprotokoll und
- eine Port-Nummer.

Übermittelt der sendende Host nun diese drei Informationen, dann ist es ziemlich klar, für welche Anwendung auf dem empfangenden Host die Daten bestimmt sind. Für eine Webserver-Anwendung wäre ein gültiger Socket beispielsweise 10.1.1.1, TCP, Port 80. 10.1.1.1 ist die IP-Adresse des Web-Servers, TCP das für den Web-Zugriff genutzte Transportprotokoll und 80 schließlich die Standard-TCP-Port-Nummer für Webserver. Auf dem Computer, der die Anforderung zum Webserver gesendet hat, gibt es ebenfalls einen Socket, der diesmal vielleicht so aussieht: 10.1.1.2, TCP, Port 1031. Warum 1031? Warum nicht? Im Ernst, auf dem Computer wird einfach nur eine gerade freie Port-Nummer benötigt. Hosts verwenden für solche Aufgaben normalerweise Port-Nummern ab 1024, weil alle Nummern unterhalb von 1024 für sogenannte *well-known* (also gut bekannte) Applikationen reserviert sind. Well-known Port-Nummern werden in der Regel von Servern, die anderen Port-Nummern von Clients benutzt. Anwendungen, die Dienste anbieten, beispielsweise Web-, Telnet- oder FTP-Server, öffnen einen Socket mit einer well-known Port-Nummer und lauschen auf Verbindungsanfragen.

Eine vollständige Liste der well-known Port-Nummern finden Sie auf `www.iana.org/assignments/port-numbers`. Die folgende Tabelle zeigt die populärsten Applikationen und ihre well-known Port-Nummern.

Port-Nummer	Protokoll	Applikation
20	TCP	FTP-Daten
21	TCP	FTP-Steuerung

Tabelle 3.3: Populäre Anwendungen und ihre Port-Nummern

Port-Nummer	Protokoll	Applikation
22	TCP	SSH
23	TCP	Telnet
25	TCP	SMTP
53	UDP, TCP	DNS
67, 68	UDP	DHCP
69	UDP	TFTP
80	TCP	HTTP
110	TCP	POP3
161	UDP	SNMP
443	TCP	SSL

Tabelle 3.3: Populäre Anwendungen und ihre Port-Nummern (Forts.)

Hinweis

Port-Nummern sind 16-Bit-Zahlen, die von 0 bis 65535 reichen. Die Port-Nummern 0 bis 1023 sind – wie schon erwähnt – reserviert, die restlichen sind frei verfügbar.

3.1.2 Flusssteuerung

Die Flusssteuerung via Windowing ist ebenfalls erklärungsbedürftig. Die Flusssteuerung von TCP nutzt die Felder Acknowledgment, Sequenznummer und Window des TCP-Headers. Das Window-Feld legt die maximale Anzahl nicht bestätigter Bytes fest, die ausstehen dürfen. Das Window beginnt relativ klein, wächst aber kontinuierlich so lange, bis es zu einem Fehler kommt. Da die aktuellen Sequenz- und Acknowledgment-Nummern nach und nach wachsen, wird das Window manchmal auch *Sliding Window* genannt. Ist das Window voll, sendet der Sender nicht mehr – und dies steuert den Datenfluss.

Schauen wir uns das einmal in einem Beispiel (Abbildung 3.2) an.

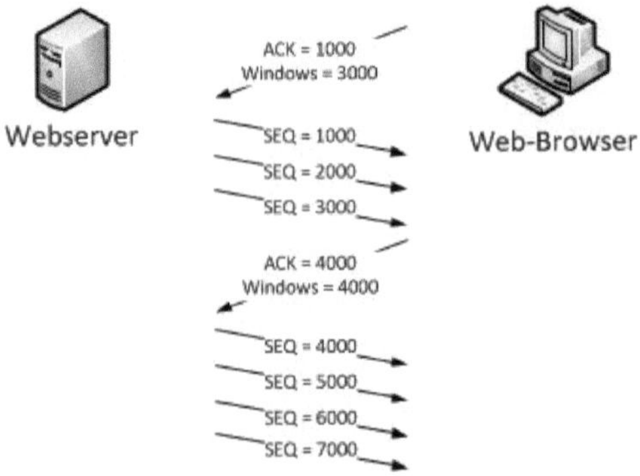

Abb. 3.2: TCP-Windowing

Die aktuelle Window-Größe in Abbildung 3.2 ist 3000 Bytes, jedes TCP-Segment ist 1000 Bytes groß. Der Webserver kann nun drei Segmente mit jeweils 1000 Bytes senden, dann muss er aber warten, weil die Window-Größe erschöpft ist. Er empfängt dann das Acknowledgment vom Web-Client. Da es keinen Fehler gegeben hat, erhöht der Web-Client die Window-Größe auf 4000 Bytes. Der Webserver kann nun also insgesamt 4000 Bytes senden, bevor er wieder auf ein Acknowledgment warten muss.

Der Sender muss nicht in jedem Fall das Senden stoppen. Falls er ein Acknowledgment empfängt, bevor die Window-Größe erschöpft ist, beginnt ein neues Window, und der Sender sendet munter weiter, bis dieses neue Window erschöpft ist.

3.1.3 Verbindungsauf- und -abbau

Möchte ein Host eine Verbindung aufbauen, beispielsweise zu einem Webserver, erzeugt er einen Socket mit einer Port-Nummer und seiner IP-Adresse. Dann sendet er dem Webserver ein SYN-Paket (von *synchronize*) mit einer Sequenznummer *x*. Diese Sequenznummer ist wichtig zur Sicherstellung einer vollständigen Übertragung in der richtigen Reihenfolge und ohne Duplikate. Die beim Start verwendete Sequenznummer ist eine beliebige Zahl. Der Webserver empfängt das Paket und reagiert: Ist der adressierte Ziel-Port geschlossen, antwortet er mit einem TCP-RST, um dem Sender zu signalisieren, dass keine Verbindung aufgebaut werden kann. Ist der Port geöffnet, dann bestätigt er den Empfang des ersten SYN-Pakets und sendet ein SYN/ACK-Paket zurück, um zu signalisieren, dass eine Verbindung aufgebaut werden kann. Das im TCP-Header gesetzte ACK-Flag kennzeichnet diese Pakete, und die Acknowledgment-Nummer beträgt $x+1$. Zusätzlich übermittelt der Webserver seine Startsequenznummer y, die wieder beliebig und von der Startsequenznummer des Hosts unabhängig ist.

Der Host bestätigt nun wieder den Empfang des SYN/ACK-Pakets, indem er ein eigenes ACK-Paket mit der Sequenznummer $x+1$ und der Acknowledgment-Nummer $y+1$ sendet. Damit ist die Verbindung aufgebaut, und beide Kommunikationspartner sind von nun an völlig gleichberechtigt – man kann ihnen nicht mehr ansehen, wer Client und wer Server ist.

Der Verbindungsabbau funktioniert ganz ähnlich. Statt des SYN-Bits kommt dabei allerdings das FIN-Bit (von *finish*) zum Zuge, das signalisiert, dass keine Daten mehr vom Sender kommen. Der Empfang dieses Pakets wird wieder mit ACK bestätigt. Der Empfänger des FIN-Pakets sendet dann noch ein eigenes FIN-Paket, das ebenfalls bestätigt wird, und damit hat es sich.

3.1.4 Geordnete Datenübertragung und Segmentierung

Manchmal muss eine Applikation nur wenige Daten über das Netzwerk senden, ein anderes Mal aber vielleicht mehrere Gigabyte. Jedes Schicht-2-Protokoll besitzt typischerweise ein Limit für die Menge der in einem Frame zu übertragenden Daten. Bei TCP/IP nennt sich dieses Limit *Maximum Transmission Unit* (MTU). Die MTU ist also die Größe des größten Schicht-3-Pakets, das in das Datenfeld eines Schicht-2-Frames passt. Für viele Schicht-2-Protokolle einschließlich Ethernet ist die MTU 1500 Bytes, obwohl IP-Pakete theoretisch bis zu 65535 Bytes groß sein dürfen.

Um nun größere Datenmengen übertragen zu können, *segmentiert* TCP die Daten in kleinere Stücke, die *Segmente* genannt werden. Typischerweise segmentiert TCP die Daten in 1460 Bytes große Stücke. Warum gerade 1460 Bytes? Wegen der MTU kann ein IP-Paket in der Regel nicht größer als 1500 Bytes sein. Der IP- und der TCP-Header sind jeweils 20 Bytes groß. 1500 minus 40 macht 1460 Bytes.

Der Empfänger muss die empfangenen Segmente natürlich wieder zusammensetzen. Dazu muss TCP verloren gegangene Segmente wiederherstellen. Außerdem muss der Empfänger Segmente, die in verkehrter Reihenfolge bei ihm eintreffen, wieder in die ursprüngliche Reihenfolge bringen. Dafür nutzt er die Sequenznummern.

3.2 Das User Datagram Protocol

Im Gegensatz zu TCP ist UDP verbindungslos und unzuverlässig. Es bietet kein Windowing, ordnet empfangene Daten nicht und kann größere Datenmengen nicht segmentieren. Mit TCP hat UDP lediglich gemeinsam, dass es Daten überträgt und das Multiplexing mithilfe von Port-Nummern beherrscht. Dafür ist UDP aber schneller als TCP.

Im Zusammenhang mit UDP bedeutet unzuverlässig, dass es keine Garantie gibt, dass ein einmal gesendetes Paket beim Empfänger auch ankommt, dass Pakete in der gleichen Reihenfolge ankommen, in der sie gesendet wurden, oder dass Pakete nicht doppelt ankommen.

Grundsätzlich unterscheidet sich die Datenübertragung mit UDP von der mit TCP dadurch, dass es keine Neuordnung empfangener Daten gibt und verloren gegangene Pakete nicht wiederhergestellt werden. Anwendungen, die UDP nutzen, können also entweder Datenverluste tolerieren oder sie besitzen eigene Mechanismen zur Datenwiederherstellung. DNS nutzt beispielsweise UDP, weil der Benutzer es ja bemerkt, ob die DNS-Auflösung klappt oder nicht. Im Fehlerfall versucht er es eben erneut.

Abbildung 3.1 zeigte den TCP-Header. Hier im Vergleich der UDP-Header:

2	2	2	2
Quell-Port	Ziel-Port	Länge	Prüfsumme

Abb. 3.3: Der UDP-Header

Ein deutlicher Unterschied. Wir haben hier zwar auch Quell- und Ziel-Port-Felder, aber keine Sequenznummer, kein Acknowledgment-Feld, kein ...

UDP braucht diese Felder auch gar nicht, denn UDP unternimmt keinen Versuch, irgendwelche Daten zu nummerieren oder zu bestätigen.

Wir sehen also, dass UDP mit wesentlich weniger Bytes auskommt als TCP. Ein weiterer Vorteil, der nicht sofort ins Auge sticht, ist die Tatsache, dass UDP keine Bestätigungen abwarten und solange Daten festhalten muss. Das bedeutet, dass UDP-Anwendungen nicht durch solche Dinge verlangsamt werden und Speicher schneller wieder freigegeben wird.

3.3 Das weiß ich nun

1. Welche der folgenden Funktionen ist eine typische UDP-Funktion?
   a. Fehlerbehebung
   b. Flusssteuerung
   c. Multiplexing mithilfe von Port-Nummern
   d. Windowing
   e. Geordnete Datenübertragung
2. Welche der folgenden Header-Felder identifizieren, welche Anwendung die gesendeten Daten erhalten soll?
   a. Prüfsumme
   b. TCP-Port-Nummer
   c. Sequenznummer
   d. UDP-Portnummer
   e. Ziel-IP-Adresse

3. Welche der folgenden Funktionen ist keine TCP-Funktion?
   a. Windowing
   b. Fehlerbehebung
   c. Routing
   d. Geordnete Datenübertragung
4. Wofür steht die Abkürzung MTU?
   a. Maximum Transfer Unit
   b. Minimum Transmission Unit
   c. Mainframe Test Unit
   d. Maximum Transmission Unit
5. Die Aufteilung einer großen Datenmenge in kleinere Teilstücke zur Übertragung nennt man wie?
   a. Paketierung
   b. Zerlegung
   c. Segmentierung
   d. Slicing
6. Welche Port-Nummer ist eine gültige Port-Nummer für einen auf einen Webserver zugreifenden Client?
   a. 1023
   b. 1025
   c. 80

IP-Adressierung und Subnetting

Ein solides Verständnis der IP-Adressierung und dabei besonders des Subnettings ist eigentlich eine Grundvoraussetzung, die jeder Netzwerkadministrator erfüllen sollte. Wer ein neues Netzwerk entwirft, muss in der Lage sein, den zur Verfügung gestellten IP-Adressbereich sinnvoll zu nutzen und per Subnetting aufzuteilen. Dabei gilt es, für jedes Subnetz die richtige Größe zu wählen, dabei aber keinesfalls IP-Adressen zu verschwenden. Ebenso wichtig ist ein souveräner Umgang mit IP-Adressen und Subnetzmasken natürlich auch bei der Fehlersuche in existierenden Netzwerken.

Dieses Kapitel verfolgt einzig und allein das Ziel, Sie in der Anwendung von IP-Adressen und Subnetzmasken fit zu machen. An und für sich ist das ein sehr trockener Stoff, allerdings kann es durchaus Spaß machen, sich mit der notwendigen Mathematik zu befassen. Übrigens existiert das Konzept der IP-Adressen und Präfixe auch bei IPv6 nach wie vor – es lohnt sich also nicht, eine Abkürzung zu nehmen und dieses Thema hier zu überspringen.

4.1 IP-Adressierung

Die meisten Netzwerke nutzen heute noch IP in der Version 4, kurz IPv4. Das wird sich auch so schnell nicht ändern, denn der Übergang zu IP Version 6, kurz IPv6, wird sich über mehrere Jahre ausdehnen. Größere Netzwerke migriert natürlich niemand in einem Rutsch von IPv4 zu IPv6, was bedeutet, dass beide Versionen eine Zeit lang parallel arbeiten. Nach wie vor ist es also notwendig, sich mit der IPv4-Adressierung und dem dazu gehörenden Subnetting zu befassen. Und genau darum geht es vorrangig in den folgenden Abschnitten.

In Kapitel 2 haben wir das Konzept der Klasse-A-, -B- und C-Netzwerke kennen gelernt. Die folgende Tabelle fasst noch einmal die wichtigsten Informationen dazu zusammen.

	Klasse A	Klasse B	Klasse C
Gültige Netzwerk-nummern	1.0.0.0 bis 126.0.0.0	128.0.0.0 bis 191.255.0.0	192.0.0.0 bis 223.255.255.0
Anzahl der Netzwerke in dieser Klasse	2^7-2 (126)	2^{14} (16 384)	2^{21} (2 097 152)
Anzahl der Hosts in dieser Klasse	$2^{24}-2$ (16 777 214)	$2^{16}-2$ /65 534)	2^8-2 (254)
Größe des Netzwerkteils der Adresse (in Bytes)	1	2	3
Größe des Host-Teils der Adresse (in Bytes)	3	2	1

Tabelle 4.1: Netzwerkklassen

Wer die in Tabelle 4.1 gezeigten Informationen im Kopf hat, kann mit einem Blick auf eine IP-Adresse den Netzwerk- und den Host-Teil der Adresse bestimmen. Für einen Computer ist das allerdings nicht ganz so einfach, ein Computer benötigt dafür eine zusätzliche Information: die *Subnetzmaske*. Eine Subnetzmaske definiert die Größe des Netzwerk- und des Host-Teils einer IP-Adresse. Bei der Maske handelt es sich um eine 32-Bit-Binärzahl, die normalerweise im Dotted-decimal-Format geschrieben wird. Diese Zahl tut nichts anderes, als die Struktur einer IP-Adresse zu definieren. Dafür nutzt sie ein ganz einfaches Konzept: Der erste Teil der Maske enthält aufeinanderfolgende binäre Einsen, die den Netzwerkteil beziehungsweise den Netzwerk- und den Subnetzteil der IP-Adresse definieren. Der Host-Teil der IP-Adresse wird durch aufeinanderfolgende binäre Nullen repräsentiert.

Ohne Subnetting nutzt jede Klasse von IP-Adressen die Standardmaske für diese Klasse. Die Standard-Klasse-A-Maske endet beispielsweise mit

24 binären Nullen. Das bedeutet, dass die letzten drei Oktette der Maske, die den drei Byte langen Host-Teil einer Klasse-A-Adresse repräsentieren, Null enthalten. Die folgende Tabelle zeigt die Standardmasken je Klasse und die jeweiligen Größen der Netzwerk und Host-Teile.

Klasse	Netzwerkteil (in Bits)	Host-Teil (in Bits)	Standardmaske
A	8	24	255.0.0.0
B	16	16	255.255.0.0
C	24	8	255.255.255.0

Tabelle 4.2: Standardmasken der Netzwerkklassen

4.1.1 Öffentliche und private Adressen

Für die Zuweisung von IP-Netzwerknummern oder kleineren Bereichen von IP-Adressen sind die ICANN und deren untergeordneten Organisationen zuständig. Hat ein Unternehmen oder eine andere Organisation einen IP-Adressbereich zugeteilt bekommen, dann kann nur dieses Unternehmen oder diese Organisation diesen Adressbereich für ihre Netzwerke benutzen. Router im Internet können dann Routen zu diesen Netzwerken lernen, sodass über das Internet mit diesen Netzwerken kommuniziert werden kann. Da diese Netzwerke also über das öffentliche Internet erreicht werden können, nennt man sie auch *öffentliche Netzwerke* (*public networks*). Die Adressen in diesen Netzwerken nennt man *öffentliche Adressen* (*public addresses*).

Wer seine Netzwerke niemals mit dem Internet verbindet, braucht sich keinen IP-Adressbereich zuteilen lassen. Für die Computer in diesen Netzwerken können durchaus IP-Adressen benutzt werden, die Duplikate von Adressen sind, die irgendeiner Organisation schon einmal zugewiesen wurden. Ein Unternehmen könnte also tatsächlich eine beliebige Netzwerknummer, beispielsweise 9.0.0.0, auswählen, ihre Computer, internen Router, Server und Kaffeemaschinen mit von dieser Netzwerknummer abgeleiteten IP-Adressen konfigurieren, und alles wäre gut. Problematisch wird die Geschichte aber dann, wenn das Unternehmen eines Tages beschließt, sich doch ans Netz der Netze zu hängen – und welches Unternehmen tut das nicht früher oder später?

Nun ist es gar nicht notwendig, IP-Adressen zu verwenden, die ein anderes Unternehmen bereits nutzt. RFC 1918 definiert nämlich eine Sammlung *privater Netzwerke*, die für beliebige Netzwerke, die sich nicht mit dem Internet verbinden, genutzt werden können. Bei dieser Sammlung privater Netzwerknummern handelt es sich um Netzwerknummern, die von der ICANN niemals einer Organisation zur Verwendung als öffentliche Netzwerknummer zugewiesen werden. Damit kann man nun also in seinen Netzwerken Adressen verwenden, die niemand im öffentlichen Internet nutzt. Die folgende Tabelle zeigt die privaten Adressbereiche je Klasse.

Klasse	Private IP-Netzwerke	Anzahl möglicher Netzwerke
A	10.0.0.0	1
B	172.16.0.0 bis 172.31.0.0	16
C	192.168.0.0 bis 192.168.255.0	256

Tabelle 4.3: Private IP-Adressbereiche

Ist ja schön und gut, aber wie löst das jetzt das Problem, wenn ein Netzwerk, das einen privaten Adressbereich nutzt, nun doch ans Internet angeschlossen werden soll? Gar nicht! Dieses Problem wird erst durch eine Funktion mit dem Namen *Network Address Translation* (NAT) gelöst. Auf NAT werden wir etwas später zurückkommen.

Wenn nun NAT das Problem mit dem Internetzugang löst, warum sollte man dann überhaupt auf private Adressen zurückgreifen? Geht NAT nicht auch mit jeder anderen beliebigen Adresse? Bis zu einem gewissen Punkt funktioniert das tatsächlich, aber es kann ein ganz interessantes Problem auftauchen, das wir ebenfalls etwas später im Zusammenhang mit NAT besprechen werden.

4.1.2 IPv6-Adressierung

Hier schon ein Vorgeschmack auf das, was IPv6 bringt. IPv6 bietet gegenüber IPv4 viele Verbesserungen. Aber IPv6 einfach nur zu verbessern, war nicht das vorrangige Ziel der Entwickler. Vielmehr ging es primär darum, die Anzahl verfügbarer IP-Adressen dramatisch zu erhöhen. Das ist gelungen, was man sehr einfach sehen kann: IPv6 nutzt eine 128-Bit-IP-Adresse statt der schnöden 32-Bit-Adresse, die IPv4 verwendet. Und 128 Bits ermöglichen eine ganze Ecke mehr als 10^{38} IP-Adressen. Das sollte locker reichen, um nicht nur die derzeit etwas weniger als 10^{10} auf der Erde lebenden Menschen mit einer jeweils eigenen IP-Adresse auszustatten, sondern noch die Bevölkerung des einen oder anderen Planeten dazu.

Eine 128-Bit-IPv6-Adresse notiert man hexadezimal mit Doppelpunkten zwischen jeweils vier Zeichen. Und selbst hexadezimal geschrieben ist so eine Adresse noch ganz schön lang, weshalb es auch ein paar Abkürzungen gibt.

Die folgende Tabelle vergleicht IPv4 kurz mit IPv6.

Feature	IPv4	IPv6
Größe der Adresse	32 Bits, 4 Oktette	128 Bits, 16 Oktette
Beispiel	10.1.1.1	0000:0000:0000:0000:FFFF:FFFF:0A03:0111
Beispiel abgekürzt	-	::FFFF:FFFF:0A03:0111
Anzahl möglicher Adressen (ohne Reservierungen)	2^{32} (rund 4 Milliarden)	2^{128} (rund 3,4 x 10^{38})

Tabelle 4.4: IPv4 und IPv6

4.2 Subnetting

Computer und andere IT-Geräte sehen IP-Adressen als 32-Bit-Binärzahlen. Das ist schön für diese Systeme, aber etwas blöd für Menschen. Um die Struktur dieser binären 32-Bit-Zahlen zu definieren und zu verstehen, benutzen Computer Subnetzmasken. Die Bedeutung dieses Konzepts zu begreifen, ist nicht schwer – komplizierter ist es, die damit verbundene Mathematik anzuwenden. Leider benötigen wir diese

Mathematik relativ oft, beispielsweise bei der Auswahl geeigneter Subnetzmasken, dem Finden der gültigen IP-Adressen innerhalb eines Subnetzes oder für die Bestimmung einer Subnetz-Broadcast-Adresse.

Prinzipiell gibt es zwei Möglichkeiten, diese Subnetting-Mathematik durchzuführen: binär und dezimal. Dem Menschen fällt es normalerweise leichter, mit dem Dezimalsystem zu rechnen, deswegen soll auf die Binärmathematik auch nicht weiter eingegangen werden.

Bevor wir uns nun intensiv mit Subnetting und der damit verbundenen Mathematik auseinandersetzen, muss aber noch etwas zu den zwei verschiedenen Schreibweisen für Subnetzmasken gesagt werden.

4.2.1 Präfixnotation

Nun haben Sie sicher oft genug gelesen, dass Subnetzmasken letztendlich nichts anderes sind als 32-Bit-Zahlen, die typischerweise in Dotted-decimal-Schreibweise notiert werden, beispielsweise 255.255.0.0. Es gibt aber noch einen anderen Weg, Subnetzmasken zu notieren: die *Präfixnotation*. Um diese Notation zu verstehen, sollte man sich noch einmal vergegenwärtigen, dass alle Subnetzmasken aus einer Anzahl aufeinanderfolgender binärer Einsen bestehen, denen sich eine Reihe aufeinanderfolgender binärer Nullen anschließt. Eine Subnetzmaske kann diese Einsen und Nullen nicht mischen – erst kommen ausschließlich Einsen, denen ausschließlich Nullen folgen.

Um nun eine Subnetzmaske in Präfixnotation darzustellen, schreibt man einfach die Anzahl der Einsen auf und stellt dieser Zahl einen Schrägstrich (*slash*) / voran. Ein Beispiel: die Subnetzmaske 255.255.255.0 ist binär dargestellt 11111111 11111111 11111111 00000000. Wenn wir nun die Einsen zählen erhalten wir 24. Die Subnetzmaske in Präfixnotation ist also /24.

Nicht zu selten ist man gezwungen, zwischen der Dotted-decimal- und der Präfixnotation zu konvertieren. Dafür ist es hilfreich, sich die neun möglichen dezimalen Zahlen zu merken, die in einer Subnetzmaske auftauchen können. Ebenfalls wissen sollte man, wie viele Einsen diese Zahlen haben, wenn sie binär notiert werden. Die folgende Tabelle zeigt die neun möglichen dezimalen Werte, deren binäre Entsprechung und die daraus resultierende Menge von Einsen.

Dezimales Oktett der Subnetzmaske	Binäre Entsprechung	Anzahl binärer Einsen
0	00000000	0
128	10000000	1
192	11000000	2
224	11100000	3
240	11110000	4
248	11111000	5
252	11111100	6
254	11111110	7
255	11111111	8

Tabelle 4.5: Neun mögliche dezimale Werte in Subnetzmasken

Um nun eine Subnetzmaske ins Präfixformat zu konvertieren, geht man folgendermaßen vor:

1. Wir starten mit 0.
2. Für jedes Oktett addieren wir die Anzahl binärer Einsen, die in der Tabelle für die Dezimalzahl angegeben ist.

Das war schon alles.

Sehen wir uns das in einem Beispiel an. Wir möchten die Subnetzmaske 255.255.128.0 konvertieren:

Die Dezimalzahl im ersten Oktett ist 255, wir addieren also 8.

Die Dezimalzahl im zweiten Oktett ist ebenfalls 255, wir addieren nochmals 8.

Die Dezimalzahl im dritten Oktett ist 128, wir addieren 1.

Im vierten Oktett (nicht vergessen) steht eine 0, also addieren wir 0.

Die Summe ist 17, wir schreiben also /17.

Noch ein weiteres Beispiel. Diesmal konvertieren wir 255.255.240.0:

Erstes Oktett: 8

Zweites Oktett: 8

Drittes Oktett: 4

Viertes Oktett: 0

Die Summe ist 20, wir notieren /20.

Natürlich müssen wir auch in der Lage sein, von der Präfixnotation in die Dotted-decimal-Notation zu konvertieren. Das geht so:

1. Wir dividieren den Präfixwert durch 8 und merken uns den ganzzahligen Teil sowie den Rest.
2. Nun schreiben wir so viele Oktette mit 255, wie das ganzzahlige Ergebnis der Division vorgibt.
3. Jetzt suchen wir die Dezimalzahl, die mit so vielen binären Einsen beginnt, wie der Rest der Division vorgibt. Diese Zahl schreiben wir ins nächste Oktett.
4. Für alle möglicherweise verbliebenen Oktette schreiben wir 0.

Ich glaube, mit einem Beispiel wird das deutlicher. Konvertieren wir /20:

Wir dividieren 20 durch 8 und erhalten 2, Rest 4.

Wir schreiben zwei Oktette mit 255, erhalten also 255.255.

Mit vier Einsen beginnt das binäre Äquivalent der Dezimalzahl 240. Jetzt sind wir bei 255.255.240.

Ein Oktett ist noch übrig. Da kommt 0 rein: 255.255.240.0

Die Subnetzmaske ist also 255.255.240.0.

Noch ein Beispiel. Konvertieren wir diesmal /18:

18 dividiert durch 8 ergibt 2, Rest 2.

Wir erhalten zwei Oktette mit 255.

Mit zwei Einsen beginnt das binäre Äquivalent der Dezimalzahl 192.

Das letzte Oktett erhält wieder den Wert 0.

Unsere Subnetzmaske ist 255.255.192.0.

4.2.2 Subnetzmasken analysieren und auswählen

Subnetting unterteilt ein klassenbezogenes (*classful*) Klasse-A-, -B-, oder -C-Netzwerk in kleinere Gruppen, die Subnetze genannt werden. Die Auswahl der Subnetzmaske für ein Netzwerk hängt von einer Reihe Designvorgaben ab: die Anzahl erforderlicher Subnetze und die Anzahl der Hosts pro Subnetz. Die Wahl der Subnetzmaske definiert dann, wie viele Subnetze des klassenbezogenen Netzwerks und wie viele Hosts in jedem dieser Subnetze existieren können.

Schauen wir uns nun an, wie wir eine für ein klassenbezogenes Netzwerk bereits ausgewählte Subnetzmaske analysieren. Dies ist in der Praxis beispielsweise notwendig, um herauszufinden, ob ein spezifisches Subnetz noch Platz für weitere Hosts bietet oder ob wir noch ein weiteres Subnetz erzeugen können.

Subnetzmasken analysieren

Hier geht es nun darum herauszufinden, wie viele Subnetze und wie viele Hosts pro Subnetz eine spezifische Subnetzmaske ermöglicht. Der Schlüssel zur Beantwortung dieser Frage liegt in der Anzahl der Host-Bits, die noch übrig bleiben, nachdem eine bestimmte Subnetzmaske fürs Subnetting gewählt wurde. Sobald wir dies wissen, kennen wir auch die Größe des Subnetzfeldes und können alle Fragen beantworten.

So finden wir die Größen des Netzwerk-, des Subnetz- und des Host-Teils einer IP-Adresse:

- Der Netzwerkteil der Adresse steht fest, denn er ist durch die Klassenregeln vorgegeben.
- Der Host-Teil der Adresse wird durch die Subnetzmaske definiert; es ist die Anzahl binärer Nullen am Ende der Maske.
- Der Subnetzteil der Adresse ist dann das, was von der 32-Bit-Adresse noch übrig geblieben ist.

Schauen wir uns einmal an, was wir über die IP-Adresse 5.1.3.4 mit der Subnetzmaske 255.255.0.0 herausfinden können:

Sofort sollte klar sein, dass es sich bei dem Netzwerk, in dem diese Adresse genutzt wird, um ein Klasse-A-Netzwerk handelt (wenn Sie mir nicht glauben, sehen Sie sich noch einmal Tabelle 4.1 an). Damit steht auch fest, dass wir 8 Netzwerk-Bits haben. Ein Blick auf die Subnetzmaske sagt uns, dass wir 16 Host-Bits haben, denn 255.255.0.0 binär geschrieben hat 16 Nullen am Ende. Übrig sind jetzt noch 8 Bits, und das sind unsere Subnetz-Bits.

Noch ein weiteres Beispiel mit einer einfachen Subnetzmaske: 172.16.100.1 und 255.255.255.0.

Das ist ein Klasse-B-Netzwerk mit 16 Netzwerk-Bits. Da wir nur 8 binäre Nullen haben (am Ende der Subnetzmaske) haben wir auch nur 8 Host-Bits. Bleiben wieder 8 Bits übrig für den Subnetzteil.

Die beiden Beispiele waren einfach, weil sie einfache Subnetzmasken benutzten. Eine einfache Subnetzmaske ist eine Maske, die außer 255 und 0 keine anderen dezimalen Werte enthält. Bei solchen Masken genügt ein Blick, um die gewünschten Informationen zu erhalten. Anders sieht es aus mit Subnetzmasken, die eine der anderen möglichen Dezimalzahlen enthalten; da ist es schon etwas kniffeliger, die Anzahl der Host-Bits zu bestimmen. So geht's:

1. Wir bestimmen die Anzahl der Netzwerk-Bits entsprechend der Netzwerkklasse (A, B oder C; 8, 16 oder 24 Bits).
2. Wir konvertieren die Maske ins Präfixformat, falls sie nicht schon in diesem Format vorliegt.
3. Die Anzahl der Host-Bits erhalten wir, indem wir die Präfixlänge von 32 subtrahieren.
4. Nun berechnen wir die Anzahl der Subnetz-Bits, indem wir die Anzahl der Netzwerk-Bits von der Präfixlänge subtrahieren.

Tun wir das nun für 130.6.100.1 mit der Maske 255.255.252.0:

Wir haben 16 Netzwerk-Bits, da es sich um ein Klasse-B-Netzwerk handelt. Die Maske 255.255.252.0 im Präfixformat ist /22. 32 minus 22 ergibt 10 – das sind unsere Host-Bits. 22 minus 16 ergibt 6 – unsere Subnetz-Bits.

Und ein weiteres Beispiel: 197.1.2.100 mit 255.255.255.224:

Ein Klasse-C-Netzwerk, also 24 Netzwerk-Bits. Das Präfixformat der Maske ist /27, also haben wir lediglich 5 Host-Bits, da 32 minus 27 uns dieses Ergebnis liefert. 27 minus 24 macht 3 – das sind unsere Subnetz-Bits.

Nun wollen wir mit den ermittelten Subnetz- und Host-Bits etwas berechnen, und zwar die Anzahl der möglichen Subnetze und die Anzahl der möglichen Hosts pro Subnetz. Alles, was wir dafür brauchen, sind folgende zwei Formeln:

- Anzahl Subnetze = 2^s
- Anzahl Hosts pro Subnetz = 2^h-2

Das *s* in der ersten Formel ist durch die Anzahl der Subnetz-Bits, das *h* in der zweiten Formel durch die Anzahl der Host-Bits zu ersetzen.

Warum wird bei der Berechnung der Hostanzahl am Ende 2 subtrahiert? Weil die IP-Adresskonventionen zwei IP-Adressen pro Subnetz reservieren: Die kleinste Adresse (nur Nullen im Host-Feld) dient als Subnetznummer, die größte Adresse (nur Einsen im Host-Feld) als Subnetz-Broadcast-Adresse. Diese beiden Nummern lassen sich nicht als gültige IP-Adressen zuweisen.

Nun könnten Sie die berechtigte Frage stellen, warum dann bei der Berechung der Anzahl der Subnetze keine 2 subtrahiert wird, da es ja, wie Sie vielleicht wissen, so etwas wie ein Zero-Subnetz und ein Broadcast-Subnetz gibt. Die Antwort lautet, dass tatsächlich manchmal auch bei der Berechung der Subnetzanzahl eine 2 zu subtrahieren ist. Bevor wir uns ansehen, wann wir die 2 subtrahieren, schauen wir uns kurz an, was sich hinter den Begriffen Zero-Subnetz und Broadcast-Subnetz eigentlich verbirgt.

Das Zero-Subnetz

Das *Zero-Subnetz* oder *Subnetz Zero* ist ein reserviertes Subnetz in einem Netzwerk. Von allen Subnetzen eines *klassenbezogenen* Netzwerks besitzt es den niedrigsten numerischen Wert. Die Subnetznummer des Zero-Subnetzes ist grundsätzlich immer identisch mit der Nummer des klassenbezogenen Netzwerks selbst. Die Nummer des Zero-Subnetzes des Klasse-C-Netzwerks 192.168.0.0 ist also ebenfalls 192.168.0.0. Das kann für Verwirrung sorgen – und genau das ist auch der Grund, warum das Zero-Subnetz ursprünglich reserviert wurde.

Das Broadcast-Subnetz

Beim *Broadcast-Subnetz* sieht es ganz ähnlich aus. Das Broadcast-Subnetz besitzt den höchsten Wert aller Subnetze eines *klassenbezogenen* Netzwerks. Es wurde ursprünglich reserviert, weil die Broadcast-Adresse dieses Subnetzes mit der Broadcast-Adresse des gesamten Netzwerks identisch ist. Ein Paket, das zu 150.150.255.255 gesendet wird, könnte für alle Hosts im Klasse-B-Netzwerk 150.150.0.0 bestimmt sein. Genauso gut könnte es aber lediglich für die Hosts in einem einzelnen Subnetz bestimmt sein. Um Missverständnissen vorzubeugen, wurde also auch das Broadcast-Subnetz ursprünglich reserviert.

Die 2 abziehen oder nicht?

Bleibt die Frage, ob wir die 2 subtrahieren müssen oder nicht. In den letzten zwei Absätzen taucht der Begriff »ursprünglich« auf. Das impliziert, dass sich die Sache mit den beiden reservierten Subnetzen im Laufe der Zeit geändert haben könnte, und das ist tatsächlich der Fall.

Es gibt heute nur noch drei Situationen, die erfordern, die beiden Subnetze nicht als völlig normale Subnetze zu verwenden:

1. Ein klassenbezogenes Routing-Protokoll wird verwendet (dazu später mehr).
2. Das eingesetzte Routing-Protokoll ist RIP Version 1 oder IGRP.
3. Die eingesetzten Router sind so konfiguriert, dass sie das Subnetz-Zero nicht verwenden. Die Standardkonfiguration der meisten Router erlaubt heute aber die Verwendung des Zero-Subnetzes.

In jedem dieser drei Fälle müssten Sie bei der Berechung der Subnetzanzahl die 2 subtrahieren.

Sehen wir uns noch kurz die Situationen an, in denen Sie die beiden Subnetze gefahrlos nutzen dürfen:

- Ein klassenloses Routing-Protokoll wird eingesetzt (dazu später mehr).
- Das eingesetzte Routing-Protokoll ist RIP Version 2, OSPF oder EIGRP.
- Die eingesetzten Router erlauben die Verwendung des Zero-Subnetzes.
- VLSM wird genutzt. VLSM steht für *Variable Length Subnet Masking*, also für die Nutzung von Subnetzmasken variabler Länge. Darauf kommen wir später noch zurück. Was wir bislang betrachtet haben, sind Subnetzmasken statischer Länge (SLSM, *Static Length Subnet Masking*).

Subnetzmasken auswählen

Kommen wir nun zur zweiten praktischen Aufgabe in Verbindung mit Subnetzmasken: die Auswahl der für die vorgegebenen Zwecke und Richtlinien geeigneten Subnetzmaske. Kein Administrator geht ja einfach hin und zaubert eine x-beliebige Subnetzmaske aus dem Hut – sollte er jedenfalls nicht.

Wer eine Netzwerkmaske wählt, tut dies in der Regel unter Beachtung der Anforderungen des Netzwerks. Die gewählte Maske muss genügend Subnetz-Bits haben, um die gewünschte oder geforderte Anzahl Subnetze unterstützen zu können, andererseits muss sie über genügend Host-Bits verfügen, um die geforderte Anzahl von Hosts pro Subnetz zu ermöglichen. Eine einem Netzwerkadministrator gestellte Aufgabe könnte beispielsweise lauten: Nehmen Sie Klasse-B-Netzwerk 172.16.0.0 und sehen Sie zu, dass wir mindestens 150 Subnetze erhalten, die jeweils mindestens 200 Hosts unterstützen.

An eine solche Aufgabe geht der Administrator heran, indem er zunächst bestimmt, wie viele Subnetz- und wie viele Host-Bits er benötigt, um die Anforderungen zu erfüllen. Hier helfen wieder die beiden oben vorgestellten Formeln 2^h-2 und 2^s (ggf. 2^s-2). Das *h* in der ersten

Formel entspricht ja der Anzahl der Host-Bits, das *s* in der zweiten Formel der Anzahl der Subnetz-Bits. Um nun die Anzahl der erforderlichen Subnetz-Bits zu ermitteln, setzt der Administrator einfach Werte für *s* ein, bis das Ergebnis der Anzahl erforderlicher Subnetze entspricht oder größer ist. Mit den Host-Bits geht es entsprechend. Spielen wir das einmal für 172.16.0.0 durch:

2^7 ergibt 128. Das sind zu wenig Subnetze. 2^8 ergibt aber 256, und das reicht. Nun zu den Hosts: 2^7-2 macht 126 – zu wenig. 2^8-2 ist 254 – das passt.

Unser Administrator braucht also eine Subnetzmaske, die mindestens 8 Subnetz-Bits und mindestens 8 Host-Bits enthält. Und welche Maske ist das nun? Unser Administrator weiß, dass es sich bei 172.16.0.0 um ein Klasse-B-Netzwerk handelt. Damit steht die Anzahl der Netzwerk-Bits fest: 16 Bits. Nun schreibt er auf ein Stück Papier für jedes Netzwerk-Bit ein N (N für Netzwerk-Bit):

NNNNNNNN NNNNNNNN

Den Netzwerk-Bits schließen sich die Subnet-Bits an. Davon braucht er 8. Die schreibt er ebenfalls auf (mit S für Subnetz-Bit):

NNNNNNNN NNNNNNNN SSSSSSSS

Bleiben die Host-Bits übrig. Davon wieder 8 (H):

NNNNNNNN NNNNNNNN SSSSSSSS HHHHHHHH

Die Netzwerk- und Subnetz-Bits einer Subnetzmaske müssen binäre Einsen, die Host-Bits binäre Nullen sein. Damit ergibt sich folgende binäre Subnetzmaske:

11111111 11111111 11111111 00000000

Ins Dezimalsystem konvertiert erhält unser Administrator 255.255.255.0 (/24 in Präfixnotation).

In diesem Beispiel ist 255.255.255.0 die einzige mögliche gültige Subnetzmaske. In einigen Fällen gibt es aber mehr als eine gültige Subnetzmaske, welche die Anforderungen erfüllt. Das macht die Suche aber nicht komplizierter. Sehen wir uns das anhand eines weiteren Beispiels an:

Wir nehmen erneut das Klasse-B-Netzwerk 172.16.0.0, benötigen diesmal aber lediglich 50 Subnetze und 200 Hosts pro Subnetz. Entsprechend unserer zwei Formeln benötigen wir dafür mindestens 6 Subnetz- und 8 Host-Bits.

Wieder haben wir 16 Netzwerk-Bits:

NNNNNNNN NNNNNNNN

Jetzt kommen die 6 Subnetz-Bits:

NNNNNNNN NNNNNNNN SSSSSSxx

Und unsere 8 Host-Bits:

NNNNNNNN NNNNNNNN SSSSSSxx HHHHHHHH

Zwischen unseren Subnetz- und Host-Bits bleibt eine mit x gekennzeichnete Lücke von zwei Bits. Diese beiden Bits können entweder Subnetz- oder Host-Bits sein. Wie wir sie verwenden, richtet sich danach, ob wir die Anzahl der Subnetze oder die Anzahl der Hosts pro Subnetz maximieren möchten. Binär ausgedrückt ergeben sich folgende Möglichkeiten:

11111111 11111111 11111111 00000000 (8 Subnetz-Bits, 8 Host-Bits)

11111111 11111111 11111110 00000000 (7 Subnetz-Bits, 9 Host-Bits)

11111111 11111111 11111100 00000000 (6 Subnetz-Bits, 10 Host-Bits)

11111111 11111111 11111101 00000000 (ungültig)

Die letzte »Maske« ist ungültig, weil die Reihe aufeinanderfolgender Einsen durch eine Null unterbrochen ist. Insgesamt ergeben sich also drei Subnetzmasken, die unsere Anforderungen erfüllen:

255.255.255.0 oder /24

255.255.254.0 oder /23

255.255.252.0 oder /22

Möchten wir nun die Anzahl der Subnetze maximieren, wählen wir die Maske mit den meisten Subnetz-Bits, also 255.255.255.0. Möchten wir jedoch die Anzahl der Hosts pro Subnetz maximieren, wählen wir die Maske mit den meisten Host-Bits, also 255.255.252.0.

Wer mit solchen Aufgaben regelmäßig zu tun hat, wird nach einer gewissen Zeit natürlich kaum noch etwas auf Papier notieren. Und auch die Zweierpotenzen wird man nach einiger Zeit im Kopf haben. Hier noch eine Tabelle mit den Zweierpotenzen bis 2^{15}:

Anzahl der Bits	Anzahl Hosts	Anzahl Subnetze
1	0	2
2	2	4
3	6	8
4	14	16
5	30	32
6	62	64
7	126	128
8	254	256
9	510	512
10	1022	1024
11	2046	2048
12	4094	4096
13	8190	8192
14	16382	16384
15	32766	32768

Tabelle 4.6: Anzahl von Subnetzen und Hosts

4.2.3 Existierende Subnetze analysieren

Jeder Netzwerkadministrator muss in der Lage sein, schnell ein paar wichtige Schlüsselinformationen über existierende Subnetze zu finden und zu analysieren. Da sind beispielsweise die Fragen zu klären, zu welchem Subnetz eine bestimmte IP-Adresse und Subnetzmaske gehört, welches die Broadcast-Adresse eines spezifischen Subnetzes ist und welcher IP-Adressbereich in einem bestimmten Subnetz gültig ist.

Die Subnetznummer finden

Die Subnetznummer oder Subnetzadresse ist die (dezimal notierte) Nummer, die das Subnetz selbst repräsentiert. Diese Nummern tauchen sehr häufig in Routing-Tabellen auf – wir erinnern uns: Routing-Tabellen verzeichnen keine spezifischen IP-Adressen, sondern Adressgruppen bzw. Subnetze plus Masken.

So finden wir bei gegebener IP-Adresse und dazu gehörender Subnetzmaske die Subnetznummer:

Wir beginnen wieder mit leichten Masken, also Masken, die ausschließlich 255 und 0 als mögliche Werte enthalten. Da gibt es nicht viele Möglichkeiten: 255.0.0.0, 255.255.0.0 und 255.255.255.0. Davon fliegt dann gleich 255.0.0.0 raus, denn diese Maske verursacht gar kein Subnetting. Und für die anderen beiden Masken, 255.255.0.0 und 255.255.255.0, ist der Prozess denkbar einfach:

Für jedes Oktett mit einem Wert von 255 notieren wir den Wert, der im entsprechenden Oktett der IP-Adresse steht. Für alle weiteren Oktette notieren wir 0. Fertig.

Ein Beispiel: 192.168.1.2 mit 255.255.255.0

Erstes Oktett der Maske: 255. Damit erstes Oktett der Subnetznummer: 192.

Zweites Oktett der Maske: 255. Damit zweites Oktett der Subnetznummer: 168.

Drittes Oktett der Maske: 255. Damit drittes Oktett der Subnetznummer: 1.

Viertes Oktett der Maske: 0. Damit viertes Oktett der Subnetznummer: 0.

Wir erhalten die Subnetznummer 192.168.1.0.

Noch ein Beispiel: 172.16.2.4 mit 255.255.255.0

Erstes Oktett der Maske: 255. Damit erstes Oktett der Subnetznummer: 172.

Zweites Oktett der Maske: 255. Damit zweites Oktett der Subnetznummer: 16.

Drittes Oktett der Maske: 255. Damit drittes Oktett der Subnetznummer: 2.

Viertes Oktett der Maske: 0. Damit viertes Oktett der Subnetznummer: 0.

Wir erhalten die Subnetznummer 172.16.2.0.

Kommen wir nun zu schwierigeren Masken. Das sind Masken, die außer 255 und 0 auch einen der anderen möglichen Werte enthalten. Hier hilft uns zu Anfang eine kleine Tabelle:

Oktett	1	2	3	4
IP-Adresse				
Maske				
Subnetznummer				

In dieser Tabelle notieren wir in der ersten Zeile die gegebene IP-Adresse und in der zweiten Zeile die dazu gehörende Subnetzmaske.

Nun suchen wir das Oktett, in dem der Wert der *Subnetzmaske* weder 255 noch 0 beträgt.

Für jedes Oktett links von diesem Oktett notieren wir in der dritten Zeile den Wert der *IP-Adresse*.

Für jedes Oktett rechts von diesem Oktett notieren wir in der dritten Zeile eine dezimale 0.

Nun sollten in der dritten Zeile drei von vier Oktetten gefüllt sein. Es bleibt das Oktett, dessen Wert in der ersten Zeile weder 255 noch 0 beträgt. Hier berechnen wir nun zunächst eine »Hilfszahl«, indem wir den Wert der Maske in diesem Oktett von 256 subtrahieren. Jetzt berechnen wir das Vielfache dieser Hilfszahl (von 0 bis 256), das dem Wert der *IP-Adresse* in diesem Oktett am nächsten kommt, ihn aber nicht übersteigt. Das Ergebnis tragen wir in der dritten Zeile ein.

Das hört sich alles komplizierter an, als es tatsächlich ist. Ein paar Beispiele sind sicher hilfreich. Beginnen wir mit 172.16.102.9 und 255.255.252.0. Unsere Tabelle sieht zunächst so aus:

Oktett	1	2	3	4
IP-Adresse	172	16	102	9
Maske	255	255	252	0
Subnetznummer				

Weder den Wert 255 noch 0 hat die Maske im dritten Oktett. Für jedes Oktett links von diesem Oktett notieren wir in der dritten Zeile den Wert der *IP-Adresse*:

Oktett	1	2	3	4
IP-Adresse	172	16	102	9
Maske	255	255	252	0
Subnetznummer	172	16		

Für jedes Oktett rechts von diesem Oktett notieren wir in der dritten Zeile eine dezimale 0:

Oktett	1	2	3	4
IP-Adresse	172	16	102	9
Maske	255	255	252	0
Subnetznummer	172	16		0

Es bleibt das Oktett, dessen Wert in der ersten Zeile 252 beträgt. Hier berechnen wir jetzt die »Hilfszahl«, indem wir den Wert der Maske in diesem Oktett von 256 subtrahieren:

$256 - 252 = 4$

Jetzt berechnen wir das Vielfache dieser Hilfszahl (von 0 bis 256), das dem Wert der *IP-Adresse* in diesem Oktett am nächsten kommt, ihn aber nicht übersteigt.

25 x 4 = 100

Das Ergebnis tragen wir in der dritten Zeile ein:

Oktett	1	2	3	4
IP-Adresse	172	16	102	9
Maske	255	255	252	0
Subnetznummer	172	16	100	0

Wir haben unsere Subnetznummer: 172.16.100.0.

Wenn wir soweit sind, können wir ganz schnell die erste gültige IP-Adresse dieses Subnetzes, die letzte gültige IP-Adresse dieses Subnetzes, damit natürlich sofort den gesamten gültigen IP-Adressbereich und schließlich die Broadcast-Adresse bestimmen.

Die erste gültige IP-Adresse ist um 1 größer als die Subnetznummer: 172.16.100.1.

Für die Subnetz-Broadcast-Adresse müssen wir etwas mehr tun: Zunächst interessiert uns wieder das Oktett, in dem der Wert der Subnetzmaske weder 255 noch 0 beträgt. Im Beispiel ist es das dritte Oktett. Jetzt nehmen wir den Wert, den die Subnetznummer in diesem Oktett hat, addieren unsere Hilfszahl und subtrahieren 1: 100 + 4 – 1 = 103.

Jetzt könne wir bereits bis zum dritten Oktett die Subnetz-Broadcast-Adresse notieren: 172.16.103.

Fehlt noch das vierte Oktett. Hier gilt die Regel, dass wir alle weiter rechts liegenden Oktetts mit 255 füllen. Die vollständige Subnetz-Broadcast-Adresse lautet also 172.16.103.255.

Jetzt ist die letzte gültige IP-Adresse in diesem Subnetz schnell berechnet, denn sie ist um 1 geringer als die Subnetz-Broadcast-Adresse: 255 – 1 = 254

Damit lautet die letzte gültige IP-Adresse 172.16.103.254.

Der Bereich gültiger IP-Adressen in diesem Subnetz ist jetzt auch sofort klar, er liegt zwischen 172.16.100.1 und 172.16.103.254.

4.2.4 Die Subnetze eines klassenbezogenen Netzwerks

Bleibt eine letzte Aufgabe zu lösen, mit der ein Netzwerkadministrator hin und wieder konfrontiert wird: das Auflisten sämtlicher Subnetze, die sich mit einem spezifischen klassenbezogenen Subnetz bilden lassen. Es geht also darum, sämtliche gültigen Subnetze in einem Klasse-A-, -B- oder -C-Netzwerk zu finden, welche dieselbe Subnetzmaske verwenden. Noch einmal: Es geht um ein klassenbezogenes Netzwerk, das eine Subnetzmaskierung mit statischer Länge nutzt.

Wir beginnen wieder mit einer einfachen Subnetzmaske, die in diesem Fall eine Subnetzmaske ist, die weniger als acht Subnetz-Bits enthält. Um den Prozess übersichtlicher zu machen, bedienen wir uns erneut einer Tabelle, die wir nach und nach ausfüllen:

Oktett	1	2	3	4
Maske				
Hilfszahl				
Netzwerknummer				
Erstes Subnetz				
Zweites Subnetz				
Letztes Subnetz				
Broadcast-Subnetz				
Ungültig				

Wir starten mit der bekannten Netzwerknummer (siehe vorangegangenen Abschnitt) und der gegebenen Subnetzmaske. Der Prozess ist relativ intuitiv, wenn wir uns vergegenwärtigen, dass alle Subnetze ein Vielfaches der Hilfszahl sein müssen. Beim Klasse-B-Netzwerk 130.6.0.0 und der Maske 255.255.252.0 beträgt die Hilfszahl beispielsweise 256 – 252 = 4. Alle Subnetze sind also ein Vielfaches von 4. Wir haben zunächst unser Subnetz-Zero, 130.6.0.0, von dem ausgehend es folgendermaßen weitergeht: 130.6.4.0, 130.6.8.0, 130.6.12.0 usw. bis 130.6.252.0. Das letzte Subnetz ist das Broadcast-Subnetz.

Bis der Prozess wirklich sitzt, benutzen wir am besten die gerade vorgestellte Tabelle.

Oktett	1	2	3	4
Maske				
Hilfszahl				
Netzwerknummer				
Erstes Subnetz				
Zweites Subnetz				
Letztes Subnetz				
Broadcast-Subnetz				
Ungültig				

1. In der ersten Zeile notieren wir die Subnetzmaske.
2. Wir suchen das Oktett, dessen Wert weder 255 noch 0 ist. Dieses Oktett markieren wir, beispielsweise indem wir einen Kreis drum herum zeichnen.
3. Die Hilfszahl berechnen wir, indem wir von 256 den Wert dieses markierten Oktetts subtrahieren. Wir notieren die Hilfszahl in der zweiten Zeile, um sie uns einfacher merken zu können.
4. In der vierten Zeile notieren wir die Netzwerknummer. Das ist dieselbe Nummer, die auch das Subnetz-Zero verwendet.
5. Das jeweils nächste Subnetz finden wir, indem wir für die drei nicht markierten Oktette die Werte der Netzwerknummer kopieren und für das markierte Oktett die Hilfszahl zu dem Wert addieren, den das vorangegangene Subnetz im markierten Oktett besitzt. Sobald die eben berechnete Summe 256 erreicht, hören wir auf. 256 ist bereits

ungültig, und die zuvor berechnete Subnetznummer ist das Broadcast-Subnetz.

Die Erklärung des Prozesses ist wieder viel umständlicher als die Anwendung. Schauen wir uns ein Beispiel mit 130.6.0.0 und 255.255.252.0 an.

Oktett	1	2	3	4
Maske	255	255	**252**	0
Hilfszahl			**4**	
Netzwerknummer	130	6	**0**	0
Erstes Subnetz	130	6	**4**	0
Zweites Subnetz	130	6	**8**	0
Letztes Subnetz	130	6	**248**	0
Broadcast-Subnetz	130	6	**252**	0
Ungültig	130	6	**256**	0

Enthält eine Subnetzmaske genau acht Subnetz-Bits, dann ist der Prozess sogar noch einfacher, denn die Hilfszahl beträgt dann 256 – 255 = 1. Für das Beispielnetzwerk 130.6.0.0 mit 255.255.255.0 ergeben sich dann die Subnetze 130.6.0.0 (Subnetz-Zero), 130.6.1.0, 130.6.2.0, 130.6.3.0, 130.6.4.0 bis hinauf zu 130.6.255.0 (Broadcast-Subnetz).

Bei Subnetzmasken, die mehr als acht Subnetz-Bits enthalten, wird es (nur etwas) komplizierter. Hier bemerken wir zuerst, dass es eine große Anzahl Subnetze geben wird. Außerdem erstreckt sich der Subnetzteil über mehr als ein Oktett. Der Punkt, der große Aufmerksamkeit erfordert, ist das Erreichen von 256 im markierten Oktett. Das Subnetz mit 256 im markierten Oktett ist natürlich auch in diesem Fall ungültig, aber statt nun aufzuhören, notieren wir im markierten Oktett für dieses Subnetz eine 0 und addieren eine 1 zu dem Wert, den das vorangegangene Subnetz im Oktett links vom markierten Oktett besitzt.

Wenn wir uns einmal die ersten zwölf, dreizehn Subnetze für 130.6.0.0 mit 255.255.255.192 ansehen, wird es deutlicher:

130.6.0.0 (Subnetz-Zero)

130.6.0.64

130.6.0.128

130.6.0.192

130.6.1.0

130.6.1.64

130.6.1.128

130.6.1.192

130.6.2.0

130.6.2.54

130.6.2.128

130.6.2.192

130.6.3.0

Das Muster sollte jetzt klar sein. Nicht ganz so offensichtlich ist, wann wir tatsächlich sämtliche Subnetze gefunden haben, also aufhören müssen. Aber auch dies lässt sich einfach beantworten: Wenn wir bei der Addition der Hilfszahl 256 erreichen, sollen wir ja statt 256 eine 0 notieren und im links gelegenen Oktett eine 1 addieren. Wenn wir damit aber nun den Wert des Netzwerkteils ändern würden, ist es genug. Wir notieren in diesem Fall keine 0 statt der 256, sondern wir hören auf, wir haben alle Subnetz gefunden. Das letzte Subnetz für unser Beispiel (das Broadcast-Subnetz) ist 130.6.255.192.

Was würde denn passieren, wenn wir ein weiteres Mal die Hilfszahl addieren? Schauen wir es uns an:

130.6.255.192

Addieren wir die Hilfszahl 64, erhalten wir 256. Wir müssen also schreiben:

130.6.255.0

Addieren wir jetzt wie vorgegeben im links gelegenen Oktett eine 1, erhalten wir:

130.6.256.0

Statt der 256 müssen wir wieder eine 0 notieren:

130.6.0.0

Nun müssen wir wieder wie vorgegeben im links gelegenen Oktett eine 1 addieren:

130.7.0.0

Damit sind wir aber nicht mehr im klassenbezogenen Netzwerk 130.6.0.0, sondern schon in einem ganz anderen klassenbezogenen Netzwerk. Wir haben also tatsächlich ein Bit des Netzwerkteils von 130.6.0.0 geändert.

4.3 Variable-Length Subnet Masking (VLSM)

Mit der *Subnetzmaskierung mit variabler Länge* (VLSM, Variable-Length Subnet Masking) haben wir es zu tun, wenn ein Netzwerk mehr als eine Maske in verschiedenen Subnetzen eines einzelnen Klasse-A-, -B- oder -C-Netzwerks nutzt. *VLSM* ist ein Konzept, das Netzwerkadministratoren erlaubt, die zur Verfügung stehenden IP-Adressen effizient zu nutzen, indem sie die Anzahl der verschwendeten IP-Adressen pro Subnetz reduzieren. Die folgende Abbildung zeigt ein Beispiel für den Einsatz von VLSM in einem Klasse-A-Netzwerk 10.0.0.0.

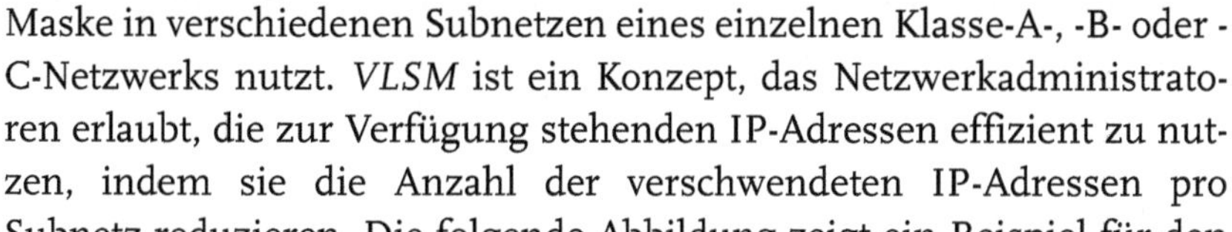

Abb. 4.1: Netzwerk 10.0.0.0 mit VLSM

Abbildung 4.1 zeigt die typische Wahl der Maske /30 für serielle Punkt-zu-Punkt-Verbindungen. Mit der Maske /30 (255.255.255.252) stehen genau zwei IP-Adressen zur Verfügung – für serielle Punkt-zu-Punkt-Verbindungen sind nicht mehr IP-Adressen nötig, es werden also keine IP-Adressen verschwendet. Die sieben mit den Routern verbundenen LANs nutzen /24-Masken. Für das einzelne Klasse-A-Netzwerk 10.0.0.0 werden also zwei verschiedene Subnetzmasken genutzt, womit die Definition für VLSM erfüllt ist.

Hinweis

Ein häufig gemachter Fehler ist, dass man denkt, VLSM bedeutet, dass mehr als eine Maske genutzt wird. Tatsächlich bedeutet VLSM, dass in einem einzelnen klassenbezogenen Netzwerk mehr als eine Maske genutzt wird.

4.3.1 Klassenbezogene und klassenlose Routing-Protokolle

Nicht jedes Routing-Protokoll unterstützt VLSM. Damit ein Routing-Protokoll VLSM unterstützt, muss es nicht nur Subnetznummern bekannt geben, sondern auch die zu diesen Subnetznummern gehörenden Subnetzmasken. RIP Version 1 und IGRP tun dies beispielsweise nicht und können deshalb VLSM nicht unterstützen. Routing-Protokolle müssen Subnetzmasken in ihren Routing-Updates auch mit aufnehmen, um manuelle Routenzusammenfassungen zu unterstützen. Also unterstützen RIPv1 und IGRP auch keine manuellen Routenzusammenfassungen.

Abhängig davon, ob ein Routing-Protokoll Masken in seinen Routing-Updates mitsendet oder nicht, bezeichnet man es als *klassenlos* oder *klassenbezogen*. Die folgende Tabelle zeigt die wichtigsten Routing-Protokolle und informiert darüber, ob es sich um klassenlose oder klassenbezogene Routing-Protokolle handelt.

Protokoll	Klassenlos?	Sendet Masken in Updates	Unterstützt VLSM
RIPv1	Nein	Nein	Nein
IGRP	Nein	Nein	Nein

Tabelle 4.7: Klassenlose und klassenbezogene Routing-Protokolle

Protokoll	Klassenlos?	Sendet Masken in Updates	Unterstützt VLSM
RIPv2	Ja	Ja	Ja
EIGRP	Ja	Ja	Ja
OSPF	Ja	Ja	Ja

Tabelle 4.7: Klassenlose und klassenbezogene Routing-Protokolle (Forts.)

4.3.2 Überlappende VLSM-Subnetze

Beim Einsatz von VLSM ist besonders darauf aufzupassen, dass sich die IP-Adressbereiche verschiedener Subnetze nicht überlappen. Überlappen sich mehrere Subnetze, dann überlappen sich auch Einträge in Routing-Tabellen, womit das Routing unvorhersehbar wird. Leider sind bei VLSM Überlappungen nicht immer gleich offensichtlich.

Netzwerkadministratoren müssen in der Lage sein, zwei Aufgaben im Zusammenhang mit VLSM zu lösen: Sie müssen existierende Subnetze analysieren können, um herauszufinden, ob Überlappungen existieren. Und sie müssen neue VLSM-Subnetze auswählen können, die frei von Überlappungen sind.

Die erste Aufgabe ist relativ einfach und lässt sich mit den in diesem Kapitel bisher gelieferten Informationen lösen. Es gilt, einfach für jedes gegebene Subnetz den gültigen IP-Adressbereich zu berechnen und die Ergebnisse miteinander zu vergleichen. Der gesamte Prozess besteht also aus folgenden zwei Schritten:

1. Berechnen der Subnetznummer und der Subnetz-Broadcast-Adresse eines jeden Subnetzes. Damit erhält man den IP-Adressbereich.
2. Vergleichen der IP-Adressbereiche.

Sehen wir uns das im Beispiel an. Wir haben folgende fünf Subnetze:

LAN1: 172.16.2.1/23

LAN2: 172.16.4.1/23

LAN3: 172.16.5.1/24

Seriell1: 172.16.9.0/30

Seriell2: 172.16.9.4/30

Gibt es in diesem Design Überlappungen? Um diese Frage zu beantworten, berechnen wir nun die Subnetznummer, die Broadcast-Adresse und damit den gültigen IP-Adressbereich eines jeden Subnetzes. Die folgende Tabelle zeigt die Ergebnisse:

Subnetz	Subnetznummer	Erste Adresse	Letzte Adresse	Broadcast-Adresse
LAN1	172.16.2.0	172.16.2.1	172.16.2.254	172.16.2.255
LAN2	**172.16.4.0**	**172.16.4.1**	**172.16.5.254**	**172.16.5.255**
LAN3	**172.16.5.0**	**172.16.5.1**	**172.16.5.254**	**172.16.5.255**
Seriell1	172.16.9.0	172.16.9.1	172.16.9.2	172.16.9.3
Seriell2	172.16.9.4	172.16.9.5	172.16.9.6	172.16.9.7

Tabelle 4.8: Subnetze und Adressbereiche

Entsprechend Schritt 2 suchen wir nun nach Überlappungen. Wir sehen, dass sich LAN2 und LAN3 überlappen.

4.3.3 Ein Subnetzschema mit VLSM entwerfen

Der Prozess beginnt damit zu entscheiden, wie viele Subnetze vorgegebener Größen benötigt werden. Für serielle Punkt-zu-Punkt-Verbindungen wählt man beispielsweise sehr häufig ein /30-Präfix, weil es genau zwei IP-Adressen zur Verfügung stellt, und mehr benötigt man für eine serielle Punkt-zu-Punkt-Verbindung nicht. Andere Subnetze haben andere Anforderungen, sie müssen beispielsweise mehr Hosts unterstützen (kürzere Präfixlängen).

Nachdem klar ist, wie viele Subnetze mit jeder Maske benötigt werden, müssen im nächsten Schritt die Subnetznummern gefunden werden, die diese Anforderungen unterstützen. Der gesamte Prozess sieht folgendermaßen aus:

1. Wir bestimmen die Anzahl der Subnetze für jede Maske.
2. Beginnend mit der kürzesten Präfixlänge (die meisten Host-Bits) suchen wir die Subnetze dieses klassenbezogenen Netzwerks mit dieser Maske, bis wir die erforderliche Anzahl der Subnetze erreicht haben.
3. Unter Verwendung derselben Maske wie im vorangegangenen Schritt bestimmen wir die folgende Subnetznummer.
4. Beginnend mit der im vorangegangenen Schritt identifizierten Subnetznummer suchen wir kleinere Subnetze, die das nächstlängste Präfix nutzen. Das tun wir so lange, bis wir die Anzahl der erforderlichen Subnetze dieser Größe erreicht haben.
5. Wir wiederholen die Schritte 3 und 4, bis wir alle Subnetze aller benötigten Größen gefunden haben.

Das klingt alles wieder viel komplizierter, als es eigentlich ist. Ein kleines Beispiel hilft sicher, den Knoten zu lösen. Stellen wir uns ein Netzwerkdesign für das Klasse-B-Netzwerk 172.16.0.0 vor, das folgende Anforderungen (gemäß Schritt 1) erfüllen muss:

- Drei Subnetze mit der Maske 255.255.255.0 (/24)
- Drei Subnetze mit der Maske 255.255.255.192 (/26)
- Vier Subnetze mit der Maske 255.255.255.252 (/30)

Entsprechend Schritt 2 müssen wir nun unter Verwendung der /24-Maske (das ist ja die Maske mit der kürzesten Präfixlänge) die ersten drei Subnetze des Netzwerks 172.16.0.0 identifizieren. Das sind die folgenden drei Subnetze:

- 172.16.0.0/24 (172.16.0.1 bis 172.16.0 254)
- 172.16.1.0/24 (172.16.1.1 bis 172.16.1.254)
- 192.16.2.0/24 (172.16.2.1 bis 172.16.2.254)

Schritt 3 sagt, wir müssen noch ein weiteres Subnetz mit derselben Maske bestimmen. Also dann:

- 172.16.3.0/24 (172.16.3.1 bis 172.16.3.254)

Entsprechend Schritt 4 bestimmen wir nun ausgehend von Subnetz 172.16.3.0 die drei Subnetze mit dem nächstgrößeren Präfix, /26 in unserem Beispiel. Damit erhalten wir folgende drei Subnetze:

- 172.16.3.0/26 (172.16.3.1 bis 172.16.3.62)
- 172.16.3.64/26 (172.16.3.65 bis 172.16.3.126)
- 172.16.3.128/26 (172.16.3.129 bis 172.16.3.190)

Nun sollen wir gemäß Schritt 5 die Schritte 3 und 4 wiederholen, bis wir alle Subnetze gefunden haben. In Schritt 3 finden wir also das nächste Subnetz, 172.16.3.192/26. Mit diesem Subnetz als Basis suchen wir die vier Subnetze mit der /30-Maske (Schritt 4). Wir erhalten folgende vier Subnetze:

- 172.16.3.192/30 (172.16.3.193 bis 172.16.3.194)
- 172.16.3.196/30 (172.16.3.197 bis 172.16.3.198)
- 172.16.3.200/30 (172.16.3.201 bis 172.16.3.202)
- 172.16.3.204/30 (172.16.3.205 bis 172.16.3.206)

Ja, das ist mit Arbeit verbunden. Das Resultat ist aber eine Sammlung von VLSM-Subnetzen ohne Überlappung. Und die Subnetze erfüllen genau die Designanforderungen, ohne dabei IP-Adressen zu verschwenden.

Eine weitere Aufgabe könnte es nun sein, einem existierenden Netzwerk ein neues Subnetz hinzuzufügen. Dabei muss besonders darauf geachtet werden, keine Überlappung zu erzeugen. Eine solche Aufgabe zu lösen, verlangt wieder relativ viel Arbeit. Wir müssen zunächst alle Subnetznummern finden, die mit der gewählten oder vorgegebenen Maske in diesem spezifischen klassenbezogenen Netzwerk erzeugt werden können. Dann ist aus den gefundenen Subnetzen ein Subnetz auszuwählen, das sich nicht mit einem der bereits existierenden Subnetze überlappt.

4.4 Das weiß ich nun

1. Welche der folgenden IP-Adressen sind private IP-Adressen?
   a. 192.167.3.1
   b. 172.16.5.1
   c. 192.168.200.254
   d. 11.0.0.1
2. Welche der folgenden Präfixmasken stellt die Maske 255.255.192.0 dar?
   a. /24
   b. /17
   c. /18
   d. /23
   e. /16
3. Welche der folgenden Masken unterstützt in einem Klasse-B-Netzwerk bis zu 164 Subnetze und 150 Hosts pro Subnetz?
   a. 255.0.0.0
   b. 255.252.0.0
   c. 255.255.255.0
   d. 255.255.192.0
   e. 255.255.240.0
4. Welche der folgenden IP-Adressen befindet sich nicht im selben Subnetz wie 190.4.80.80/20?
   a. 180.4.80.1
   b. 190.4.80.50
   c. 190.4.96.1
   d. 190.4.95.1
   e. 190.4.80.100

5. Welche der folgenden Subnetznummern ist keine gültige Subnetznummer im Netzwerk 180.1.0.0/24?

   a. 180.1.4.0

   b. 180.1.8.0

   c. 180.2.2.0

   d. 180.1.32.0

   e. 180.1.40.0

6. Welches der folgenden Routing-Protokolle unterstützt kein VLSM?

   a. RIPv1

   b. RIPv2

   c. EIGRP

   d. OSPF

7. Eine Schnittstelle eines Routers ist mit der IP-Adresse 10.5.48.1 255.255.240.0 konfiguriert. Welches der folgenden Subnetze können wir für eine andere Schnittstelle dieses Routers konfigurieren, ohne dass eine Überlappung erzeugt wird?

   a. 10.5.0.0 255.255.240.0

   b. 10.4.0.0 255.254.0.0

   c. 10.5.32.0 255.255.224.0

   d. 10.5.0.0 255.255.128.0

Routing

Eine Beschreibung von TCP/IP kann ohne eine genauere Betrachtung des Routings und dabei besonders der Routing-Protokolle nicht vollständig sein. Was Routing ist und wie es grundsätzlich funktioniert, haben wir bereits in Kapitel 2 gesehen. Hier geht es nun besonders darum, wie Router ihre Routing-Tabellen mit Routen füllen. Die Konzepte sind bei IPv4 und IPv6 die gleichen, allerdings kommen bei IPv6 andere Versionen der Routing-Protokolle zu Einsatz.

5.1 Direkt verbundene und statische Routen

Router funktionieren nur dann, wenn ihre Routing-Tabellen Routen enthalten. Routen gelangen auf mehreren Wegen in die Routing-Tabellen. Der direkteste Weg ist die Erzeugung von Routen für direkt am Router angeschlossene Subnetze. Solche Routen erzeugen Router automatisch. Ein anderer Weg ist die Konfiguration statischer Routen durch den Administrator. Dazu benutzt er Kommandos, die auf Routern unterschiedlicher Hersteller möglicherweise unterschiedlich heißen oder eine andere Syntax verlangen. Der grundsätzliche Prozess ist aber auf allen Routern mehr oder weniger identisch. Dabei spielt es auch kaum eine Rolle, ob es sich bei dem Router um eine eigenständige Box oder um eine durch Software abgebildete Funktion eines Betriebssystems wie Windows-Server handelt.

5.1.1 Direkt verbundene Routen

Ein Router fügt seiner Routing-Tabelle Routen für direkt an seinen Schnittstellen angeschlossene Subnetze automatisch hinzu. Damit das funktioniert, muss die für die jeweilige Schnittstelle eine IP-Adresse und eine Subnetzmaske konfiguriert sein. Außerdem muss die Schnittstelle betriebsbereit, aktiv oder – wie es u.a. bei Cisco heißt – »up« sein.

Schauen wir uns einmal einen Ausschnitt aus einem Netzwerk an: Abbildung 5.1 zeigt ein Netzwerk mit drei Routern und mehreren Subnetzen. An den Router 0 (ein Cisco 1841) sind drei Subnetze direkt angeschlossen: ein LAN über eine Ethernet-Schnittstelle des Routers und zwei serielle Verbindungen zu anderen Routern über serielle Schnittstellen des Routers.

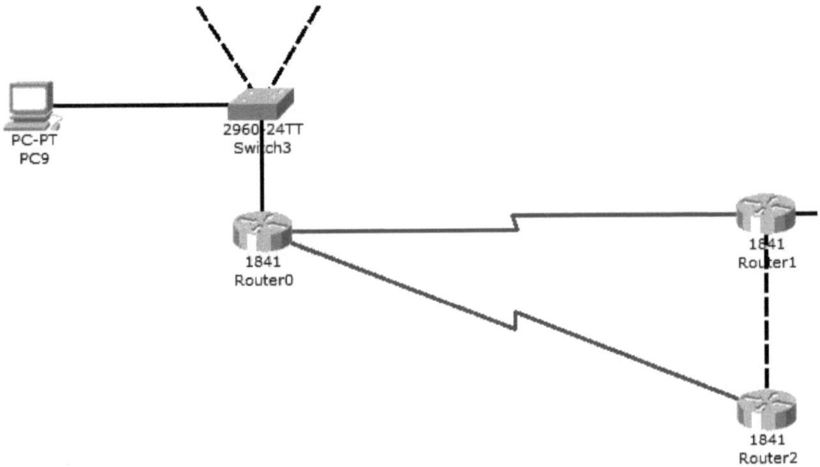

Abb. 5.1: Direkt verbundene Routen

Router 0 müsste nun drei Routen für diese direkt mit ihm verbundenen Subnetze in seine Routing-Tabelle eingetragen haben. Ein Blick in die Routing-Tabelle des Routers bestätigt das:

```
R0>show ip route
Codes: C - connected, S - static, I - IGRP, R - RIP, M - mobile, B - BGP
       D - EIGRP, EX - EIGRP external, O - OSPF, IA - OSPF inter area
       N1 - OSPF NSSA external type 1, N2 - OSPF NSSA external type 2
       E1 - OSPF external type 1, E2 - OSPF external type 2, E - EGP
       i - IS-IS, L1 - IS-IS level-1, L2 - IS-IS level-2, ia - IS-
   IS inter area
```

```
        * - candidate default, U - per-user static route, o - ODR
        P - periodic downloaded static route
Gateway of last resort is not set

      172.16.0.0/24 is subnetted, 3 subnets
C        172.16.1.0 is directly connected, FastEthernet0/0
C        172.16.4.0 is directly connected, Serial0/0/0
C        172.16.6.0 is directly connected, Serial0/1/1
R0>
```

5.1.2 Statische Routen

Unser Router funktioniert und kann Pakete für die direkt angeschlossenen Subnetze routen. Normalerweise reicht das aber nicht. Unser Router 0 kann beispielsweise noch kein Ziel erreichen, das sich in einem hinter Router 1 liegenden Subnetz befindet. Die einfachste und in aller Regel in der Praxis benutzte Lösung ist, ein Routing-Protokoll auf allen Routern zu konfigurieren. Stattdessen kann man aber auch *statische Routen* konfigurieren. Dazu nutzt man beispielsweise auf Cisco-Routern oder unter Linux das Kommando `ip route`. Auf Windows-Server-Systemen heißt das entsprechende Kommando `route add`. Das Kommando erwartet natürlich einige Parameter. Um unserem Router 0 beispielsweise eine Route zum Subnetz 172.16.3.0 (das liegt hinter Router 1) hinzuzufügen, müsste man Folgendes eingeben:

```
ip route 172.16.3.0 255.255.255.0 172.16.4.2
```

Dabei beschreibt 172.16.3.0 mit der Maske 255.255.255.0 das Subnetz. Die IP-Adresse 172.16.4.2 ist die IP-Adresse der seriellen Schnittstelle von Router 1. Schauen wir uns das Resultat dieser Eingabe an:

```
R0#sh ip route
Codes: C - connected, S - static, I - IGRP, R - RIP, M - mobile, B - BGP
       D - EIGRP, EX - EIGRP external, O - OSPF, IA - OSPF inter area
       N1 - OSPF NSSA external type 1, N2 - OSPF NSSA external type 2
       E1 - OSPF external type 1, E2 - OSPF external type 2, E - EGP
       i - IS-IS, L1 - IS-IS level-1, L2 - IS-IS level-2, ia - IS-
   IS inter area
```

```
       * - candidate default, U - per-user static route, o - ODR
       P - periodic downloaded static route
Gateway of last resort is not set

     172.16.0.0/24 is subnetted, 4 subnets
C       172.16.1.0 is directly connected, FastEthernet0/0
S       172.16.3.0 [1/0] via 172.16.4.2
C       172.16.4.0 is directly connected, Serial0/0/0
C       172.16.6.0 is directly connected, Serial0/1/1
R0#
```

Wir sehen, dass die neue Route in die Routing-Tabelle eingetragen wurde. Es handelt sich um die mit »S« (S für *static*) gekennzeichnete Route. Die mit »C« (C für *connected*) gekennzeichneten Routen sind unsere direkt verbundenen Routen.

Damit auch Hosts des Subnetzes 172.16.3.0 Hosts im direkt mit Router 0 verbundene Subnetz erreichen können, muss auf Router 1 natürlich auch eine Route konfiguriert werden – in diesem Fall eine Route zu 172.16.1.0 255.255.255.0.

Sie sehen schon, dass es sehr mühsam ist, alle diese Routen für alle Subnetze auf jedem Router manuell zu konfigurieren. Das ist auch gar nicht nötig, denn diese Arbeit nehmen uns Routing-Protokolle ab, die wir uns in den folgenden Abschnitten ansehen werden.

5.2 Routing-Protokolle

Routing-Protokolle füllen die Routing-Tabellen der Router mit den jeweils aktuell besten Routen, die sie finden. Sie sorgen ferner dafür, dass andere Router diese Routen lernen, indem sie die Router dazu veranlassen, ihre gelernten Routen bekanntzugeben. Diese Bekanntgabe erfolgt über *Routing-Update-Nachrichten*. Ein Router, der eine solche Routing-Update-Nachricht empfängt, lernt die Subnetze und fügt die entsprechenden Routen seiner Routing-Tabelle hinzu. Spielen sämtliche Router mit, dann lernen sie auf diese Art und Weise sämtliche Subnetze des Netzwerks.

Zu den wichtigsten Aufgaben eines Routing-Protokolls gehört die Verhinderung von Schleifen. Mit einer Schleife haben wir es zu tun, wenn dasselbe Paket aufgrund eines Fehlers in den Routing-Tabellen immer wieder zum selben Router zurückkehrt. Um solche Schleifen zu verhindern, nutzen die verschiedenen Routing-Protokolle unterschiedliche Methoden, die wir etwas später noch kennen lernen werden.

Im Laufe der Jahre (TCP/IP existiert ja schon eine gefühlte Ewigkeit) sind viele unterschiedliche Routing-Protokolle entwickelt worden, die alle ihre Stärken und Schwächen haben. Nachfolgend werden wir uns die derzeit wichtigsten Routing-Protokolle ansehen und einige ihrer Charakteristiken miteinander vergleichen.

Einer der wichtigsten Punkte ist zunächst einmal, ob es sich bei einem Routing-Protokoll um ein Standardprotokoll oder um ein proprietäres Protokoll handelt. Als Standardprotokoll wollen wir ein Protokoll betrachten, wenn es in einem RFC definiert ist. Eines der ältesten und noch immer eingesetzten Routing-Protokolle, das *Routing Information Protocol* (RIP), ist beispielsweise ein Standardprotokoll, während das von Cisco entwickelte *Interior Gateway Routing Protocol* (IGRP) trotz seiner Vorzüge und Beliebtheit ein proprietäres Routing-Protokoll ist, weil es nur auf Cisco-Routern ausgeführt werden kann.

Ein weiterer wichtiger Vergleichspunkt ist, ob das Routing-Protokoll ein klassenbezogenes oder ein klassenloses Routing-Protokoll ist. Damit klärt sich u.a. auch die Frage, ob es VLSM unterstützt.

Routing-Protokolle unterscheiden sich auch nach dem Einsatzgebiet, für das sie entworfen wurde. Dies sehen wir uns im folgenden Abschnitt genauer an.

5.2.1 Interior- und Exterior-Routing-Protokolle

IP-Routing-Protokolle fallen in eine von zwei Kategorien: *Interior-Gateway-Protokoll* (IGP) und *Exterior-Gateway-Protokoll* (EGP).

Ein IGP ist ein Routing-Protokoll, das für den Einsatz innerhalb eines autonomen Systems entworfen wurde, während ein EGP für den Einsatz zwischen verschiedenen autonomen Systemen vorgesehen ist.

Jetzt ist zunächst ein neuer Begriff zu erklären: Ein *autonomes System* ist ein Netzwerk, das vollständig unter der administrativen Kontrolle einer einzelnen Organisation liegt. Das Netzwerk eines Unternehmens ist also sehr wahrscheinlich ein autonomes System, da es das Unternehmen selbst erzeugt (und bezahlt) hat. Im Kontrast dazu steht natürlich das Internet, das sicher kein autonomes System ist, weil es weder einer einzelnen Organisation gehört noch eine einzelne Organisation die vollständige administrative Kontrolle darüber hat.

Einige Routing-Protokolle arbeiten am besten innerhalb eines autonomen Systems, weil sie ganz einfach genau dafür entwickelt wurden. Diese Routing-Protokolle nennt man IGPs. Andere Routing-Protokolle – genauer gesagt eigentlich nur ein anderes Routing-Protokoll, nämlich das *Border Gateway Protocol* (BGP) – dienen dazu, Routen zwischen Routern in verschiedenen autonomen Systemen auszutauschen. Diese Protokolle bezeichnet man als EGPs.

Von vorrangigem Interesse für einen Netzwerkadministrator sind sicher die IGPs, denn die wenigsten Administratoren machen jemals nähere Bekanntschaft mit BGP. Da es im vorangegangenen Absatz hieß, dass gegenwärtig nur BGP ein Exterior-Routing-Protokoll ist, müssten alle anderen heute genutzten Routing-Protokolle, also u.a. RIP, IGRB, EIGRP und OSPF, IGPs sein. Und das ist auch so.

5.2.2 Klassenloses und klassenbezogenes Routing

Einige Routing-Protokolle müssen bei der Erledigung einiger ihrer Aufgaben berücksichtigen, in welcher Netzwerkklasse (A, B oder C) sich ein Subnetz befindet. Andere Routing-Protokolle hingegen können die Klassenregeln vollkommen ignorieren. Die Routing-Protokolle, die Klassenregeln berücksichtigen müssen, nennt man klassenbezogene (*classful*) Routing-Protokolle. Routing-Protokolle, die sich nicht um Klassenregeln kümmern brauchen, sind klassenlose (*classless*) Routing-Protokolle. Klassenlose Routing-Protokolle sind in der Regel Routing-Protokolle, die VLSM unterstützen. Die folgende Tabelle fasst einige Charakteristiken klassenloser und klassenbezogener Routing-Protokolle zusammen:

Feature	Klassenbezogen	Klassenlos
Unterstützt VLSM	Nein	Ja
Sendet Subnetzmasken in Routing-Updates	Nein	Ja
Unterstützt manuelle Routen-Zusammenfassung	Nein	Ja

Tabelle 5.1: Klassenlose und klassenbezogene Routing-Protokolle

5.2.3 Automatische und manuelle Routen-Zusammenfassung

Da es oben schon in Tabelle 5.1 erwähnt wurde, machen wir mit diesem Vergleichspunkt auch gleich weiter. Je kleiner ihre Routing-Tabellen sind, desto schneller führen Router natürlich das Routing durch. Die Routenzusammenfassung hilft dabei, die Routing-Tabellen kurz zu halten und dennoch alle Routen zu erfassen.

Es gibt generell zwei Wege, auf denen Routen zusammengefasst werden können: die automatische Zusammenfassung und die manuelle Zusammenfassung. Nicht jedes Routing-Protokoll unterstützt beide Wege. Die manuelle Routenzusammenfassung gibt dem Netzwerkadministrator viel Kontrolle und Flexibilität; er kann selbst entscheiden, welche zusammengefassten Routen bekannt gegeben werden sollen, und braucht sich nicht mit der Zusammenfassung eines klassenbezogenen Netzwerks zufrieden geben. Automation ist oft erwünscht, weil sie die Arbeit erleichtert, bei der Routenzusammenfassung erweist sich aber der manuelle Weg als der bessere.

5.2.4 Algorithmen

IGPs unterscheiden sich in der Logik, die ihnen zugrunde liegt. Es gibt drei Optionen. Die folgende Tabelle zeigt diese Optionen und ordnet ihnen die Routing-Protokolle zu, die sie verwenden:

Algorithmus	Routing-Protokolle
Distanzvektor	RIPv1, RIPv2, IGRP
Link-State	OSPF, Integrated IS-IS
Balanced Hybrid (auch fortgeschrittener Distanzvektor)	EIGRP

Tabelle 5.2: Routing-Typen

5.2.5 Routing-Metrik

Viele Wege führen nach Rom, aber nur einer ist der kürzeste. Viele Routen können in ein Subnetz führen, aber nur eine Route ist die beste. Wenn ein Router mehr als eine Route für ein spezifisches Subnetz lernt, muss das Routing-Protokoll irgendwie entscheiden können, welche davon die beste Route ist. Dazu definiert jedes Routing-Protokoll eine *Metrik*, die einen numerischen Wert darstellt, der die Güte jeder Route repräsentiert. Je geringer die Metrik, desto besser die Route.

Nun funktionieren einige Metriken besser als andere. Beispielsweise nutzt RIP als Metrik ausschließlich den *Hop-Count*. Diese Metrik beziffert einfach die Anzahl von Routern (Hops) zwischen einem Router und einem Subnetz. Andere Dinge, beispielsweise die Geschwindigkeit der Verbindungen zwischen den Routern, spielen bei RIP keine Rolle. OSPF hingegen berechnet die Metrik, indem es die OSPF-Kosten der ausgehenden Schnittstellen addiert. Diese OSPF-Kosten reflektieren die Geschwindigkeit der jeweiligen Verbindung. Während RIP immer die Route mit den wenigsten zu überspringenden Routern wählen würde, selbst wenn dabei eine 64-KBit/s-Verbindung genutzt werden müsste, würde OSPF sich für die schnellste Verbindung entscheiden, selbst wenn darüber drei oder vier Router zu überwinden wären.

5.2.6 Konvergenz

Der Begriff *Konvergenz* bezieht sich auf den Gesamtprozess, der stattfindet, wenn sich in der Netzwerktopologie etwas ändert. Das kann eine Verbindung sein, die hergestellt wird oder ausfällt, eine Route, die sich ändert, ein Router, der eingeschaltet wird. Der Prozess, den Routing-Protokolle nutzen, um solche Änderungen zu erkennen und darauf mit dem Ändern der Routen in den Routing-Tabellen aller betroffenen Router zu reagieren, heißt Konvergenz. Die Routing-Protokolle *konvergieren*.

Nun konvergieren einige Routing-Protokolle schneller als andere. Und die Fähigkeit, schnell zu konvergieren, ist wichtig, denn in einigen Fällen ist es Benutzern vielleicht nicht möglich, Pakete in ein bestimmtes Subnetz zu senden, bis der Prozess beendet ist. Die folgende Tabelle zeigt neben anderen Informationen die von verschiedenen Routing-Protokollen zu erwartenden Konvergenzzeiten.

Feature	RIPv1	RIPv2	IGRP	EIGRP	OSPF	IS-IS
Klassenlos	Nein	Ja	Nein	Ja	Ja	Ja
Unterstützt VLSM	Nein	Ja	Nein	Ja	Ja	Ja
Sendet Masken in Updates	Nein	Ja	Nein	Ja	Ja	Ja
Distanzvektor	Ja	Ja	Ja	Nein[1]	Nein	Nein
Link-State	Nein	Nein	Nein	Nein[1]	Ja	Ja
Autozusammenfassung	Ja	Ja	Ja	Ja	Nein	Nein
Manuelle Routen-Zusammenfassung	Nein	Ja	Nein	Ja	Ja	Ja
Proprietär	Nein	Nein	Ja	Ja	Nein	Nein
Sendet Routing-Updates zu Multicast-Adresse	Nein	Ja	Nein	Ja	Ja	-
Unterstützt Authentifizierung	Nein	Ja	Nein	Ja	Ja	Ja
Konvergenzzeit	Langsam	Langsam	Langsam	Sehr schnell	Schnell	Schnell

[1]: EIGRP wird häufig als Balanced-Hybrid- oder Advanced-Distance-Vector-Routing-Protokoll beschrieben.

Tabelle 5.3: Routing-Protokolle im Vergleich

5.3 Default- oder Standardrouten

Nehmen wir einmal an, wir haben in einer Unternehmenszweigstelle ein Netzwerk, das über einen Router (R1, 172.16.1.1/24) mit einem weiteren Router (R2, 172.16.1.2/24) in der Unternehmenszentrale verbunden ist. Zwischen den beiden Routern gibt es eine serielle Verbindung. Das Netzwerk der Unternehmenszentrale ist in 50 Subnetze unterteilt. Um nun Computer der Zweigstelle mit jedem Computer der Unternehmenszentrale kommunizieren zu lassen, müssen wir dem Router R1 die Routen zu den 50 Subnetzen beibringen. Dazu haben wir folgende zwei Möglichkeiten kennen gelernt:

1. Wir konfigurieren 50 statische Routen auf unserem Router R1. Das ist mühsam und fehleranfällig, aber es funktioniert. Jede einzelne dieser 50 Routen nutzt dieselbe Ausgangsschnittstelle und dieselbe Next-Hop-Adresse.
2. Wir schalten auf beiden Routern ein Routing-Protokoll ein und lassen die Router damit die Routen selbst lernen. Das ist bequem, wenig fehleranfällig und funktioniert natürlich auch.

Nun muss man kein Genie sein, um zu entscheiden, welche der beiden Möglichkeiten zu bevorzugen ist – natürlich Nummer 2.

Es gibt es aber noch einen dritten Weg: Wir konfigurieren auf R1 eine *Default-Route.*

Während des Routing-Prozesses vergleicht ein Router die Ziel-IP-Adresse eines Pakets mit den Einträgen in seiner Routing-Tabelle. Findet der Router keine Übereinstimmung, dann verwirft er das Paket. Eine Default-Route ist nun aber eine Route, die jeder Ziel-IP-Adresse entspricht. Findet ein Router also keinen spezifischen Eintrag für die jeweilige Ziel-IP-Adresse, dann nutzt er die Default-Route, um dieses Paket weiterzuleiten. Default-Routen funktionieren gut in dem oben beschriebenen Szenario: Es existiert nur ein Pfad zum Rest des Netzwerks.

Um dem Router R1 eine Default-Route hinzuzufügen, genügt folgendes Kommando:

```
ip route 0.0.0.0 0.0.0.0 172.16.1.2
```

Dieses Kommando funktioniert beispielsweise auf Cisco-Routern und Linux-Systemen. Das entsprechende Kommando auf einem Windows-System sieht so aus:

```
route ADD 0.0.0.0 MASK 0.0.0.0 172.16.1.2
```

Als Parameter nutzt das Kommando besondere Werte für das Subnetz und die Subnetzmaske: 0.0.0.0. Diese Werte sagen dem Router, dass er die Route für alle Pakete nutzen soll, für die keine spezifischen Routen existieren. 172.16.1.2 ist einfach die IP-Adresse des Next-Hop-Routers, R2 in unserem Szenario.

In der Praxis ist eine Kombination aus der statischen Konfiguration der Default-Route und dem Verkünden (*advertising*) dieser Route mithilfe eines Routing-Protokolls üblich.

Hinweis

Je nach Router bzw. Router-Betriebssystem können andere Wege oder Kommandos existieren, eine Default-Route zu konfigurieren. Auf Cisco-Routern gibt es dafür beispielsweise auch noch das Kommando `ip default-network`.

5.4 Das weiß ich nun

1. Welches der folgenden Routing-Protokolle nutzt Link-State-Logik?
   a. RIP
   b. IGRP
   c. OSPF
   d. EIGRP

2. Welches der folgenden Routing-Protokolle ist ein klassenbezogenes Routing-Protokoll?
   a. OSPF
   b. RIPv2
   c. RIPv1
   d. EIGRP
3. Welche der folgenden Routing-Protokolle unterstützen VLSM?
   a. RIPv1
   b. RIPv2
   c. EIGRP
   d. OSPF

Kapitel 6

Network Address Translation

IPv6 wurde vorrangig entwickelt, um das Problem der zu ihrem Ende kommenden Menge verfügbarer IPv4-Adressen zu lösen. Dass IP-Adressen knapp werden, hören wir nun aber schon seit einigen Jahren – und dennoch schließen sich noch immer jeden Tag unzählige Systeme und ganze Netzwerke neu ans Internet an, die dafür ja IP-Adressen benötigen. Eigentlich hätte das Ende der Fahnenstange schon längst erreicht sein müssen. Dass diese Katastrophe noch nicht eingetreten ist, verdanken wir maßgeblich drei Methoden (oder Standards), die dabei helfen, den GAU hinauszuzögern: private Adressierung, Network Address Translation (NAT) und *Classless Interdomain Routing* (CIDR).

Die private Adressierung haben wir bereits in Kapitel 4 kennen gelernt. Sie arbeitet eng mit NAT zusammen. Beide Standards zusammen erlauben einzelnen Computerbenutzern, Organisationen und Unternehmen, nicht registrierte IP-Adressen zu benutzen und sich trotzdem mit dem Internet zu verbinden. Vom dritten Standard, CIDR, haben Sie vielleicht noch nie etwas gehört. CIDR regelt, beginnend bei der ICANN bis hinunter zum ISP, wie IPv4-Adressen zugewiesen werden. Kurz gesagt erlaubt CIDR den ISPs, mit IP-Adressen weniger verschwenderisch umzugehen, indem sie einem Unternehmen oder einer Organisation statt einem gesamten Netzwerk nur einen Teil einer Netzwerknummer zuweisen. Mehr brauchen Sie über CIDR auch gar nicht zu wissen, es sei denn, Sie sind selbst ISP.

Der interessanteste und bekannteste dieser drei Standards ist NAT, und darum geht es in den folgenden Abschnitten. Mit NAT schließend wir unseren Ausflug in die Vergangenheit, also in die Welt von IPv4, ab.

6.1 Das NAT-Konzept

NAT, im RFC 3022 definiert, wurde also ursprünglich eingeführt, um im Internet benutzte IP-Adressen zu sparen. Wird NAT verwendet, können alle Computer eines Netzwerks intern beliebige (in der Regel private) IP-Adressen nutzen, sich aber trotzdem mit dem Internet verbinden, weil NAT die intern genutzte IP-Adresse durch eine öffentliche (registrierte) IP-Adresse ersetzt. Nehmen wir einmal an, eine Organisation hat für den Internetzugang von ihrem ISP die IP-Adresse 174.20.0.1 zugewiesen bekommen und verwendet intern das private Klasse-B-Netzwerk 172.16.0.0.

Sendet der interne Host mit der IP-Adresse 172.16.0.5 nun ein Paket ins Internet, dann ersetzt NAT diese Quelladresse 172.16.0.5 durch die öffentliche IP-Adresse 174.20.0.1. Der Zielcomputer im Internet denkt, der ursprüngliche Sender des Pakets ist 174.20.0.1, denn dies ist ja nach der Behandlung durch NAT die neue Quelladresse des Pakets. Die Antwort geht also an 174.20.0.1 zurück. NAT ersetzt 174.20.0.1 wieder durch die ursprüngliche Adresse 172.16.0.5 und leitet das Paket an den Ursprungshost weiter.

Woher weiß NAT, durch welche interne IP-Adresse die öffentliche IP-Adresse des eintreffenden Pakets zu ersetzen ist? Das hat NAT sich bei der ersten Umwandlung gemerkt.

Ein Router, der NAT durchführt, ändert also die Quelladresse des Pakets, wenn es das private Netzwerk verlässt. Ebenso ändert der Router die Zieladresse des Pakets, wenn es ins private Netzwerk weitergeleitet wird.

Was passiert denn, wenn nun noch ein anderer Computer, beispielsweise 172.16.0.7, aus dem internen privaten Netzwerk mit einem Computer im Internet kommunizieren möchte? Die öffentliche IP-Adresse 174.20.0.1 hat NAT ja bereits dem internen Computer 172.16.0.5 zugeordnet. Würde NAT nun 172.16.0.7 wieder durch 174.20.0.1 ersetzen, gäbe es beim Senden des Pakets ins Internet zunächst kein Problem. Aber wenn die Antwort zurückkommt, muss NAT 174.20.0.1 ja wieder durch die ursprüngliche Adresse ersetzen – und da stehen nun zwei IP-Adressen zur Auswahl. Einfach beide Adressen nehmen und das Paket an beide Hosts senden? Mit den Schultern zucken und nichts tun? Nein, NAT löst dieses Problem, indem es nicht nur die Quelladressen umwandelt, sondern auch die Quell-Port-Nummern durch unbenutzte Port-Nummern über 1024 ersetzt. Dann muss NAT sich zusätzlich nur noch merken, welche Port-Nummer zu welchem internen Host gehört.

Genau genommen hat man es hier nicht mehr nur mit Network Address Translation zu tun, sondern mit *Network Address Port Translation* oder NAPT. Häufiger als NAPT findet man in diesem Zusammenhang aber die Abkürzung PAT für *Port Address Translation*.

NAT kommt in verschiedenen Formen vor: als statisches NAT und als dynamisches NAT.

Beim *statischen NAT* wird jeder internen privaten IP-Adresse eine öffentliche IP-Adresse fest zugeordnet. Das bedeutet natürlich, dass für jeden Host, der mit dem Internet kommunizieren soll, auch eine öffentliche Adresse vorhanden sein muss. Beim *dynamischen NAT* erfolgt die Zuweisung einer öffentlichen Adresse an einen internen Host hingegen dynamisch. Einem Host, der mit dem Internet kommunizieren möchte, weist NAT eine gerade freie öffentliche IP-Adresse zu. Auch in diesem Fall können nur so viele interne Host gleichzeitig mit dem Internet kommunizieren, wie öffentliche IP-Adressen vorhanden sind. Im Gegensatz zum statischen NAT steht aber nicht vorher fest, welche Hosts das sind – wer zuerst kommt, mahlt zuerst. Haben wir nun mehr kommunikationsbedürftige Hosts als öffentliche IP-Adressen, dann kommt das oben beschriebene PAT ins Spiel.

Vorsicht

Auf einigen Routern, beispielsweise auf Cisco-Systemen, reicht es für diese PAT-Funktionalität nicht aus, allein NAT zu konfigurieren und einzuschalten. Soll die PAT-Funktionalität genutzt werden, ist dies diesen Systemen explizit mitzuteilen, auf Cisco-Routern durch Verwendung des NAT-Overload-Features. Andere Router und besonders integrierte Systeme für den Heimeinsatz gehen stillschweigend davon aus, dass grundsätzlich PAT-Funktionalität gewünscht ist.

6.2 Ein (NAT-)Problem

Nach der Untersuchung des NAT-Features könnte man nun zu dem Schluss kommen, dass es keine Rolle spielt, ob im internen privaten Netzwerk nun auch wirklich private IP-Adressen benutzt werden oder beliebige öffentliche IP-Adressen, die zu einem Adressbereich gehören, der einer Organisation zugewiesen wurde.

Nehmen wir doch einfach mal IP-Adressen aus dem Netzwerk 129.42.0.0 und konfigurieren damit die Hosts und Router unseres privaten Netzwerks. Das klappt alles prima, und selbst ins Internet kommen wir damit mühelos – bis wir versuchen, auf Websites der Firma IBM Deutschland und ein paar andere zuzugreifen. IBM Deutschland nutzt nämlich öffentliche Adressen genau dieses Netzwerks. Versucht nun einer unserer Hosts, auf einen Webserver der IBM Deutschland zuzugreifen, dann beginnt die Zieladresse im gesendeten Paket mit 129.42. Unser Host würde in diesem Fall noch nicht einmal versuchen, das Paket an einen Router zu senden, denn für ihn ist 129.42.0.0 das eigene Subnetz.

Durch ein NAT-Feature, das überlappende Adressen übersetzt, also auch die Ziel-IP-Adressen umwandelt, lässt sich dieses Problem lösen. Wesentlich weniger schmerzhaft ist es jedoch, gleich zu privaten IP-Adressen zu greifen.

6.3 Mögliche Probleme

Wenn der sendende Host den IP-Header eines Pakets signiert oder verschlüsselt oder wenn die Daten selbst verschlüsselt sind und die IP-Adresse enthalten, dann ist es möglich, dass die notwendigen Änderungen nicht durchgeführt werden können. Verschlüsselung und Signatur dienen ja dem Schutz des IP-Pakets vor vorsätzlichen Änderungen.

Einige Conferencing- und Multimedia-Protokolle nutzen unabhängige Rückkanäle zum Sender. NAT könnte mit solchen Protokollen Schwierigkeiten bekommen.

6.4 Nachteile von NAT

Trotz aller guten Gründe, die für den Einsatz von NAT sprechen, hat diese Technik auch einige Nachteile. NAT macht das Setup und Management eines Netzwerks ein wenig komplizierter. Besonders das Troubleshooting wird durch NAT komplexer, da zusätzlich der Adressaustausch zu berücksichtigen ist. NAT hat auch negative Auswirkungen auf die Performance, denn jede Datenübertragung zwischen dem privaten Netzwerk und dem Internet und zurück erfordert eine Adressübersetzung. Dazu gehört u.a. auch die Neuberechnung von Header-Prüfsummen. All das kostet natürlich Zeit. Jede individuelle Transaktion macht natürlich nicht viel aus, aber in der Summe beeinträchtigt es doch die Performance. Beim Einsatz von NAT werden bestimmte Funktionen nicht ausgeführt werden können, weil die Client-Maschinen keine »echten« Adressen nutzen. Kompatibilitätsprobleme können auftreten, weil NAT IP-Header-Felder ändert, nicht aber die Applikationsdaten. Applikationen wie FTP, die IP-Adressen und Port-Nummern in Befehlen weiterleiten, müssen deshalb speziell behandelt werden. Protokolle wie IPSec sind u.a. darauf ausgelegt, Modifikationen im Header zu entdecken. Da sie zunächst nicht zwischen Änderungen durch NAT und böswilligen Änderungen durch Hacker unterscheiden können, werden sie sich beschweren. NAT und IPSec lassen sich natürlich kombinieren, aber dies macht die Angelegenheit wieder kompliziert.

Für viele Organisationen überwiegen aber die Vorteile die Nachteile, sodass sich NAT großer Beliebtheit erfreut. Allerdings sollte man nie vergessen, dass NAT primär dafür entwickelt wurde, das Problem der zur Neige gehenden IPv4-Adressen zu entschärfen. IPv6 löst dieses Problem eleganter und ein für alle Mal. Sobald IPv6 durchgängig implementiert sein wird, benötigt man NAT nicht mehr.

Teil II

IP Version 6

IPv6-Adressen

Auch wenn die ersten Kapitel dieses Buches eher TCP/IP allgemein und IPv4 aufs Korn nahmen, haben wir doch schon einiges über IPv6 erfahren: IPv6 wird IPv4 im Lauf der nächsten Jahre als Protokoll-Suite mehr und mehr verdrängen und schließlich ersetzen. Der dringendste Grund dafür ist, dass trotz aller kurz- und mittelfristigen Unternehmungen, den Zeitpunkt hinauszuzögern, irgendwann alle IPv4-Adressen vergeben sein werden. Wir haben gesehen, dass Standards wie private Adressbereiche, NAT und CIDR helfen, die verschwenderische Vergabe von IP-Adressen zu reduzieren, eine endgültige Lösung des Problems bieten sie jedoch offensichtlich nicht. Eine endgültige Lösung kann aber nur eine sein, die eine praktisch unbegrenzte Menge von Adressen verfügbar macht. Und mit mehr als 10^{38} Adressen tut IPv6 genau dies. Dennoch war die Erhöhung der Anzahl verfügbarer Adressen nicht der einzige Grund für die Entwicklung von IPv6, und auch nicht der einzige Grund, warum Netzwerkverantwortliche an eine Migration denken sollten. Weitere Gründe sind besonders folgende Verbesserungen bzw. Features:

- Adresszuweisungsfunktionen: Die IPv6-Adresszuweisung erlaubt zustandslose dynamische Zuteilung, leichtere Änderung und die Wiederherstellung von Adressen. DHCP existiert zwar auch in einer Variante für IPv6, ist aber in vielen Fällen nicht nötig.
- Kein Bedarf für NAT und PAT: Durch Nutzung öffentlich registrierter eindeutiger Adressen auf allen Geräten entfällt die Notwendigkeit von Netzwerkadress- und Port-Übersetzungen. Ein angenehmer Nebeneffekt ist die Beseitigung einiger Anwendungsschicht- und VPN-Tunneling-Probleme, die NAT sonst bereitet.
- Aggregation: Der riesige Adressbereich von IPv6 erlaubt eine viel leichtere Zusammenfassung von Adressblöcken im Internet.

- IPSec: IPSec funktioniert natürlich sowohl mit IPv4 als auch mit IPv6, ist auf IPv6-Hosts jedoch zwingend erforderlich, weil es im IPv6-Standard implementiert ist, während es bei IPv4 optional ist. Man kann also darauf vertrauen, dass IPSec vorhanden ist, beispielsweise für VPN-Tunneling.
- Header-Verbesserungen: Router müssen nicht mehr für jedes Paket eine Header-Prüfsumme berechnen, was natürlich den Overhead pro Paket reduziert. Außerdem enthält der Header ein Flow-Label, das die leichte Identifizierung von Paketen erlaubt, die über dieselbe einzelne TCP- oder UDP-Verbindung gesendet werden.

In den folgenden Abschnitten und Kapiteln werden wir uns diese Verbesserungen und Features von IPv6 genau ansehen. Außerdem werden wir die Struktur einer IPv6-Adresse und die Konventionen für ihre Darstellung kennen lernen.

7.1 Der Aufbau einer IPv6-Adresse

In Kapitel 4 haben wir bereits gesehen, wie eine IPv6-Adresse aufgebaut ist: Sie besteht entsprechend der Konvention aus 128 Bits, niedergeschrieben als 32 hexadezimale Zahlen, die in 8 durch Doppelpunkt getrennte Quartetts mit jeweils 4 Hex-Ziffern organisiert sind. Jede hexadezimale Ziffer steht natürlich für 4 Bits. Ein Beispiel:

2340:1111:AAAA:0001:1111:2222:ABCD:1234

Nun ist es zwar schon deutlich bequemer, 32 hexadezimale Ziffern zu schreiben, als 128 binäre Einsen und Nullen, aber es bleibt nervig. Glücklicherweise sieht die Konvention zwei Abkürzungen vor, um diese langen Kolonnen etwas schneller schreiben zu können:

- Die führenden Nullen eines Quartetts dürfen entfallen (führende Nullen haben wir ja schon in Politik und Wirtschaft genug).
- Ein oder mehr aufeinander folgende Quartette, die ausschließlich hexadezimale Nullen enthalten, dürfen durch zwei aufeinanderfolgende Doppelpunkte (::) abgekürzt werden. Dies darf aber nur ein einziges Mal innerhalb einer Adresse getan werden.

Schauen wir uns diese Abkürzungen in einem Beispiel an. Nehmen wir folgende Adresse:

4711:0000:0000:0001:0000:0000:0000:0034

Diese Adresse besitzt an zwei Stellen Quartetts, die vier hexadezimale Nullen enthalten. Hier haben wir also zwei Möglichkeiten, die Adresse abgekürzt zu schreiben:

- 4711::0001:0000:0000:0000:0034
- 4711:0000:0000:0001::0034

Zusammen mit der zweiten erlaubten Form der Abkürzung sehen die beiden Adressen dann so aus:

- 4711::1:0:0:0:34
- 4711:0:0:1::34

Natürlich nimmt man hier die zweite Variante, 4711:0:0:1::34, aber es spricht nichts dagegen, auch die etwas längere erste Variante zu wählen.

Was wir erkennen, ist, dass wir tatsächlich nur führende Nullen entfernen dürfen. Haben wir ein Quartett mit vier hexadezimalen Nullen, dann dürfen wir nur die ersten drei entfernen.

7.1.1 IPv6-Präfixe

Ein *IPv6-Präfix* repräsentiert einen Block aufeinanderfolgender IPv6-Adressen. Genau wie eine IPv4-Subnetznummer taucht ein IPv6-Präfix in Routing-Tabellen auf.

Bei IPv4 kann eine IP-Adresse plus Präfix oder Subnetzmaske klassenbezogen oder klassenlos betrachtet werden (siehe Kapitel 2). Bei IPv6 ist die Adressierung allerdings stets klassenlos. Ein Klassenkonzept wie bei IPv4 existiert gar nicht, selbst wenn ein IPv6-Präfix eigentlich genauso aussieht wie ein IPv4-Präfix. Ein IPv6-Präfix wird ebenfalls durch einen vorwärts gerichteten Schrägstrich (Slash) und einen folgenden dezimalen Wert gebildet, der die Präfixlänge repräsentiert. Genau wie bei IPv4 darf der Teil der Nummer nach der Präfixlänge ausschließlich binäre Nullen enthalten.

Die Präfixlogik entspricht der bei IPv4. Sehen wir uns einmal folgende IPv6-Adresse mit Präfix an:

2340:1111:AAAA:0001:1111:2222:ABCD:1234/64

Dies ist eine vollständige 128-Bit-Adresse. Das Präfix /64 bedeutet, dass sich diese Adresse in dem Subnetz befindet, das alle Adressen enthält, die mit denselben 64 Bits beginnen wie unsere Beispieladresse.

Das Subnetz selbst wird folgendermaßen dargestellt:

2340:1111:AAAA:0001:0000:0000:0000:0000/64

Es gelten die gleichen Regeln zur Abkürzung wie bei einer IPv6-Adresse. Wir können das Subnetz also auch so aufschreiben:

2340:1111:AAAA:1::/64

Nun kann es vorkommen, dass die Präfixlänge kein Vielfaches von 16 ist. In diesem Fall liegt die Grenze zwischen Präfix und den Host-Bits der Adresse innerhalb eines Quartetts, und das letzte Oktett des Präfixteils ist vollständig zu schreiben. Versehen wir unsere Beispieladresse einmal mit dem Präfix /56. Der Präfixteil umfasst nun die ersten drei Quartette (48 Bits) plus die ersten acht Bits des vierten Quartetts. Die letzten acht Bits des vierten Quartetts müssen wieder binäre Nullen sein. Wir schreiben die Adresse also folgendermaßen auf:

2340:1111:AAAA:0000::/56

Sehen wir uns einige Variationen der Abkürzung an:

- 1234:0000:0000:ABC0:0000:0000:0000:0000/60
- 1234:0:0:ABC0:0:0:0:0/60
- 1234::ABC0:0:0:0:0/60
- 1234:0:0:ABC:: /60

7.1.2 Subnetting im Unternehmen

Ein Unternehmen, dem eine klassenbezogene IPv4-Netzwerknummer zugewiesen wird, unterteilt dieses klassenbezogene Netzwerk in der Regel durch Subnetting in kleinere Teil- oder Subnetze. Wir haben das

Konzept in den ersten Kapiteln dieses Buchs kennengelernt. Das gleiche Konzept gilt für IPv6 und ist hier vielleicht noch bedeutungsvoller, denn die einem Unternehmen oder einer Organisation normalerweise zugeteilten Präfixe erlauben eine riesige Zahl von Adressen, die ohne Subnetting nur sehr unübersichtlich zu verwalten sind. Außerdem hat ein geschicktes Subnetting sehr positive Auswirkungen auf die automatische Adressvergabe an Endgeräte, wie wir noch sehen werden.

Wer den Subnetting-Prozess von IPv4 verstanden hat, sollte keine Schwierigkeiten mit dem Subnetting bei IPv6 haben, denn

- das vom ISP zugeteilte Präfix ist genau wie der Netzwerkteil einer IPv4-Adresse,
- fürs Subnetting bedient man sich wie bei IPv4 der Host-Bits, um die Präfixlänge zu erhöhen, und
- der letzte Teil der IPv6-Adresse ist wie bei IPv4 der Host-Teil, der einen Host im Subnetz eindeutig identifiziert und bei IPv6 *Interface Identifier* (Interface-ID) heißt.

Schauen wir uns wieder ein Beispiel an: Der Firma xy, die das in Abbildung 7.2 dargestellte Netzwerk besitzt, wurde das Präfix 2A00:0DB6:1111::/48 zugewiesen. Wie die Abbildung zeigt, benötigt die Firma wenigstens vier Subnetze: jeweils eins für die an den beiden Routern hängenden LANs, eines für die Verbindung zwischen den beiden Routern und ein weiteres für die Verbindung zum ISP.

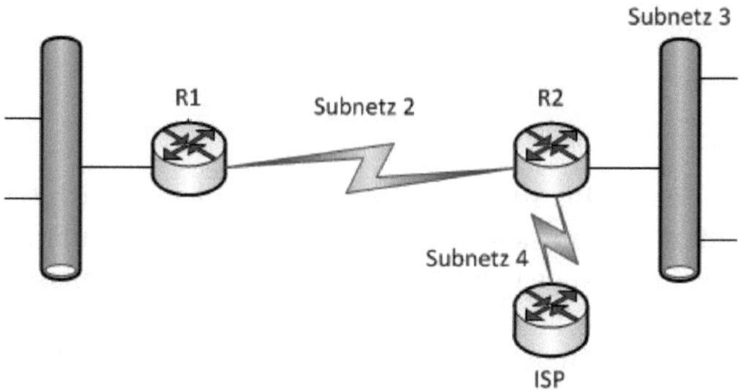

Abb. 7.1: Subnetting

Um Subnetze zu erzeugen, müssen wir die Präfixlänge erhöhen, indem wir uns Host-Bits borgen. Das funktioniert genau wie bei IPv4. Sagen wir mal, wir nehmen 16 Bits für unsere Subnetze, addieren also zum Präfix /48 16 Bits. Als Schema sieht es dann folgendermaßen aus:

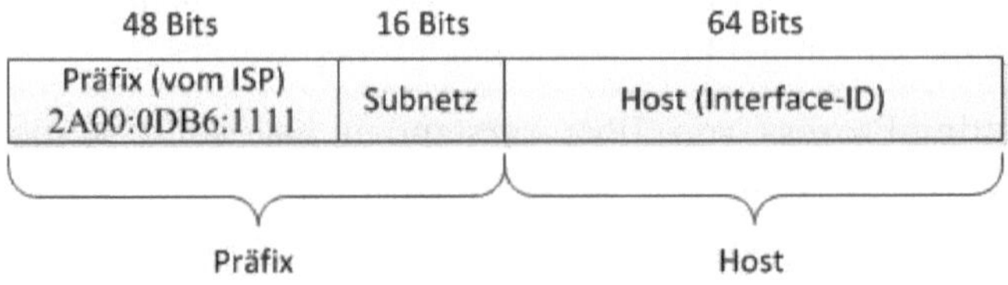

Abb. 7.2: Präfix mit Subnetz-Bits

Mit den 16 Bits des Subnetz-Teils kann Firma xy nun 2^{16} oder 65.536 Subnetze konfigurieren. Jedes dieser Subnetze kann bis zu 2^{64} Hosts enthalten. Riesige Mengen – aber so ist das eben mit IPv6. Die 16 Bits, um die wir das Präfix erhöht haben, waren übrigens nicht zufällig gewählt, denn dadurch erhalten wir eine Präfixlänge von 64 Bits, womit ebenso viele Bits für den Host-Teil übrig bleiben. Und genau 64 Host-Bits brauchen wir, damit ein besonderes Feature von IPv6 funktioniert, das Hosts Adressen automatisch zuweist. Darauf kommen wir etwas später noch zurück.

Ach so! Wie sehen jetzt eigentlich die vier Subnetze aus? Beispielsweise so:

- 2A00:0DB6:1111:0001::/64
- 2A00:0DB6:1111:0002::/64
- 2A00:0DB6:1111:0003::/64
- 2A00:0DB6:1111:0004::/64

Wir haben gerade dem Präfix 16 Bits hinzugefügt, um letztendlich 64 Host-Bits zu erhalten. Das muss man aber nicht machen. Fürs Subnetting können wir die Präfixlänge natürlich beliebig erhöhen, wir müssen nur darauf achten, dass wir genügend Host-Bits übrig lassen, um alle Hosts adressieren zu können. Auch hier ist wieder alles direkt mit IPv4 vergleichbar.

7.2 Global-Unicast-Adressen

Eine der ursprünglichen Ideen fürs Internet war, dass jeder Organisation, die Zugang zum Internet benötigte, sich registriert und daraufhin ein Klasse-A-, -B- oder -C-Netzwerk zugeteilt bekommt – große Organisationen auch mehrere Netzwerke. Durch die Registrierung, bei welcher der Organisation also eine Netzwerknummer fest zugeordnet wurde, war gewährleistet, dass keine andere Organisation auf der Welt Adressen dieses Netzwerks benutzt. Somit hatte jeder Host auf der Welt eine global eindeutige Adresse.

Eine Weile funktionierte dieses System einwandfrei und war sogar einigermaßen gut fürs Routing geeignet, denn Router brauchten sich nicht um Subnetze kümmern, schließlich gab es immer nur eine Route für jedes klassenbezogene Netzwerk.

Aber niemand hatte mit dem explosionsartigen Wachstum des Internets gerechnet. Schnell wurde klar, dass man an dieser ursprünglichen Idee nicht festhalten konnte, denn sonst wären alle öffentlichen IP-Netzwerke ruckzuck vergeben gewesen. Außerdem zeichnete sich langsam ein Routing-Problem ab, denn die Routing-Tabellen wurden zu groß für die zu jener Zeit – wir reden von den frühen 1990er Jahren – verfügbare Technik.

Die Lösungen für diese zwei Probleme haben wir in den vorangegangenen Kapiteln kennen gelernt: Subnetting, NAT/PAT, private Adressbereiche und CIDR. Die (jedenfalls für dieses Jahrhundert) endgültige Lösung aber ist IPv6. Mit IPv6 gibt es keine Adressknappheit mehr, und verfeinerte Zuteilungsrichtlinien sorgen dafür, dass unsere Routing-Tabellen nicht zu groß werden.

IPv6 greift mit *Global-Unicast-Adressen* diese ursprüngliche Idee wieder auf, ohne jedoch das Konzept klassenbezogener Netzwerke zu nutzen. Global-Unicast-Adressen entsprechen weitgehend den öffentlichen (*public*) IPv4-Adressen, zumindest was den Zweck betrifft. ICANN bzw. die regionalen Registraturen weisen diese Adressen zu und gewährleisten damit global eindeutige Adressen für jeden Host. Global-Unicast-

Adressen entstammen dem Präfix 2000::/3. Dieses Präfix steht für alle Adressen, die mit hexadezimal 2 oder 3 beginnen.

Hinweis

Falls Ihnen der Begriff *Unicast-Adresse* aus der IPv4-Welt nicht mehr geläufig sein sollte: Eine Unicast-Adresse adressiert genau einen Host oder genauer gesagt eine einzelne Schnittstelle eines Hosts (oder eines anderen Geräts).

Welche Global-Unicast-Bereiche zum Zeitpunkt der Manuskripterstellung bereits zugewiesen waren, zeigt folgende Tabelle:

Adressen bzw. Präfix	Bedeutung
::/96	Stand für IPv4-Kompatibilitätsadressen, die in den letzten 32 Bits die IPv4-Adresse enthielten. Diese Adressen waren nur für den Übergang definiert und wurden im RFC 4291 vom Februar 2006 für veraltet erklärt.
0:0:0:0:ffff::/96	Stehen für IPv4-gemappte (abgebildete) IPv6-Adressen. Auch hier enthalten die letzten 32 Bits die IPv4-Adresse. Ein solche Adressen unterstützender Router kann Pakete, die diese Adressen enthalten, zwischen IPv4 und IPv6 konvertieren und so die neue mit der alten TCP(IP-Welt verbinden.
2000::/3	Alle Adressen zwischen 2000:... bis 3fff:... Sie stehen für von der ICANN vergebene Unicast-Adressen, also routbare und global eindeutige Adressen.
2001-Adressen	Solche Adressen werden an ISPs vergeben, die sie ihren Kunden zuweisen.
2001::/32	Diese mit 2001:0: beginnenden Adressen werden für den Teredo-Tunnelmechanismus verwendet.
2001:db8::/32	Dienen Dokumentationszwecken und bezeichnen keine tatsächlichen Teilnehmer.
2002-Adressen	Sie werden vom Tunnelmechanismus 6to4 genutzt.

Tabelle 7.1: Zugeteilte Global-Unicast-Bereiche

Adressen bzw. Präfix	Bedeutung
2003, 240, 260, 261, 262, 280, 2a0, 2b0, 2c0	Werden wie 2001-Adressen von regionalen Registraturen vergeben. Sie sind teilweise aber noch zu dem Anteil zugewiesen wie Adressen des Präfixes 2001::/16.
3ffe::/16	Diese ursprünglich im Testnetzwerk 6Bone eingesetzten Adressen wurden inzwischen der ICANN zurückgegeben.

Tabelle 7.1: Zugeteilte Global-Unicast-Bereiche (Forts.)

7.2.1 Effizientes Routing

Durch eine wohlüberlegte Strategie zur Zuteilung öffentlicher IPv6-Adressen dürfte das Routing im Internet effizienter werden, als es heute schon ist. Das gilt natürlich nur, wenn das Internet zu IPv6 migriert, aber diese Migration schreitet inzwischen zügig voran: Das Backbone der Deutschen Telekom ist beispielsweise schon vollständig umgestellt.

Die Adresszuteilung für IPv6 ist simpel, und oft sind es ja gerade die einfachen Dinge, die besonders effizient sind:

- Öffentliche IPv6-Adressen sind nach geografischer Region gruppiert.
- Innerhalb jeder Region wird der Adressbereich auf die ISPs dieser Region aufgeteilt.
- Jeder ISP unterteilt den ihm zugeteilten Adressbereich weiter für seine Kunden.

So funktioniert es im Grunde auch mit IPv4-Adressen, und tatsächlich sind es ja dieselben Organisationen, welche die Verteilung von sowohl IPv4- und auch IPv6-Adressen steuern. An der Spitze, gewissermaßen als Besitzer des Prozesses, steht wieder die ICANN. Die ICANN teilt jeder *Regional Internet Registry* (RIR), also regionalen Registratur, einen oder mehrere IPv6-Adressbereiche zu. Gegenwärtig gibt es fünf regionale Registraturen, jeweils eine für Nordamerika, Zentral- und Südamerika, Asien/Pazifik, Europa und Afrika. Die für Europa zuständige

Registratur ist natürlich wieder RIPE. Die regionalen Registraturen zerteilen erneut ihren Adressbereich und weisen die kleineren Teile den ISPs und kleineren Registraturen zu. Die ISPs weisen ihren Kunden schließlich noch kleinere Adressbereiche zu.

Auf Basis dieser Strategie lässt sich das Routing im Internet effizient durchführen, wie folgendes Beispiel demonstriert: Der Organisation 1 in Abbildung 7.1 wurde durch Europa-ISP 1 ein IPv6-Präfix zugeteilt.

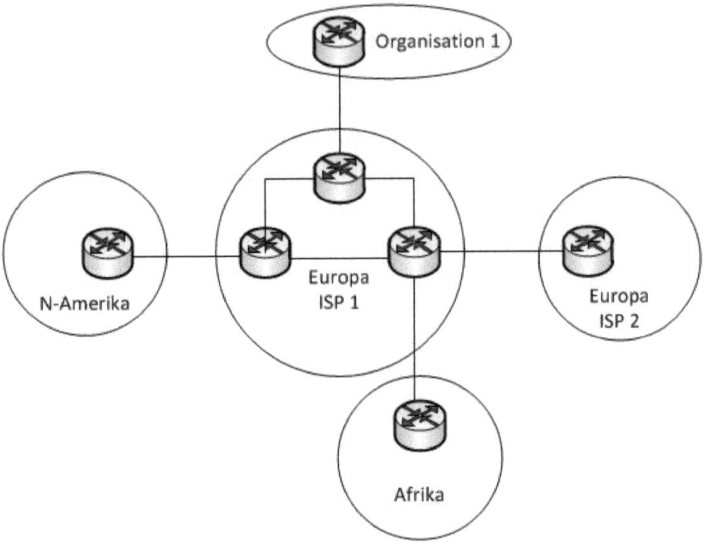

Abb. 7.3: IPv6-Internet-Routing

Die Router der ISPs in anderen geografischen Regionen (in der Abbildung sind noch Afrika und Nordamerika dargestellt) können nun einzelne Routen haben, die sämtlichen IPv6-Adressen in Europa entsprechen. In Europa arbeiten vielleicht mehrere Hundert ISPs, die insgesamt mehrere Millionen Kunden haben. Aber alle IP-Adressen in Europa stammen aus einem oder einigen wenigen sehr großen Adressblöcken. Das verlangt auf den anderen Internet-Routern in der Welt lediglich eine Route (oder zumindest sehr wenige Routen). Auf den Routern anderer ISPs in Europa sind ebenfalls nur sehr wenige Routen erforderlich. Europa-ISP 2 benötigt lediglich eine Route zu Europa-ISP

2, die sämtlichen IP-Adressen entspricht, die Europa-ISP 1 zugeteilt wurden. Und die Router von Europa-ISP 1 benötigen nur jeweils eine Route, die dem gesamten Organisation 1 zugeteilten Adressbereich entspricht. Hier muss kein Router mehr sämtliche Subnetze kennen.

Wie bereits erwähnt, dieses Konzept ist sehr simpel, aber wie so viele simple Dinge im Leben sehr effizient. Wir sehen uns dieses Konzept gleich noch einmal mit konkreten IPv6-Adressen an.

7.2.2 Adresszuweisung

Gerade eben haben wir unter der Überschrift »Effizientes Routing« gelesen, mit welcher Strategie die Adresszuteilung grundsätzlich funktioniert. Praktisch hat die Adresszuweisung sehr viel mit dem weiter oben beschriebenen Präfix zu tun. Ein ISP erhält typischerweise die ersten 32 Bit (oder weniger) als Netz von einer regionalen Registratur (RIR) zugewiesen. Diesen Bereich teilt der ISP weiter in Subnetze auf. Die Länge der Zuteilung an Endkunden bleibt dem ISP überlassen; vorgeschrieben ist lediglich die minimale Zuteilung eines /64-Netzes. Ältere Dokumente (beispielsweise RFC 3177) schlagen noch die Zuteilung von /48-Netzen an Endkunden vor. In kaum vorstellbaren Ausnahmefällen ist die Zuteilung größerer Netze als /48 oder mehrerer /48-Netze an einen Endkunden möglich.

Einem einzelnen Netzsegment wird in der Regel ein 64 Bit langes Präfix zugewiesen, das dann zusammen mit einem 64 Bit langen *Interface Identifier* die Adresse bildet. Der Interface Identifier kann entweder aus der MAC-Adresse der Netzwerkkarte erstellt oder anders eindeutig zugewiesen werden; das genaue Verfahren ist in RFC 4291, Anhang A, beschrieben. Wir werden etwas später darauf zurückkommen.

Das Präfix 2000::/3 ist gemäß IPv6-Standard für globale Unicast-Adressen reserviert (siehe Tabelle 7.1). Das bedeutet, dass alle Adressen, die mit hexadezimal 2 oder 3 beginnen, globale Unicast-Adressen sind; sie wurden als öffentliche und global eindeutige Adressen zugewiesen. Hosts, die solche Adressen verwenden, können direkt mit dem Internet kommunizieren, ohne NAT verwenden zu müssen. Schauen wir uns den Adresszuweisungsprozess nun in einem Beispiel an:

Der Prozess startet ganz oben bei der ICANN, die einer regionalen Registratur (RIPE für Europa) das Präfix 2A00::/12 zuweist. Das bedeutet, dass RIPE nun IPv6-Adressen zuweisen kann, deren erste 12 Bits dem hexadezimalen Wert 2A00 entsprechen. Nun fordert der ISP Europa-ISP 1 bei RIPE eine Präfixzuteilung an. RIPE könnte dem ISP nun beispielsweise 2A00:0DB6::/32 zuweisen. Mit 2^{96} möglichen Adressen ist das eine ganz schön große Gruppe, die selbst für große ISPs mehr als ausreichend ist.

Schließlich fragt Firma xy Europa-ISP 1 nach einer Präfixzuteilung und erhält vom ISP 2A00:0DB6:1111::/48 zugewiesen. Diese Gruppe ist immer noch riesig und wird sicher von Firma xy in mehrere Subnetze zerlegt werden.

7.3 Weitere IPv6-Adressen

Global-Unicast-Adressen sind natürlich nicht die einzige Form von IPv6-Adressen, die der Standard definiert. Insgesamt gibt es drei Kategorien:

- *Unicast*: Hiezu gehören die bereits bekannten Global-Unicast-Adressen. Es handelt sich um Adressen, die einer einzelnen Schnittstelle zugewiesen werden, damit das Gerät, zu dem diese Schnittstelle gehört, Daten senden und empfangen kann.
- *Multicast*: Diese IP-Adressen adressieren keine einzelne Schnittstelle, sondern eine Gruppe von Hosts. Durch die Nutzung von Multicast-Adressen können wir Pakete zu Geräten senden, die der Gruppe angehören. Einige Multicast-Adressen dienen ganz bestimmten Zwecken, beispielsweise zum Senden von NDP-Nachrichten.
- *Anycast*: Geräte (in der Regel Server), welche dieselben Funktionen unterstützen, können eine einheitliche Unicast-IP-Adresse besitzen. Von Clients gesendete Pakete werden dann zum nächstgelegenen Server weitergeleitet. Mithilfe solcher Anycast-Adressen lässt sich ein Load-Balancing zwischen Servern herstellen.

7.3.1 Unicast-IPv6-Adressen

Neben den bereits bekannten Global-Unicast-Adressen gibt es noch zwei weitere Klassen von Unicast-Adressen. Aber bleiben wir noch einen Augenblick bei den Global-Unicast-Adressen und fassen zusammen, was wir bereits über sie wissen: Global-Unicast-Adressen entsprechen weitgehend den öffentlichen (registrierten) IPv4-Adressen und werden wie diese von der ICANN und den regionalen Registraturen zugewiesen, um global eindeutige IPv6-Adressen für alle Hosts zu gewährleisten. Global-Unicast-Adressen entstammen dem Präfix 2000::/3, das sämtliche Adressen beinhaltet, die mit hexadezimal 2 oder 3 beginnen.

Die zweite Klasse von Unicast-Adressen sind die *Unique-Local-Adressen*, also eindeutige lokale Unicast-Adressen. Bei diesen im RFC 4193 beschriebenen Adressen handelt es sich um private Adressen, welche dieselben Funktionen wie private IPv4-Adressen (RFC 1918) erfüllen. Heute nutzt so gut wie jedes mit dem Internet verbundene Unternehmen, so gut wie jede Organisation und jeder private Internetnutzer private IPv4-Netzwerke. Angesichts der riesigen Menge verfügbarer IPv6-Adressen ist es zwar nicht mehr unbedingt erforderlich, dennoch gibt es diese privaten IPv6-Adressen. Unique-Local-Unicast-Adressen beginnen mit hexadezimal FD (Präfix FD00::/8). Das Format sieht folgendermaßen aus:

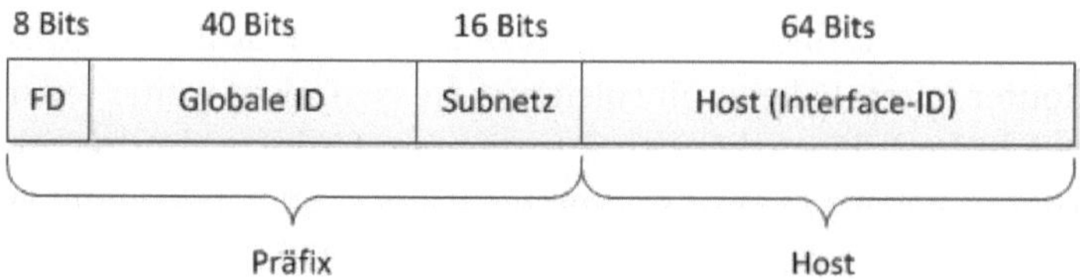

Abb. 7.4: Unique-Local-Unicast-Adresse

Um eine solche Adresse zu nutzen, wird ein Administrator die 40 Bits der globalen ID (auch Site-ID genannt) wohl zufällig auswählen. Damit ist die Site-ID nicht zwangsläufig, aber doch sehr wahrscheinlich global eindeutig. Der Subnetzteil und die Interface-ID funktionieren wie bei einer Global-Unicast-Adresse.

Wir haben hier wieder 64 Bits im Host-Teil, was eine automatische Zuweisung der Interface-ID erlaubt. Der Administrator darf aber durchaus eigene Werte eintragen, um so seine Hosts beispielsweise durchzunummerieren: 0:0:0:1, 0.0.0.2, 0:0:0:3 etc.

Wie gesagt ist derzeit nur das Präfix FD für Unique-Local-Unicast-Adressen vorgesehen. Allerdings wird daran gedacht, zukünftig mit dem Präfix FC Unique-Local-Unicast-Adressen auch zuzuweisen, um auch für solche Adressen eine globale Eindeutigkeit zu gewährleisten.

Ein Beispiel für eine Unique-Local-Unicast-Adresse ist folgende:

FD8C:2311:2312:ABCD::01

FD ist hier das Präfix für die lokale generierte Unique-Local-Unicast-Adresse. 8C:2311:2312 ist ein zufällig erzeugter 40-Bit-Wert und ABCD eine beliebige Subnetz-ID.

Die Verwendung wahrscheinlich eindeutiger (mit dem Präfix FC garantiert eindeutiger) Unique-Local-Unicast-Adressen hat einige Vorteile. Zum Beispiel sind bei Einrichtung eines Tunnels zwischen zwei getrennten Netzwerken Adresskollisionen sehr unwahrscheinlich. Oder Pakete, die an eine nicht erreichbare Site gesendet werden, laufen sehr wahrscheinlich ins Leere, statt von einem Host empfangen zu werden, der zufällig die gleiche Adresse besitzt.

Die dritte Gruppe von Unicast-Adressen sind schließlich *Link-Local-Unicast-Adressen*, also verbindungslokale Adressen. Diese Adressen sind nützlich für alle Funktionen, die sich nur innerhalb des Subnetzes abspielen. Router leiten Pakete mit solchen Adressen nicht weiter (oder sollten dies nicht tun). Hosts können ihre eigenen Link-Local-Adressen selbst generieren. Bevor ein Host sein erstes Paket sendet, berechnet er seine Link-Local-Adresse und hat damit schon eine IPv6-Adresse, wenn er seine ersten Overhead-Nachrichten sendet. Soll ein Host über eine solche Adresse kommunizieren, dann muss allerdings die zu verwendende Schnittstelle mit angegeben werden, denn Link-Local-Präfixe können auf einem Gerät mehrfach vorhanden sein.

Link-Local-Adressen entstammen dem Präfix FE80::/10. Damit sind alle Adressen, die mit FE80, FE90, FEA0 und FEB0 beginnen, Link-

Local-Adressen. Für eine Link-Local-Adresse ist keine besondere Konfiguration erforderlich, denn, wie gesagt, ein Host erzeugt sich diese Adresse selbst. Dazu nimmt er die ersten 10 Bits von hexadezimal FE80, hängt 54 binäre Nullen an und fügt schließlich als Interface-ID 64 Bits hinzu, die er aus der MAC-Adresse des Hosts ableitet.

Auch Router nutzen Link-Local-Adressen für Schnittstellen, auf denen IPv6 eingeschaltet ist. Wie Hosts erzeugen sie diese Adressen automatisch. Bemerkenswert ist, dass viele Router für IPv6-Routen Link-Local-Adressen statt Global-Unicast-Adressen als Next-Hop-Adressen nutzen.

7.3.2 Multicast und spezielle IPv6-Adressen

Multicast-Adressen dienen dazu, keinen einzelnen Host, sondern gleich eine ganze Gruppe von Hosts zu adressieren. Der sendende Host sendet ein einzelnes Paket, das vom Netzwerk entsprechend der Multicast-Adresse repliziert wird, damit jeder Host, den diese Adresse umfasst, eine Kopie des Pakets erhält.

Mit IPv6 ist es möglich einzuschränken, wohin Router Multicasts transportieren. Diese Reichweite eines Multicasts ist abhängig vom Wert im ersten Quartett der Adresse. So ist es beispielsweise möglich, Multicasts innerhalb der Grenzen des lokalen Links zu halten. Derartige Multicast-Adressen beginnen alle mit FF02::/16.

Die folgende Tabelle zeigt *Local-Link-Multicast-Adressen*, denen Administratoren häufiger begegnen werden:

Zweck	IPv6-Adresse	entsprechende IPv4-Adresse
Alle Hosts des Links	FF02::1	Subnetz-Broadcast-Adresse
Alle Router des Links	FF02::2	nicht vorhanden
OSPF-Nachrichten	FF02::5, FF02::6	224.0.0.5, 224.0.0.6
RIPv2-Nachrichten	FF02::9	224.0.0.9
EIGRP-Nachrichten	FF02::A	224.0.0.10
DHCP-Relay-Agenten	FF02::1:2	nicht vorhanden

Tabelle 7.2: Übliche Local-Link-Multicast-Adressen

Das allgemeine Multicast-Präfix ist FF00::/8. Dabei steht FF für Multicast. Danach folgen vier Bits für Flags und vier Bits für die oben erwähnte Reichweite bzw. den Gültigkeitsbereich (*Scope*). Für die Flags gibt es derzeit folgende Werte:

- 0: Permanent definierte wohlbekannte Multicast-Adressen. Dazu zählen die in Tabelle 7.2 aufgelisteten Multicast-Adressen.
- 1: (T-Bit gesetzt) Vorübergehend (*transient*) oder dynamisch zugewiesene Multicast-Adressen.
- 3: (P-Bit gesetzt, erzwingt gesetztes T-Bit) Auf dem Unicast-Präfix basierende Multicast-Adressen (RFC 3306).
- 7: (R-Bit gesetzt, erzwingt gesetzte T- und P-Bits) Multicast-Adressen, welche die Adresse des sogenannten *Rendezvous-Points* enthalten (RFC 3956).

Für den Gültigkeitsbereich sind derzeit folgende Werte definiert:

- 1: Interface-Lokal: Solche Pakete verlassen die Schnittstelle nie (*Loopback*).
- 2: Link-Lokal: Solche Pakete verlassen das Teilnetz nicht, werden von Routern also nicht weitergeleitet.
- 3: Admin-Lokal: Dies ist der kleinste Bereich, dessen Abgrenzung auf Routern speziell administriert werden muss.
- 5: Site-Lokal: Diese Pakete dürfen geroutet werden, jedoch nicht von *Border-Routern*.
- 8: Organisations-Lokal: Solche Pakete dürfen auch von Border-Routern weitergeleitet werden, sie verbleiben jedoch innerhalb der Organisation. Seitens des Routing-Protokolls sind hierfür entsprechende Vorkehrungen zu treffen.
- e: Globaler Multicast: Darf überall hin geroutet werden.
- 0, 3 und f: Reservierte Bereiche.

Weitere Bereiche sind zurzeit nicht zugewiesen und dürfen vom Administrator frei benutzt werden, um weitere Multicast-Regionen zu definieren.

Nun bleiben uns noch zwei spezielle Adressen zu besprechen. Die erste ist die *Loopback-Adresse,* die bereits von IPv4 gut bekannt sein sollte. Bei IPv6 besitzt sie folgendes Format:

::1

Das sind 127 binäre Nullen und eine binäre Eins. Das lässt sofort an 127.0.0.1, die IPv4-Loopback-Adresse denken. Die Loopback-Adresse (sowohl die IPv4- als auch die IPv6-Loopback-Adresse) eignet sich zum Test der Software eines Hosts. Ein von einem Hosts (beispielsweise mit Ping) zu dieser Adresse gesendetes Paket reist den Protokoll-Stack hinunter und sofort wieder herauf. Dabei erfolgt keine Kommunikation mit der Netzwerkkarte.

Die zweite spezielle Adresse lässt sich sehr schnell schreiben:

::

Hier haben wir also eine Adresse, die ausschließlich binäre Nullen enthält. Diese Adresse steht stellvertretend für eine unbekannte Adresse. Hosts nutzen diese Adresse beispielsweise, um ihre IP-Adressen herauszufinden. Das heißt, ein Host benutzt während seiner Initialisierung diese Adresse als Absenderadresse in IPv6-Paketen, solange er seine eigene Adresse noch nicht kennt.

7.4 Das weiß ich nun

1. An welche Organisation wendet sich ein Unternehmen, das einen Block Global-Unicast-IPv6-Adressen erhalten möchte?

   a. An die IANA

   b. An RIP

   c. An eine regionale Registratur

   d. An einen ISP

2. Welche der folgenden IPv5-Adressen ist eine Unique-Local-Unicast-Adresse?

   a. 2340:1111:AAAA:0001:1111:2222:ABCD:1234

   b. FD8C:2311:2312:ABCD::01

   c. FE80:2311:2312:ABCD::01

   d. FF80::1:AAAA:1:1111

3. Welche der folgenden Abkürzungen ist ungültig?

   a. FD8C: 2311:2312:1::2

   b. FD8C:1:2:3::2

   c. FD8C::2312:2::2

   d. ::

4. Mit welcher der folgenden Adressen lassen sich Multicasts an alle Router des lokalen Links senden?

   a. FF02::1

   b. FF02::2

   c. FF02::A

   d. FF02::1:2

Adresskonfiguration

Um einfachste Aufgaben, beispielsweise das Öffnen einer Webseite im Browser, durchführen zu können, benötigen Computer einige Informationen. Von IPv4 wissen Sie sicher, dass jeder Computer, der in einem lokalen Netzwerk mit anderen Computern über TCP/IP kommunizieren soll, wenigstens eine eigene IP-Adresse (und Subnetzmaske) haben muss. Soll dieser Computer außerdem mit dem Internet oder mit Computern in anderen entfernten Netzwerken kommunizieren können, dann kommen noch einige Informationen dazu, beispielsweise die IP-Adresse mindestens eines DNS-Servers und die IP-Adresse eines Standard-Gateways (andere Bezeichnungen dafür sind Default-Gateway, Standardrouter und Default-Router). Die Adresse eines DNS-Servers benötigt der Computer, um Namen wie www.it-fachportal.de in die dazu gehörende IP-Adresse auflösen zu können. Die Adresse eines Standard-Gateways benötigt er, damit er weiß, wohin er Pakete senden soll, die für Hosts in anderen Subnetzen bestimmt sind.

Dieselben Informationen benötigen aus denselben Gründen auch IPv6-Hosts. Jeder IPv6-Host braucht also eine eigene Adresse samt Präfixlänge (das Äquivalent der Subnetzmaske), die IP-Adresse eines DNS-Servers und die IP-Adresse eines Standard-Gateways – daran hat sich nichts geändert. Bei IPv4 werden alle diese Informationen entweder manuell auf jedem Host konfiguriert oder die Hosts verwenden das Dynamic Host Configuration Protocol (DHCP), um sich ihre IP-Adresse und alle weiteren Informationen automatisch zuweisen zu lassen. Bei IPv6 funktioniert es im Grunde genauso, allerdings offeriert IPv6 einige zusätzliche Features, die den Vorgang vereinfachen oder Methoden wie DHCP überflüssig machen. In den folgenden Abschnitten geht es darum, wie ein IPv6-Host die benötigten Informationen erhält.

Grundsätzlich steht ein Administrator erst einmal vor der Entscheidung, IP-Adressen manuell und statisch zu konfigurieren oder sie den Endgeräten dynamisch zuweisen zu lassen. Router und ähnliche Geräte werden mit statischen IP-Adressen konfiguriert. Für diese Art der Konfiguration bietet IPv6 zwei Optionen. Andere Endgeräte, zu denen wir hier normale Computer zählen, können zwar auch mit statischen IP-Adressen konfiguriert werden, doch wird sich ein Administrator hier in der Regel für eine dynamische Zuweisung entscheiden, von denen IPv6 erneut zwei Optionen offeriert. Bevor wir uns mit diesen insgesamt also vier Optionen näher beschäftigen, müssen wir aber noch einmal zum IPv6-Adressformat zurückkehren und uns die im vorangegangenen Kapitel immer wieder erwähnten 64 Bits der Interface-ID genauer ansehen.

8.1 Interface-ID und das EUI-64-Format

Den Wert für die Interface-ID einer IPv6-Adresse, also den Host-Teil der Adresse, darf jeder Administrator frei wählen, solange er darauf achtet, innerhalb eines Subnetzes keinen Wert doppelt zu vergeben. Diese freie Wahl bedeutet auch, dass er beliebig viele Bits für seine Subnetz- und Interface-IDs verwenden darf, solange er dabei das Site-Präfix nicht verändert. Im vorangegangenen Kapitel wurde aber schon erwähnt, dass Administratoren ihre IPv6-Adressblöcke typischerweise so organisieren, dass genau 64 Bits für die Interface-ID übrig bleiben. Das hat folgenden Grund: Stehen genau 64 Bits für die Interface-ID zur Verfügung, dann erlaubt dies eine automatische Konfiguration der IP-Adresse, indem einfach die MAC-Adresse (oder Hardware- oder Burned-in-Adresse) in das Interface-ID-Feld gepackt wird.

Erfahrene IT-Profis werden beim letzten Satz sicher gestutzt haben. Hat eine MAC-Adresse nicht lediglich 6 Byte, also 48 Bits? Ja, das ist richtig. Der Host packt also nicht einfach die MAC-Adresse ins Interface-ID-Feld und gut ist, sondern er füllt es auch noch mit zwei zusätzlichen Byte. Nun wäre es einfach, lediglich ein paar binäre Nullen an den Anfang oder ans Ende dazu zu packen, aber wir sprechen hier über IT, und das bedeutet, dass es nie ganz so einfach ist, wie es sein könnte ...

Um die Angelegenheit ein wenig interessanter zu machen, teilt IPv6 die schöne MAC-Adresse zunächst in zwei Hälften mit jeweils 3 Byte. Zwischen diese beiden Hälften schießt es dann hexadezimal FFFE (deutsche IPv6-Erfinder hätten sicher AFFE gewählt). Und um die Sache abzurunden – und nochmals komplizierter zu machen – wird dann noch ein spezielles Bit (das siebte Bit im ersten Byte, gelesen von links nach rechts) auf binär Eins gesetzt. Dann ist die Interface-ID fertig und besitzt nun das sogenannte *EUI-64-Format*:

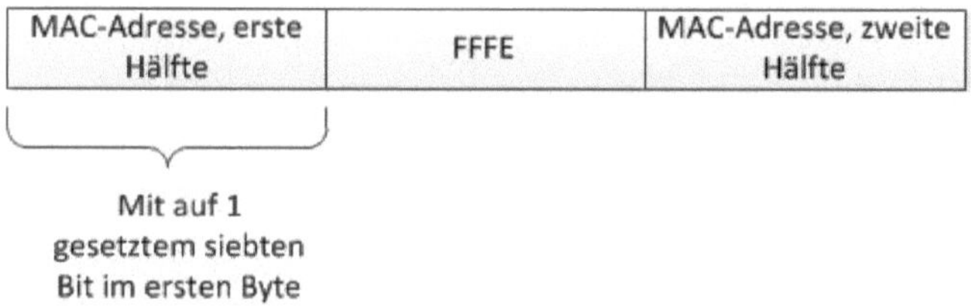

Abb. 8.1: Das EUI-64-Format

Kompliziert oder nicht, es funktioniert. Und mit einem Blick (oder zwei) auf eine IPv6-Adresse, die in diesem Format aufgebaut ist, kann man die MAC-Adresse erkennen: einfach nach FFFE schauen. Dann hat man die beiden Hälften der MAC-Adresse gefunden und braucht nur das siebte Bit im ersten Byte wieder umdrehen.

Warum diese Geschichte mit dem siebten Bit? Einen so richtig einleuchtenden Grund dafür kenne ich nicht. Das EUI-64-Format schreibt eben vor, dass dieses Bit grundsätzlich auf Eins zu stehen hat. Dieses spezielle Bit heißt *Universal/Local-Bit* (U/L) und hat folgende Bedeutung: Auf binär Null gesetzt besagt es, dass es sich bei der MAC-Adresse um eine eingebrannte (Hardware-)Adresse handelt, auf binär Eins gesetzt, dass diese MAC-Adresse lokal konfiguriert wurde. Aus meiner Sicht für IPv6-Zwecke eigentlich unerheblich.

Ein Beispiel dazu: zuerst eine MAC-Adresse, danach eine daraus abgeleitete Interface-ID im EUI-64-Format:

00-24-1D-B2-EF-16

0224:1DFF:FEB2:EF16

Die folgende Abbildung zeigt ein Linux-System, auf dem das Kommando `ifconfig` ausgeführt wurde. Wir erkennen in der Ausgabe eine nach den soeben beschriebenen Regeln automatisch erzeugte IPv6-Adresse.

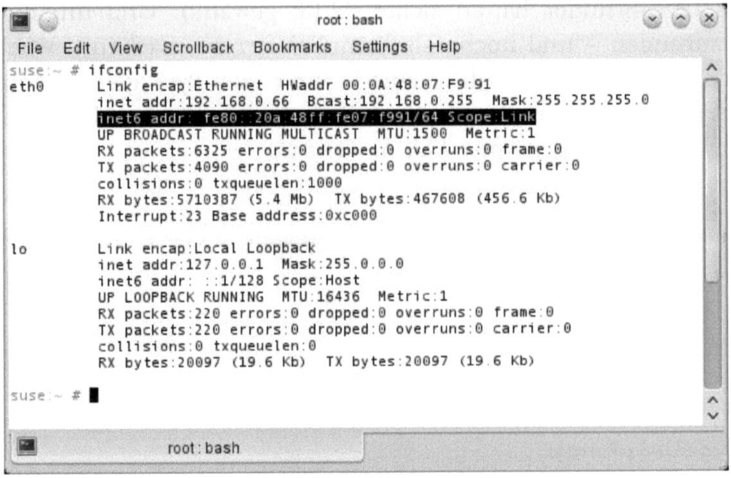

Abb. 8.2: Im EUI-64-Format automatisch erzeugte IPv6-Adresse

Da die Adresse mit FE80 beginnt, wissen wir, dass es sich um eine Link-Local-Adresse handelt. Zu bemerken ist, dass diese Adresse wirklich vollautomatisch erzeugt wurde – auf dem entsprechenden Computer wurde lediglich eine IPv4-Adresse mit der dazu gehörenden Subnetzmaske manuell konfiguriert.

8.2 Statische Konfiguration

Beginnen wir mit der grundlegenden statischen Konfiguration, die typischerweise auf allen erdenklichen Geräten, die IPv6 unterstützen, zur Verfügung steht. Wir beschränken uns hier allerdings auf Computer und Router, beschäftigen uns also nicht mit Smartphones und Nähmaschinen.

Wie erwähnt gibt es zwei Optionen für die statische (manuelle) Konfiguration einer IPv6-Adresse. Beide funktionieren auf gewöhnlichen Computern und Routern sowie vergleichbaren Geräten. Die erste Option ist die Konfiguration einer vollständigen IPv6-Adresse, die zweite Option die Konfiguration lediglich des 64-Bit-Präfixes, welches der Host dann automatisch mit der EUI-64-Interface-ID ergänzt.

Schauen wir uns zunächst an, wie wir eine vollständige IPv6-Local-Unicast-Adresse, beispielsweise fd00:4711:4712:1::1/64, auf einem aktuellen Windows-Computer konfigurieren. Am schnellsten geht es über die Kommandozeile. Dazu starten wir die Kommandozeile als Administrator und geben am Prompt Folgendes ein:

```
netsh interface ipv6 set address interface=11
   address=fd00:4711:4712:1::1/64
```

Hinweis

Bei Windows XP ist ab Service-Pack 2 ein IPv6-Protokoll-Stack dabei, IPv6 muss aber erst aktiviert werden. Das kann man mit viel Klickerei über den Eigenschaften-Dialog der Netzwerkkarte machen oder schnell via Kommandozeile: `ipv6 install` oder `netsh interface ipv6 install`. Bei Vista, Windows-7, Server-2008 ist IPv6 standardmäßig dabei und aktiviert.

Ob die Windows-Box das Kommando geschluckt hat, können wir schnell in der Kommandozeile durch Eingabe von `ipconfig /all` überprüfen:

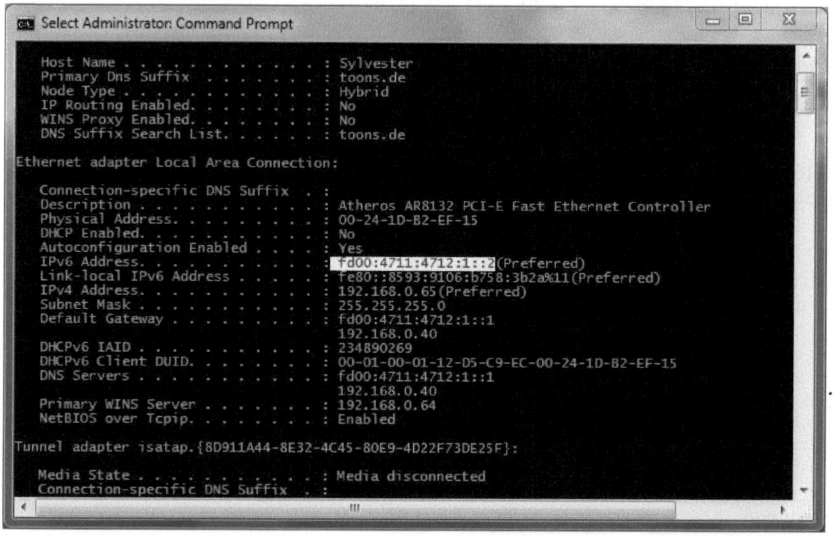

Abb. 8.3: Die IPv6-Adresse auf einem Windows-7-Computer

Nun schauen wir uns die zweite Variante an, wo die Interface-ID im EUI-64-Format automatisch erzeugt wird. Diesmal betrachten wir einen Router (Cisco 1841), für dessen Schnittstelle FastEthernet 0/0 wir eine IPv6-Adresse konfigurieren wollen:

```
R0(config)#int fa0/0
R0(config-if)#ipv6 address fd00:4711:4712:5::/64 eui-64
R0(config-if)#
```

Die interessante Zeile ist die vierte Zeile: Wir haben hier lediglich die ersten 64 Bit, also unser Präfix eingegeben, anschließend zwei aufeinanderfolgende Doppelpunkte, gefolgt von der Präfixlänge. Um dem Cisco-Router mitzuteilen, dass er die Adresse selbst mit einer im EUI-64-Format berechneten Interface-ID ergänzen soll, müssen wir noch das Schlüsselwort `eui-64` anhängen. Ohne dieses Schlüsselwort wären wir gezwungen, die vollständige Adresse einzugeben. Überzeugen wir uns davon, dass das auch funktioniert hat:

```
R0(config-if)#do sh ipv6 int brief
FastEthernet0/0                [up/up]
    FE80::290:21FF:FE97:B101
    FD00:4711:4712:5:290:21FF:FE97:B101
```

Oder durch Eingabe des folgenden Kommandos, das einige zusätzliche Informationen anzeigt:

```
R0#sh ipv6 int fa0/0
FastEthernet0/0 is up, line protocol is up
  IPv6 is enabled, link-local address is FE80::290:21FF:FE97:B101
  No Virtual link-local address(es):
  Global unicast address(es):
    FD00:4711:4712:5:290:21FF:FE97:B101, subnet is
       FD00:4711:4712:5::/64 [EUI]
  Joined group address(es):
    FF02::1
    FF02::1:FF97:B101
  MTU is 1500 bytes
  ICMP error messages limited to one every 100 milliseconds
```

```
  ICMP redirects are enabled
  ICMP unreachables are sent
  ND DAD is enabled, number of DAD attempts: 1
  ND reachable time is 30000 milliseconds
  ND advertised reachable time is 0 milliseconds
  ND advertised retransmit interval is 0 milliseconds
  ND router advertisements are sent every 200 seconds
  ND router advertisements live for 1800 seconds
  ND advertised default router preference is Medium
  Hosts use stateless autoconfig for addresses.
R0#
```

In beiden Ausgaben sehen wir, dass der Router nicht nur wie vorgesehen seine Global-Unicast-Adresse (Unique-Local) erzeugt hat, sondern auch seine Link-Local-Adresse für die Schnittstelle FastEthernet 0/0.

Router können natürlich Schnittstellen haben, die keine MAC-Adressen besitzen. Dies sind beispielweise die seriellen Schnittstellen. Für solche Schnittstellen ist natürlich die vollständige IPv6-Adresse einzugeben (ohne Schlüsselwort `eui-64`).

8.3 Autokonfiguration

Mit der statischen Konfiguration von IPv6-Adressen und anderen Informationen werden sich Administratoren wie bei IPv4 in der Regel nur in Verbindung mit Servern, Routern und vergleichbaren Geräten beschäftigen, die über eine sich nur im Ausnahmefall ändernde IP-Adresse verfügen sollten. Bei allen anderen Geräten, darunter die Masse der Desktop-Computer im lokalen Netz, wird man sich der Autokonfiguration bedienen. Wie oben schon erwähnt gibt es dafür bei IPv6 zwei Optionen: *stateful* Adresskonfiguration und *stateless* Adresskonfiguration (Autokonfiguration).

Stateful oder *statusbehaftete* Adresskonfiguration ist eine Art Adresszuweisung, bei der gewissermaßen Buch geführt wird. Wird eine Adresse zugewiesen, merkt sich das System dies irgendwo und irgendwie. Die Autokonfiguration im Zusammenhang mit IPv6 ist hingegen eine *state-*

less oder *statusfreie* Adresszuweisung, bei der die einzelnen Geräte sich selbst eine Adresse zuweisen und bei der kein System existiert, das sich irgendwelche Informationen darüber merkt.

8.3.1 DHCPv6

Wird von *stateful* Adresskonfiguration geredet, ist damit in aller Regel das Dynamic Host Configuration Protocol (DHCP) angesprochen. Wie ein IPv4-Host kann ein IPv6-Host DHCP nutzen, um seine IP-Adressen, die dazu gehörende Präfixlänge, die IP-Adresse des Standard-Gateways und die IP-Adressen der DNS-Server zu lernen. DHCP für IPv6, üblicherweise abgekürzt mit DHCPv6, funktioniert im Prinzip genauso wie DHCP für IPv4. Der IPv4-Host sendet ein Broadcast-Paket, um einen DHCP-Server zu finden. Der IPv6-Host benutzt dafür ein *Multicast-Paket* – das ist einer der größeren Unterschiede. Wir haben bereits gesehen, dass die Multicast-Adresse FF02::1:2 für diesen Zweck reserviert ist. Hosts nutzen diese Multicast-Adresse, um Pakete zu unbekannten DHCP-Servern zu senden. Die Router im Netzwerk kümmern sich darum, diese Pakete zum geeigneten DHCP-Server weiterzuleiten. Antwortet ein DHCP-Server, dann fragt der DHCP-Client nach einer IP-Adresszuweisung. Der Server antwortet mit einer IPv6-Adresse und der Präfixlänge, außerdem mit den Adressen des Standard-Gateways und der DNS-Server. Unter der Haube unterscheidet sich DHCPv6 natürlich von DHCP für IPv4. Das betrifft unter anderem die Namen und Formate der tatsächlich ausgetauschten DHCP-Nachrichten. Für die Praxis hat dies jedoch kaum Bedeutung, wichtig ist, dass der grundlegende Prozess identisch ist.

Es gibt noch einen weiteren Unterschied, auf den wir hier eingehen müssen: DHCP für IPv4 arbeitet grundsätzlich *stateful*, das heißt, es merkt sich den Status eines jeden Clients. DHCPv6 kann jedoch sowohl *stateful* als auch *stateless* operieren. Im ersten Modus verhält es sich wie DHCP für IPv4, im zweiten Modus merkt es sich hingegen keine Statusinformationen. Stateless DHCPv6 benötigt man als eine Methode, den Hosts die IP-Adressen von DNS-Servern mitzuteilen. Wir kommen gleich darauf zurück.

Aktuelle Betriebssysteme bzw. Netzwerkbetriebssysteme lassen sich als DHCPv6-Server konfigurieren. Microsoft bietet diese Funktionalität mit dem Windows-Server-2008. Unter Linux lässt sich beispielsweise dhcpd entsprechend konfigurieren. Viele Router bieten diese Funktionalität ebenfalls.

8.3.2 Stateless Autokonfiguration

Um Hosts mit IPv6-Adressen auszustatten, können wir also genau wie bei IPv4 stateful DHCP (natürlich in der Version für IPv6) verwenden. Ein Alternative ist es, *stateless Autokonfiguration* (im RFC 4862 definiert) zu nutzen. Das hat nichts mit *stateless* DHCP zu tun, sondern ist die Methode, wie ein Host das in seinem Subnetz genutzte 64-Bit-Präfix dynamisch lernt und dann den Rest der Adresse (seine Interface-ID) im EUI-64-Format automatisch ergänzt.

Dieser Prozess nutzt ein Feature des *Neighbor-Discovery-Protocols* (NDP), um das im Subnetz genutzte Präfix zu ermitteln. Genauer gesagt nutzt er zwei NDP-Nachrichten: eine *Router-Solicitation-* und eine *Router-Advertisement-*Nachricht (RS und RA). Zunächst sendet der Host eine RS-Nachricht als IPv6-Multicast an alle Router. Der Inhalt dieser Nachricht sind zwei Fragen: Wie lautet das im Subnetz genutzte Präfix? Wie lauten die IPv6-Adressen der Standard-Gateways in diesem Subnetz? Ein Router antwortet auf eine solche Nachricht üblicherweise mit dem genutzten IPv6-Präfix und seiner eigenen IPv6-Adresse. Diese RA-Nachricht sendet der Router wiederum als Multicast an alle IPv6-Hosts dieses Links. Dadurch lernt nicht nur der nachfragende Host die Informationen, sondern auch alle anderen Hosts. Neben dem NDP nutzt die stateless Autokonfiguration noch einige andere Features von IPv6, die wir bereits kennen gelernt haben: Link-Local-Adressen, Multicasts und das EUI-64-Format zur Generierung einer Interface-ID. Der gesamte Prozess sieht folgendermaßen aus:

1. Der Host generiert sich eine Link-Local-Adresse. Wir erinnern uns: Eine Link-Local-Adresse nutzt das Präfix FE80::/10, sie beginnt also mit FE80, FE90, FEA0 oder FEB0. Typischerweise wird die Interface-ID einer Link-Local-Adresse aus der MAC-Adresse abgeleitet (EUI-64-Format).

2. Obwohl es sehr unwahrscheinlich ist, dass ein anderer Host im Subnetz dieselbe Adresse nutzt, überprüft der Host, ob die Adresse im Subnetz eindeutig ist. Dafür nutzt er NDP. Der Host sendet eine *NDP-Neighbor-Solicitation*-Nachricht und wartet dann auf ein *NDP-Neighbor-Advertisement* als Antwort, das darauf hindeuten würde, dass ein anderes Gerät die Adresse bereits verwendet. In diesem Fall müsste eine neue Adresse generiert werden oder die Autokonfiguration schlägt fehl.

3. Verläuft Schritt 2 problemlos (es wurde kein Neighbor-Advertisement empfangen), weist der Host die generierte Link-Local-Adresse seiner Netzwerkschnittstelle zu. Der Host kann mit dieser Adresse nun im Subnetz kommunizieren, nicht aber über Router hinweg, denn Link-Local-Adressen werden nicht geroutet.

4. Der Host nimmt Kontakt zu einem Router auf, um weitere Informationen zu sammeln. Dazu hört er auf *Router-Advertisement*-Nachrichten, die Router periodisch senden, oder er sendet eine spezifische *Router-Solicitation*-Nachricht an alle Router des Links, um die Router zum sofortigen Senden von Router-Advertisements zu veranlassen.

5. Der Router teilt dem Host mit, wie er mit seiner Autokonfiguration fortzufahren hat. In der Regel wird er dem Host die benötigte Präfixinformation und den Standard-Gateway nennen. Falls der Host kein Router-Advertisement empfängt, nutzt er ein stateful Adresskonfigurationsprotokoll, um eine Adresse und weitere Informationen zu erhalten.

6. Wird im spezifischen Netz stateless Autokonfiguration genutzt, wird der Host sich nun selbst mit einer Global-Unique-Adresse konfigurieren. Dazu nutzt er das vom Router genannte Präfix und üblicherweise die im ersten Schritt bereits generierte Interface-ID.

Die Schritte 5 und 6 sollten wir ein wenig detaillierter betrachten, denn in ihnen spielt sich eine ganze Menge ab: Empfängt der Host eine Router-Advertisement-Nachricht, dann erhält er damit folgende Werte, die er entsprechend konfiguriert: das Hop-Limit, die Reachable-Time, einen Retrans-Timer und die MTU (falls diese Option vorhanden ist). Die Parameter haben folgende Bedeutung:

- *Hop-Limit*: Beschreibt den Standardwert des Hop-Count-Felds im IPv6-Header. Ein Wert von 0 besagt, dass der Hop-Count-Standardwert nicht vom Router spezifiziert wird.
- *Reachable-Time*: Beschreibt die Zeit (in Millisekunden), in der ein Knoten nach dem Empfang einer Erreichbarkeitsbestätigung (Reachability-Confirmation) als erreichbar betrachtet werden kann. Ein Wert von 0 besagt, dass dieser Wert nicht vom Router spezifiziert wird.
- *Retrans-Timer*: Beschreibt die Zeit (in Millisekunden) zwischen erneuten Übertragungen von *Neighbor-Solicitation-Nachrichten*. Ein Wert von 0 besagt, dass dieser Wert nicht vom Router spezifiziert wird.
- *MTU*: Diese Option beschreibt die Maximum-Transfer-Unit des Links. Die IPv6-MTU wird typischerweise nur dann genutzt, wenn die IPv6-MTU des Links nicht wohlbekannt ist oder wegen einer Mixed-Media-Bridging-Konfiguration gesetzt werden muss. Die MTU-Option überschreibt die von der Schnittstelle gemeldete IPv6-MTU.

Die Router-Advertisement-Nachricht enthält Präfixinformationen, die neben dem Präfix einige Flags umfassen. Der Host handelt nach dem Empfang eines Router-Advertisements entsprechend der Werte dieser Flags:

- Falls das *On-Link-Flag* auf 1 gesetzt ist, fügt der Host das Präfix der Präfixliste hinzu.
- Falls das *Autonomous-Flag* auf 1 gesetzt ist, nutzt der Host das Präfix und die 64-Bit-Interface-ID, um daraus seine Adresse abzuleiten.

Der Host prüft, ob die gebildete Adresse im Netzwerk eindeutig ist. Falls ein anderer Host die Adresse bereits benutzt, dann wird sie nicht für die Netzwerkschnittstelle initialisiert. Ist die Adresse jedoch eindeutig, dann wird der Host sie für seine Netzwerkschnittstelle initialisieren und einige Timer einstellen.

Die Router-Advertisement-Nachricht enthält noch zwei weitere Flags: das Managed-Address-Configuration-Flag und das Other-Stateful-Configuration-Flag. Ist das *Managed-Address-Configuration-Flag*, kurz *M-Flag*, auf 1 gesetzt, dann nutzt der Host ein Stateful-Address-Configuration-Protokoll, um weitere Adressen zu beziehen. Ist das *Other-Stateful-Configuration-Flag*, kurz *O-Flag*, auf 1 gesetzt, dann nutzt der Host ein Stateful-Address-Configuration-Protokoll, um weitere Konfigurationsinformationen, aber keine Adressen zu beziehen.

Kommen wir kurz auf DHCPv6 zurück: Genau wie IPv4-Hosts müssen auch IPv6-Hosts die Adresse wenigstens eines DNS-Servers kennen, um Namen in IP-Adressen auflösen zu können (und umgekehrt). Außerdem müssen sie häufig auch den zu nutzenden DNS-Domänennamen lernen. IPv6-Hosts können diese Informationen via stateful DHCP lernen, genau wie bei IPv4. Bezieht ein IPv6-Host seine Adresse also über stateful DHCP, dann kann er dabei gleichzeitig auch die IP-Adressen der zu nutzenden DNS-Server und den Domänennamen beziehen.

Ein IPv6-Host aber, der stateless Autokonfiguration nutzt, lernt seine IPv6-Adresse (und das Präfix) automatisch und nutzt keinen stateful DHCP-Server. Über die stateless Autokonfiguration erfährt der Host allerdings weder die IP-Adressen von DNS-Servern noch einen Domänennamen. Diese Informationen kann er aber über stateless DHCP beziehen. Stateless DHCP verwendet dieselben Nachrichten wie stateful DHCP, merkt sich aber keine Zustands- oder Statusinformationen. Ob und welche Art von DHCP (stateful oder stateless) ein Host nutzt, richtet sich nach den oben beschriebenen M- und O-Flags.

Ein IPv6-Host führt standardmäßig stateless Autokonfiguration durch. Stateful Adressautokonfiguration betreibt er abhängig von den Werten der beiden Flags. Ist das M-Flag gesetzt, dann nutzt er ein stateful Adresskonfigurationsprotokoll, um eine stateful Adresse zu beziehen. Mit anderen Worten, er nutzt stateful DHCPv6. Ist das O-Flag gesetzt, dann nutzt er ein stateful Adresskonfigurationsprotokoll, um andere Konfigurationsinformationen zu beziehen, beispielsweise DNS-Server-Adressen.

Nun kann es sein, dass das M-Flag nicht, das O-Flag hingegen schon gesetzt ist. In diesem Fall nutzt der Hosts DHCPv6 nicht, um eine

Adresse zu beziehen, aber um andere Informationen (z.B. DNS-Server-Adressen) zu erhalten. Er betreibt dann stateless DHCPv6.

Windows und IPv6-Stateless-Autokonfiguration

Die IT-Welt wäre weniger kompliziert, wenn nicht immer irgendein Hersteller querschießen würde. Im Fall der stateless Autokonfiguration ist es (einmal mehr) Microsoft. Microsoft nutzt in aktuellen Windows-Versionen (Windows 7, Windows-Server-2008) bei der Erzeugung von IPv6-Adressen zufällig generierte Werte als Interface-ID (*random* Interface-ID). Wir haben gesehen, dass Hosts typischerweise NDP nutzen, um ihr Netzwerk und ihre Interface-ID zu bestimmen und aus diesen Informationen ihre IPv6-Adresse zu bilden. RFC 2373, »IP Version 6 Addressing Architecture«, beschreibt im Anhang A genau, wie ein Computer vorgehen soll, um basierend auf seiner MAC-Adresse seine Interface-ID im EUI-64-Format zu erzeugen. Und RFC 2464, »Transmission of IPv6 Packets over Ethernet Networks«, beschreibt in Abschnitt 4, dass stateless Autokonfiguration ebenfalls die MAC-Adresse eines Computers nutzen sollte. Da es bei der Nutzung von MAC-Adressen als Interface-IDs einige Sicherheitsbedenken gibt, beschreibt die IETF im RFC 4941, »Privacy Extensions for Stateless Address Configuration in IPv6«, wie eine Interface-ID so erzeugt werden kann, dass die Sicherheit bzw. Anonymität der Benutzer erhalten bleibt. Mit ihren zufällig generierten Interface-IDs und temporären Adressen verwischt Microsoft die Grenze zwischen diesen beiden Konzepten zur Autokonfiguration. Dankbarerweise erlaubt Microsoft uns aber, dieses »Feature« ein- und auszuschalten, so wie wir es brauchen. Dazu dienen die folgenden zwei Kommandos:

```
netsh interface ipv6 set global randomizeidentifiers=disabled
netsh interface ipv6 set global randomizeidentifiers=enabled
```

Wenn Sie die folgende Abbildung mit Abbildung 8.3 vergleichen, sehen Sie, was `randomizeidentifiers=disabled` bewirkt:

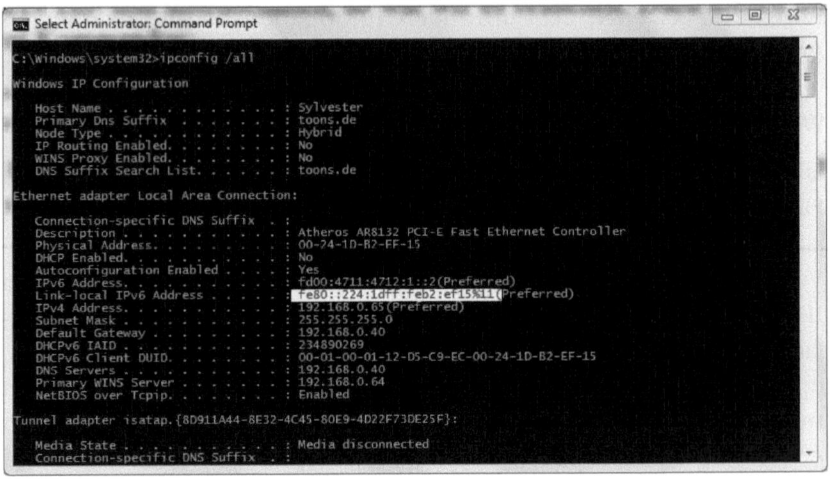

Abb. 8.4: Die Interface-ID im EUI-64-Format

Windows und DHCPv6

Aktuelle Windows-Versionen (Vista, Windows 7, Windows-Server-2008) enthalten standardmäßig einen DHCPv6-Client, der auch automatisch aktiviert ist. Allerdings versucht dieser Client nur dann Konfigurationsinformationen via DHCPv6 zu beziehen, wenn er durch die M- und O-Flags in Router-Advertisement-Nachrichten dazu veranlasst wird. Deshalb ist es zwingend notwendig, die Router im Netzwerk so zu konfigurieren, dass sie diese Flags auf die erforderlichen Werte einstellen. Dann sind DHCPv6-Server und ggf. Relay-Agenten zu konfigurieren (viele Router können DHCPv6-Server-Funktionen übernehmen), welche die IPv6-Subnetze bedienen.

Windows-Server-2008 lässt sich als DHCPv6-Server konfigurieren. Die Konfiguration von Windows 2008 als DHCP-Server für IPv4 ist trivial, und für IPv6 ist es nur geringfügig komplizierter. Der erste Schritt besteht darin, der Netzwerkschnittstelle (oder mehreren), an die der DHCP-Server gebunden werden soll, eine IPv6-Adresse zu geben. Ohne eine IPv6-Adresse für diese Schnittstelle wird der DHCP-Dienst für IPv6 nicht aktiviert werden. Um die IPv6-Adresse zu konfigurieren, können Sie, wie oben beschrieben, die Kommandozeile verwenden oder die grafische Benutzerschnittstelle von Windows 2008 benutzen. Im nächsten Schritt ist dem Windows-2008-Server dann die DHCP-Rolle hinzuzufügen, falls dies noch nicht geschehen ist. Dieser Dienst bedient sowohl IPv4 als auch IPv6. Nun ist der erste IPv6-Bereich (Scope) zu konfigurieren. Das geht mit dem integrierten Assistenten schnell und einfach. Die einzige Stolperfalle ist die Konfiguration von Ausnahmen: Hier ist darauf zu achten, dass bei der Konfiguration des auszuschließenden Adressbereichs Quartette, die ausschließlich Nullen enthalten, nicht wie üblich entfallen dürfen. Statt 2001:1980:1108:4711::1 wäre also 2001:1980:1108:4711:0:0:0:1 zu schreiben.

Wie bei IPv4 ist es möglich, ein paar DHCP-Optionen einzustellen, beispielsweise den zu verwendenden DNS-Server. Allerdings ist DHCPv6 nicht in der Lage, den Clients eine Default-Route zu übermitteln. Dafür müssen wir also eine andere Lösung finden. Wir könnten beispielsweise den Windows-2008-Server zusätzlich als IPv6-Router konfigurieren.

Der erste Schritt für diese Konfiguration besteht darin, die Schnittstellennummer (IF) zu finden, über die wir die Default-Route bekannt geben wollen. Dafür nutzen wir folgendes Kommando:

```
netsh interface ipv6 show interfaces
```

Dann können wir uns den Status dieser Schnittstelle ansehen:

```
netsh interface ipv6 show interface <if#>
```

Dabei ist `<#if>` die im vorangegangenen Schritt ermittelte Schnittstellennummer. Die Ausgabe dieses Kommandos wird für ein System, das noch nicht als IPv6-Router arbeitet, zeigen, dass die Parameter Forwarding und Advertising ausgeschaltet sind. Wir müssen sie einfach einschalten:

```
netsh interface ipv6 set interface <#if> forwarding=enable
   advertise=enable store=permanent
```

Was jetzt noch fehlt, ist die Bekanntgabe der Default-Route. In unserem Fall ist der DHCPv6-Server auch die Default-Route. Diese Route existiert allerdings schon auf dem Server. Wir müssen sie einfach löschen und anschließend mit dem Parameter `publish=yes` neu erzeugen.

```
netsh interface ipv6 delete route ::/0 <#if>
netsh interface ipv6 add route ::/0 <#if>
   nexthop=fe80::aaa:bbb:1234:5678 publish=yes store=permanent
```

Nun können wir auf den Clients die IPv6- und DHCPv6-Konfiguration einschalten und Connectivity-Tests durchführen.

Testsetup in kleinen Windows-Umgebungen

Wie wir gerade gesehen haben, benötigen Windows-Hosts einen IPv6-fähigen Router, der RA-Nachrichten mit entsprechend gesetzten M- und O-Flags sendet, damit die DHCPv6-Client-Funktion in Windows Konfigurationsinformationen von einem DHCPv6-Server anfordert. An einen DHCPv6-Server kommt man schnell heran: Windows-Server-2008 entsprechend konfigurieren oder auf Linux ausweichen. Wer IPv6 aber in einem kleinen LAN, beispielsweise zu Hause, testen möchte, hat möglicherweise Schwierigkeiten, einen geeigneten Router zu finden. Kleine Netzwerke brauchen ja nicht unbedingt einen ausgewachsenen und mit allen erdenklichen Features ausgestatteten Router, und die kleinen ADSL-Router, die ISPs ihren Privatkunden zur Verfügung stellen, unterstützen nicht unbedingt alle IPv6-Features. Wer also IPv6 in einer Windows-Umgebung gründlich testen möchte, aber keinen geeigneten Router zur Verfügung hat, der kann u.a. auf eine Softwarelösung für Windows zurückgreifen, die speziell dafür entwickelt wurde, Router-Advertisements zu senden. Das Programm heißt »Windows Router Advertisement Server«, kurz wradvs, und kann kostenlos über den Link `http://sourceforge.net/projects/wradvs/` heruntergeladen werden. Auch der Windows-Server-2008 selbst lässt sich als Router für IPv6 einsetzen, allerdings ist man dabei auf statische Routen oder die Verwendung von RIP eingeschränkt, da Microsoft die Unterstützung von OSPF eingestellt hat.

8.4 Das weiß ich nun

1. Welche der folgenden Features kann ein Host nutzen, um die Adressen von DNS-Servern zu lernen?
   a. Stateful DHCPv6
   b. Stateless Autokonfiguration
   c. Stateless DHCPv6
   d. Router-Advertisements
2. Ein Linux-Host besitzt die MAC-Adresse 0024-1111-2222. Wie lautet die automatisch erzeugte Link-Local-Adresse dieses Hosts?
   a. 2001::0224:11FF:FE11:2222
   b. FE80::0024:11FF:FF11:2222
   c. FD80::0024:11FF:FF11:2222
   d. FE80::0224:11FF:FF11:2222
3. Nach dem Senden einer RS-Nachricht empfängt ein Host eine RA-Nachricht, in der das M-Bit auf 0 und das O-Bit auf 1 gesetzt ist. Welche Informationen ruft der Host daraufhin von einem DHCPv6-Server ab?
   a. Seine IPv6-Adresse
   b. Seine IPv6-Adresse sowie weitere Konfigurationsinformationen
   c. Konfigurationsinformationen mit Ausnahme der IPv6-Adresse
   d. Keine Informationen. Der Host nutzt stateless Autokonfiguration.

Kapitel 9

IPv6-Routing

Was wir in Kapitel 5 grundsätzlich über das Routing erfahren haben, gilt größtenteils auch für IPv6. Wir haben es auch bei IPv6 wieder mit statischen, direkt verbundenen und durch Routing-Protokolle in die Routing-Tabellen eingetragenen Routen zu tun. Um IPv6 zu unterstützen, waren allerdings einige Änderungen an den Routing-Protokollen notwendig, denn sie müssen ja u.a. das geänderte IPv6-Adressformat und die IPv6-Präfixe unterstützen.

Direkt verbundene IPv6-Routen erkennt ein Router nach wie vor automatisch und trägt sie in seine Routing-Tabelle ein. Die Konfiguration einer statischen IPv6-Route unterscheidet sich eigentlich nur durch das geänderte Adressformat von der Konfiguration einer IPv4-Route. Um beispielsweise eine Route zum Subnetz fd00:4711:4712:2::/64 über Next-Hop-Router fd00:4711:4712:2::1 zu erzeugen, geben wir unter Windows Folgendes ein:

```
route add fd00:4711:4712:2::/64 fd00:4711:4712:2::1
```

Auf einem Router (Cisco):

```
ipv6 route fd00:4711:4712:2::/64 fd00:4711:4712:1::1
```

Eine Global-Unicast-Adresse als Next-Hop-Adresse zu nehmen, ist allerdings nicht zu empfehlen, da ICMPv6-Redirect-Nachrichten nicht funktionieren werden. Gemäß RFC 2461 muss ein Router in der Lage sein, die Link-Local-Adressen benachbarter Router zu entdecken, um zu gewährleisten, dass die Zieladresse einer Redirect-Nachricht den Router mit seiner Link-Local-Adresse identifiziert.

Sie sehen also, dass es hier keine gravierenden Änderungen oder Komplikationen gibt. Wenden wir uns nun den Routing-Protokollen zu.

9.1 Routing-Protokolle für IPv6

Die Routing-Protokolle teilen sich auch unter IPv6 wieder auf in Interior- und Exterior-Gateway-Protokolle. Mit Exterior-Gateway-Protokollen bzw. mit dem Border Gateway Protocol (BGP) als einzigem Vertreter dieser Art hat man als Administrator eines Unternehmensnetzwerks eher selten bis nie zu tun. BGP und alle populären Interior-Routing-Protokolle, darunter RIP, OSPF, IS-IS und EIGRP, wurden für IPv6 aktualisiert und haben neue Kürzel bzw. Versionsnummern erhalten. Die folgende Tabelle zeigt eine kurze Übersicht:

Protokoll	Abkürzung	RFC
Routing Information Protocol Next Generation	RIPng	2080
Open Shortest Path First Version 3	OSPFv3	2740
Enhanced Interior Gateway Routing Protocol for IPv6	EIGRP for IPv6	Cisco-proprietär
Multiprotocol Border Gateway Protocol 4	MP-BGP-4	2545 und 4760

Tabelle 9.1: Routing-Protokolle für IPv6

Jedes dieser Protokolle unterscheidet sich vielfältig von den entsprechenden Versionen für IPv4. Die ausgetauschten Nachrichten verwenden natürlich IPv6-Header statt IPv4-Header, und es werden IPv6-Adressen und Präfixe genutzt, von denen IPv4-Routing-Protokolle keine Ahnung haben.

Sinn, Zweck und Features haben sich hingegen kaum geändert. RIPng ist noch immer ebenso ein Distanzvektorprotokoll, wie OSPFv3 ein Link-State-Protokoll geblieben ist. Auch bei den jeweiligen Einschränkungen und Vorteilen hat sich nichts getan: RIPng nutzt noch immer lediglich den Hop-Count als Metric (max. 15 Hops) und Split-Horizon als eine Methode zur Schleifenverhinderung, während OSPFv3 nach wie vor die Kosten als Metric nimmt.

Auch wenn einiges gleich geblieben ist, sind die Unterschiede groß genug, um die für IPv6 getrimmten Routing-Protokolle mit ihren IPv4-

Ahnen unkompatibel zu machen. Daraus folgt als Konsequenz, dass auf einem gegebenen Router, der sowohl IPv4- als auch IPv6-Pakete weiterleiten soll, sowohl die IPv4-Version des jeweiligen Routing-Protokolls als auch die IPv6-Version auszuführen ist. MP-BGP 4 bildet eine Ausnahme, wie der Zusatz »Multiprotokoll« bereits impliziert. MP-BGP 4 unterstützt mehrere Adressfamilien (IPv4 und IPv6, Unicasts und Multicasts).

Die meisten Router arbeiten standardmäßig erst einmal nur mit IPv4, und die IPv6-Funktionalität ist zusätzlich einzuschalten. Wie das genau funktioniert, unterscheidet sich natürlich von Hersteller zu Hersteller. Erfahrungsgemäß ist es aber sehr einfach, bei Cisco-Routern reicht die Eingabe des globalen Kommandos `ipv6 unicast-routing`. Dann ist für jede Schnittstelle, die IPv6-Verkehr routen soll, eine IPv6-Unicast-Adresse zu konfigurieren und das gewünschte IPv6-Routing-Protokoll zu aktivieren. Bei Cisco-Routern wäre zuvor noch mit einem globalen Konfigurationskommando das gewünschte IPv6-Routing-Protokoll allgemein für den Router zu aktivieren.

Sehen wir uns die wichtigsten Routing-Protokolle etwas genauer an.

9.1.1 RIPng

Die Funktionalität entspricht der von RIP für IPv4. Tatsächlich basiert RIPng auch weitgehend auf RIP Version 2. RIPng ist ein Distanzvektorprotokoll und nutzt den Hop-Count als Metric. Das Protokoll unterstützt maximal 15 Hops, und Hop 16 zählt als »Infinity«. RIPng unterstützt ausschließlich IPv6. In einer Umgebung, die sowohl IPv4 als auch IPv6 unterstützen muss (Dual-Stack), ist RIP (Version 1 oder Version 2) neben RIPng auszuführen.

RIP nutzt IPv6 für den Transport und unterstützt natürlich IPv6-Adressen und -Präfixe. Für RIP-Updates verwendet das Protokoll die Multicast-Adresse FF02::9 und UDP-Port 521.

Die Konfiguration von RIPng auf einem Router könnte folgendermaßen aussehen:

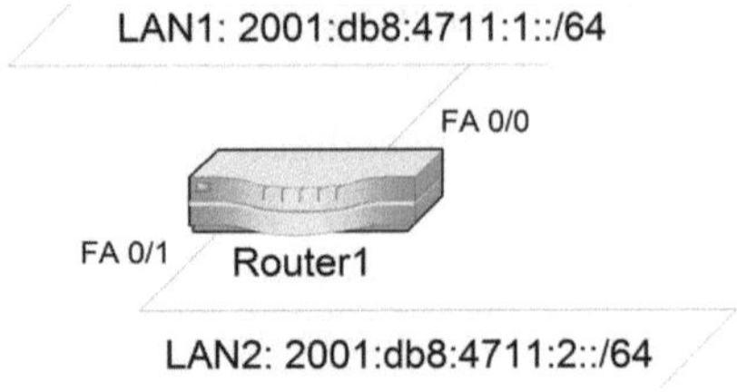

Abb. 9.1: Routing mit RIPng

```
Router1#
ipv6 router rip rippy
interface fa0/0
  ipv6 address 2001:db8:4711:1::/64 eui-64
  ipv6 rip enable eintag
interface fa0/1
  ipv6 address 2001:db8:4711:2::/64 eui-64
  ipv6 rip enable eintag
```

9.1.2 OSPFv3

OSPFv3 basiert auf OSPFv2, ist aber ein Routing-Protokoll ausschließlich für IPv6. In einer Dual-Stack-Umgebung wird neben OSPFv3 also auch OSPFv2 benötigt. Man arbeitet daran, OSPFv3 für mehrere Adressfamilien tauglich zu machen.

OSPFv3 läuft direkt über IPv6 – Link-Locals lassen sich benutzen. Das Routing-Protokoll verteilt IPv6-Präfixe. OSPFv3 enthält neue LSA-Typen (Link State Advertisement). Folgende Multicast-Adressen werden von OSPFv3 genutzt:

- FF02::5 – ALLSPFRouters
- FF02::6 – ALLDRRouters

Die neuen LSA-Typen von OSPFv3 sind folgende:

- Link-LSA: Informiert die Nachbarn über Link-Local-Adressen und die IPv6-Präfixe auf dem Link.
- Intra-Area-Prefix-LSA: Verknüpft IPv6-Präfixe mit einem Netzwerk oder Router.

In OSPFv3-Paketen, ausgenommen LSA-Payload, ist keine IPv6-Adresse enthalten. Die Topologie wird beschrieben von Network- und Router-LSAs und ist damit nicht IPv6-spezifisch. Die Router-ID, Area-ID und LSA-Link-State-ID sind 32-Bit-Nummern geblieben. Nachbarn werden immer über ihre Router-ID identifiziert.

Im Gegensatz zu OSPFv2 läuft OSPFv3 über einen Link und nicht über ein Subnetz. Pro Link können mehrere Instanzen von OSPFv3 existieren. Für die Authentifizierung nutzt OSPFv3 IPSec.

Bei der Konfiguration von OSPFv3 auf einem Router gibt es einen wichtigen Unterschied zu OSPFv3: OSPFv3 wird nicht mehr wie OSPFv2 für ein Netzwerk eingeschaltet, sondern spezifisch pro Schnittstelle.

Eine einfache ABR-Konfiguration könnte folgendermaßen aussehen:

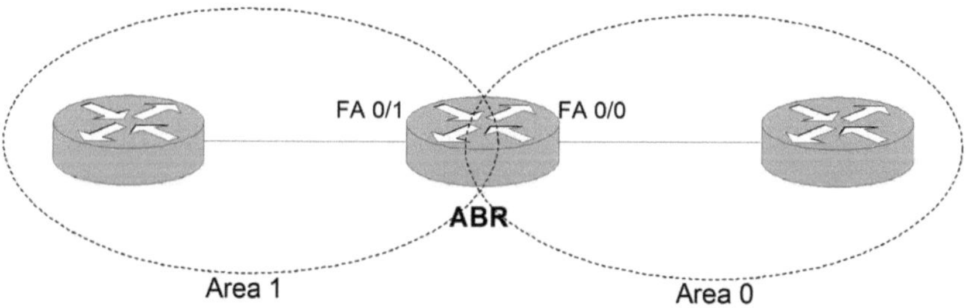

Abb. 9.2: OSPFv3-ABR-Konfiguration

```
ipv6 unicast-routing

interface fa0/0
ipv6 address 2001:db8:4711:1::1/64
ipv6 ospf11 area 0

interface fa0/1
ipv6 address 2001:db8:4711:2::2/64
ipv6 ospf 1 area 1

ipv6 router ospf 1
router-id 2.2.2.2
area 1 range 2001:db8:4711:2::/48
```

9.2 Zusammenfassung

So kann man also zusammenfassen, dass alle wichtigen Routing-Protokolle IPv6 stabil unterstützen und dass es keine wirklich bedeutenden Unterschiede zu IPv4 gibt. Wer RIP, OSPF, EIGRP und IS-IS in einer Dual-Stack-Umgebung ausführen will, muss sowohl die IPv4-Version also auch die IPv6-Version des jeweiligen Routing-Protokolls einschalten. Bei OSPF könnte sich das zukünftig ändern. MP-BGP unterstützt bereits mehrere Protokollfamilien gleichzeitig.

Kapitel 10

IPv6-Optionen für den Übergang

Wie schon mehrfach in diesem Buch erwähnt, ist nicht daran zu denken, dass sich die Migration von IPv4 zu IPv6 rasant vollzieht. Natürlich, die Telekommunikationsanbieter dürften alle bereits soweit sein, IPv6-Services anbieten zu können, aber auf privater Ebene sieht es doch noch anders aus. Selbst wenn eine Organisation schnell komplett auf IPv6 umstellen wollte, könnte sie auf Probleme stoßen, weil beispielsweise nicht alle vorhandenen Geräte oder nicht alle Anwendungen IPv6 vollständig oder auch nur teilweise unterstützen. Die Migration wird Jahre dauern, und deshalb sind Mechanismen notwendig, die einen gleichzeitigen Betrieb von IPv4 und IPv6 erlauben, wenigstens während der Übergangsphase. Glücklicherweise ist bereits bei der Entwicklung von IPv6 daran gedacht worden, die Migration und die Übergangsphase so einfach und schmerzlos wie möglich zu machen. Gegenwärtig existieren viele Lösungen, die eine friedliche Koexistenz von IPv4 und IPv6 ermöglichen, darunter Dual-Stacks, Tunneling und Übersetzungen zwischen den beiden Varianten. Einige dieser Lösungen arbeiten bereits – von Ihnen vielleicht völlig unbemerkt – auf vielen Computern in Unternehmen oder zu Hause. Aktuelle Windows-Versionen nutzen beispielsweise für bestimmte Kommunikationszwecke still und heimlich IPv6, während wir noch immer IPv4-Adressen auf denselben Computern konfigurieren, um sie im lokalen Netzwerk einzusetzen oder mit dem Internet zu verbinden.

In den folgenden Abschnitten werden wir uns die geläufigeren Lösungen fürs friedliche Nebeneinander ansehen.

10.1 Dual-Stacks

Dual-Stacks sind eine sehr gebräuchliche Lösung für Hosts und Router. Dual-Stack bedeutet, dass das jeweilige Gerät IPv4 und IPv6 gleichzeitig ausführt. Windows nutzt beispielsweise so einen Dual-Stack. Der Einsatz eines Dual-Stacks auf einem Host setzt voraus, dass die Netzwerkschnittstelle sowohl mit einer IPv4-Adresse als auch mit einer IPv6-Adresse verknüpft ist. Auf dem Host sind also beide Adressen für die Schnittstelle zu konfigurieren. Das Gleiche gilt für Router, allerdings sind dort ggf. die entsprechenden Routing-Protokolle zusätzlich zu aktivieren bzw. Routen für beide Adressfamilien statisch zu konfigurieren.

Diese Lösung mit Dual-Stacks ist sehr gut geeignet für den Einsatz in einem Unternehmen während der Migrationsphase. Wie wir gesehen haben, ist es auf aktuellen Routern (oder älteren Routern mit entsprechender Firmware) problemlos möglich, IPv6 zusätzlich zu unterstützen, und die meisten aktuellen Betriebssysteme verwenden ohnehin einen Dual-Stack oder lassen sich schnell und einfach damit aktualisieren.

Hier eine kurze Übersicht, wie es mit der Unterstützung von IPv6 bei den wichtigsten Betriebssystemen aussieht:

Betriebssystem	IPv6-Unterstützung
AIX	Seit AIX 4 Version 4.3 implementiert, seit AIX 5L Version 5.2 auch Mobile IPv6.
Android	Seit Version 2.1, jedoch nicht über die 3GPP-Schnittstelle. Keine Privacy-Extensions.
BSD	Die meisten Varianten unterstützen IPv6 bereits seit 2000.
Cisco IOS	Seit Version 12.2T experimentell, seit Version 12.3 produktiv.
HP-UX	Seit Version 11iV2. Ältere 11.x-Versionen mit einem Upgrade (TOUR).
iOS (Apple iPhone und iPad)	Seit Version 4. Keine Privacy-Extensions.
JunOS (Juniper)	Seit Version 5.1, jedoch nicht für Firewalls, die auf JunOS basieren.

Tabelle 10.1: IPv6-Unterstützuung der wichtigsten Betriebssysteme

Betriebssystem	IPv6-Unterstützung
Linux	Kernel 2.4 experimentell, Kernel 2.6 produktiv.
Mac OS X	Seit Version 10.2.
OpenVMS	Mit HP TCP/IP Services for OpenVMS Version 5.5.
Solaris	Seit Version 8.
Windows 9x/Me	Mit zusätzlichem IPv6-Stack (Trumpet).
Windows NT 4.0	Nur mit experimentellem Protokoll-Stack.
Windows 2000	Mit experimentellem Protokoll-Stack als Patch, der ohne weitere Maßnahmen aber kaum brauchbar ist.
Windows XP	Seit Service-Pack 1 mit Protokoll-Stack in Produktivqualität. Eingeschränkter Mobility-Support. Bei vorhandener global routbarer IPv4-Adresse richtet XP automatisch einen 6to4-Tunnel ein.
Windows Server 2003	Mit Protokoll-Stack in Produktivqualität. Unterstützt DNS-AAAA-Records und IPv6-Routing. IPSec als für den Produktiveinsatz ungeeignet markiert. Mobility-Support unvollständig. Kann automatisch 6to4-Tunnel konfigurieren.
Windows Vista	Von Anfang an. Kann als IPv6-Router arbeiten und RA-Nachrichten senden. Keine Unterstützung für Mobile IPv6.
Windows Server 2008	Von Anfang an installiert und aktiviert. Keine Unterstützung für Mobile IPv6.
Windows 7	Teil der Standardinstallation. Unterstützt Mobile IPv6, allerdings unvollständig.

Tabelle 10.1: IPv6-Unterstützuung der wichtigsten Betriebssysteme (Forts.)

Dual-Stacks implementieren die IPv4- und IPv6-Stacks entweder unabhängig voneinander oder in einer Hybridform. Die Hybridform findet man üblicherweise in modernen Betriebssystemen, die IPv6 unterstützen. Sie erlaubt es Programmierern, Networking-Code transparent für IPv4 und IPv6 zu schreiben. Die Software kann Hybrid-Sockets verwenden, um sowohl IPv4- als auch IPv6-Pakete zu akzeptieren. Werden Hybrid-Stacks in einer IPv4-Kommunikation genutzt, dann nutzen sie eine IPv6-Applikationsschnittstelle und repräsentieren die IPv4-

Adresse in einem speziellen Adressformat, als *IPv4-mapped IPv6-Adresse.* Dieser Adresstyp hat seine ersten 80 Bits auf Null und die folgenden 16 Bits auf Eins gesetzt. Die letzten 32 Bits werden mit der IPv4-Adresse gefüllt. Geschrieben wird eine solche Adresse üblicherweise im Standard-IPv6-Format, aber für die letzten 32 Bit wird das Dotted-decimal-Format von IPv4 genutzt. Ein Beispiel für so eine Adresse wäre ::fff:192.168.2.4. Diese Adresse würde die IPv4-Adresse 192.168.2.4 repräsentieren.

Einige IPv6-Stacks unterstützen IPv4-mapped-Adress-Feature nicht, entweder weil sie ihre IPv4- und IPv6-Stacks unabhängig voneinander implementiert haben (Windows 2000, XP und Server 2003) oder weil es Sicherheitsbedenken gibt (OpenBSD). Auf diesen Systemen ist es notwendig, einen separaten Socket für jedes unterstützte IP-Protokoll zu öffnen.

10.2 Tunneling

Eine andere Methode, die den Übergang von IPv4 auf IPv6 unterstützt, ist *Tunneling*. Bei der hier genutzten Form des Tunnelings wird das von einem Host gesendete IPv6-Paket in einem IPv4-Paket gekapselt, welches über ein existierendes IPv4-Netzwerk weitergeleitet werden kann. Ein Gerät am anderen Ende entfernt den IPv4-Header wieder und erhält damit das Original-IPv6-Paket.

Ein solcher Tunnel eignet sich, wenn Netzwerke, die IPv6 nutzen, über ein Netzwerk, das ausschließlich IPv4 unterstützt, miteinander verbunden werden sollen. Abbildung 10.1 zeigt eine solche Situation.

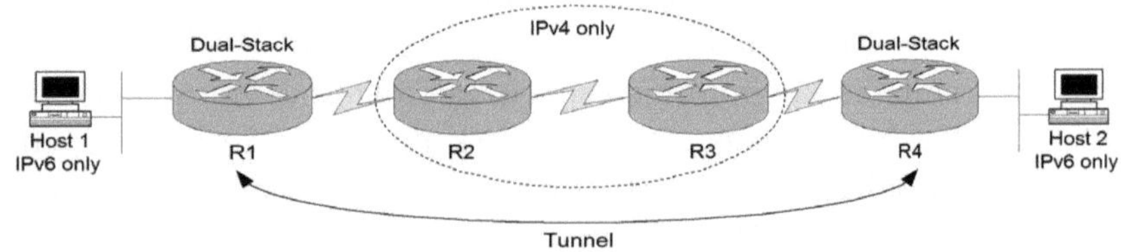

Abb. 10.1: IPv6-zu-IPv4-Tunnel

Die Hosts in den lokalen Netzwerken links und rechts unterstützen ausschließlich IPv6. Beide Netzwerke sollen über ein Netzwerk, das ausschließlich IPv4 unterstützt, miteinander verbunden werden. Zu diesem Zweck wird zwischen Router R1 und R4, die beide Dual-Stacks nutzen, ein IPv6-zu-IPv4-Tunnel hergestellt. Der Host im Netzwerk links sendet ein IPv6-Paket. R1 kapselt dieses Paket in ein IPv4-Paket und leitet es an R2 weiter, der es, da er ein IPv4-Paket empfängt, munter zu R3 sendet. R3 leitet das Paket – immer noch ein IPv4-Paket – an R4 weiter. R4 entfernt den IPv4-Header und erhält damit wieder das ursprüngliche IPv6-Paket, das er nun an den Empfänger senden kann, der nur IPv6 versteht.

Es gibt, wie wir gleich sehen werden, mehrere Typen von IPv6-zu-IPv4-Tunneln. Von den nachfolgend beschriebenen Typen unterstützen alle mit Ausnahme des Teredo-Tunnelings die in Abbildung 10.1 dargestellte Situation. Teredo-Tunneling ist eine Form, die von den Hosts angewandt wird, wenn sie selbst einen Dual-Stack nutzen.

10.2.1 Manually Configured Tunnel (MCT)

MCT war eine der ersten für IPv6 entwickelten Übergangsmechanismen und wird deswegen auch von sehr vielen IPv6-Implementationen unterstützt. Er ist also eine relativ sichere Wahl, wenn an den Enden des Tunnels Geräte unterschiedlicher Hersteller arbeiten. Es handelt sich um eine simple Konfiguration, die Tunnelschnittstellen (eine Art virtueller Router-Schnittstellen) erzeugt. Die Konfiguration referenziert die IPv4-Adressen, die im IPv4-Header, der das IPv6-Paket einkapselt, genutzt werden. MCT erzeugt einen statischen Punkt-zu-Punkt-Tunnel, dessen Endpunkte Dual-Stack-Router sind. Die IPv4-Adressen der Endpunkte müssen im zu überquerenden Netzwerk routbar sein. Die Tunnelschnittstellen sind mit festen IPv6-Präfixen zu konfigurieren. MCT ist gut geeignet für ein statisches Setup zu verbindender IPv6-Standorte. Für eine große Zahl isolierter Hosts skaliert das statische Management von MCT jedoch nicht gut genug.

Ein Beispiel für das Setup: Die Router R1 und R4 nutzen einen Dual-Stack, müssen also sowohl eine IPv6- als auch eine IPv4-Adresse konfiguriert haben. Nehmen wir für Router R1 folgende Adressen: 10.1.1.1

und 2001:db8::1/64. Und für Router R4: 10.2.2.2 und 2001:db8::2/64. Eine mögliche Konfiguration auf den Routern könnte dann folgendermaßen aussehen:

Auf Router R1:

```
Tunnel 100
ipv6 address fd00:db8::1/64
no ipv6 nd suppress-ra
tunnel source 10.1.1.1
tunnel destination 10.2.2.2
tunnel mode ipv6ip
```

Und auf Router R4:

```
Tunnel 100
ipv6 address fd00:db8::2/64
no ipv6 nd suppress-ra
tunnel source 10.2.2.2
tunnel destination 10.1.1.1
tunnel mode ipv6ip
```

Das Setup dürfte weitgehend klar sein. Was bedeutet aber die Zeile `no ipv6 nd suppress-ra` in jedem Setup? Auf Cisco-Routern ist das Senden von Router-Advertisements über Tunnelschnittstellen standardmäßig ausgeschaltet. Sollen RA-Nachrichten über den Tunnel gesendet werden, sind sie mit `no ipv6 nd suppress-ra` wieder einzuschalten.

Tunnel-Broker und Tunnel-Server

Weiter oben wurde schon gesagt, dass MCT nicht besonders gut skaliert. Dieses Manko lässt sich aber weitgehend beseitigen. Ein *Tunnel-Broker* außerhalb der den Tunnel terminierenden Router kann den von einem Host verlangten Endpunkt eines Tunnels automatisch auf dem Router konfigurieren.

Der *Tunnel-Server* ist ein zusätzliches Feature des Tunnel-Brokers. Es sorgt dafür, dass die Tunnel-Broker-Funktionen auf dem terminierenden Gerät ausgeführt werden.

Eine Tunnel-Broker-Funktionalität erhält man nur über optionale Produkte bzw. Services, Router-Betriebssysteme offerieren sie in der Regel nicht. Tunnel-Broker, die Tunnel-Services weltweit offerieren, sind u.a. folgende: gogo6/Freenet6, Hurricane Electric und SixXS.

10.2.2 Dynamischer 6to4-Tunnel

6to4 ist ein im RFC 3056 spezifizierter dynamischer Tunneling-Mechanismus, der typischerweise im IPv4-Internet arbeitet, wo die IPv4-Adressen der Tunnel-Endpunkte dynamisch basierend auf der IPv6-Zieladresse gefunden werden können. 6to4 ermöglicht isolierten IPv6-Inseln, sich mit geringem Konfigurationsaufwand über ein IPv4-Backbone zu verbinden. Das Tunnelziel wird nicht wie bei anderen Tunneling-Mechanismen explizit konfiguriert, sondern dynamisch aus der IPv4-Adresse abgeleitet, die in der Ziel-IPv6-Adresse des Pakets eingebettet ist. Im einfachsten Fall wird für die zu verbindenden Standorte ein spezielles IPv6-Präfix konfiguriert, das eine eindeutige IPv4-Adresse für den Standort enthält: 2002:V4ADR::/48. V4ADR steht hier stellvertretend für die IPv4-Adresse, die hexadezimal einzutragen ist. Möchten wir das Beispiel von oben mit 6to4 umsetzen, ergeben sich für unsere zwei Standorte (lokale Netzwerke) folgende Präfixe: 2002:0A01:0101::/48 und 2002:0A02:0202::/48. Im ersten Präfix ist die IPv4-Adresse 10.1.1.1 eingebettet, im zweiten Präfix die IPv4-Adresse 10.2.2.2. Geben wir nun den beiden Hosts auch noch IPv6-Adressen:

Host 1: 2002:0A01:0101:100::1

Host 2: 2002:0A02:0202:100::1

Sendet Host 1 nun ein IPv6-Paket zu Host 2, dann wird dieses Paket vom 6to4-Router R1 weitergeleitet. Auf diesem Router ist ein 6to4-Tunnel mit einer Tunnelquelle (10.1.1.1), aber ohne ein Tunnelziel konfiguriert. Das Tunnelziel ermittelt der Router automatisch basierend auf der in der IPv6-Zieladresse (2002:0A02:0202:100::1) enthaltenen IPv4-Adresse (0A02:0202 = 10.2.2.2). Der Router R1 hat jetzt genug Informationen, um das IPv6-Paket in ein IPv4-Paket einkapseln zu können.

Das IPv4-Paket hat die Quelladresse 10.1.1.1 und die Zieladresse 10.2.2.2.

Die Konfiguration auf Router R1 könnte folgendermaßen aussehen:

```
Router 1
interface tunnel2002
  ipv6 address 2002:0A01:0101::1/128
  tunnel source fa0/0
  tunnel mode ipv6ip 6to4
interface fa0/0
  ip address 10.1.1.1 255.0.0.0
interface fa0/1
  ipv6 address 2002:0A01:0101:100::2/64
ipv6 route 2002::/16 tunnel2002
```

10.2.3 Intra-Site Automatic Tunnel Addressing Protocol (ISATAP)

ISATAP, spezifiziert im RFC 4214, ist eine weitere dynamische Tunneling-Methode, die typischerweise innerhalb einer Organisation eingesetzt wird. ISATAP bietet skalierbares Tunneling für privat oder global adressierte IPv4-Standorte. Im Gegensatz zu 6to4 funktionieren ISATAP-Tunnel nicht, wenn IPv4-NAT zwischen den Tunnelendpunkten aktiv ist. Der Tunneling-Mechanismus funktioniert automatisch: Sobald ein Router entsprechend konfiguriert ist, kann jeder Host, der von der Existenz dieses Routers weiß, einen Tunnel zu diesem Router aufbauen.

ISATAP funktioniert, wenn die Interface-ID in einem speziellen ISATAP-Format vorliegt. Dabei sehen die ersten 32 Bits der Interface-ID so aus: 0000:5EFE. Die folgenden 32 Bits enthalten die IPv4-Adresse der Schnittstelle. Diese Interface-ID lässt sich mit einem Link-Local-, Unique-Local- und Global-Unicast-Präfix nutzen.

Hosts, die eine IPv4-Adresse besitzen und auf denen ISATAP eingeschaltet ist, erzeugen automatisch eine Link-Local-Adresse mit einer Interface-ID im soeben beschriebenen Format. Damit können sie eine Name-Service-Abfrage für den wohlbekannten Service ISATAP starten und eine Liste von IPv4-Adressen der mit ISATAP arbeitenden Router der Domäne abrufen. Nun ist es ihnen möglich, einen ISATAP-Tunnel zu einem dieser Router aufzubauen. Sie können dann beispielsweise eine RS-Nachricht senden und erhalten RA-Nachrichten, die ihnen die Autokonfiguration ermöglichen.

Innerhalb einer Organisation, in der NAT keine Rolle spielt, ist ISATAP eine gute Methode, den Hosts IPv6-Zugriff zu geben oder IPv6-Standorte zu verbinden. Geht es allerdings um Breitbandnutzer, beispielsweise um die Kommunikation über das Internet via ADSL, dann ist ISATAP nicht geeignet, weil in diesem Fall sicher NAT eingesetzt wird.

ISATAP-Clients

Möchte eine Organisation ISATAP nutzen, dann muss sie auf den Clients, die eine Verbindung zu einem ISATAP-Router herstellen sollen, ISATAP einschalten. Unter Windows Vista und Windows 7 ist ISATAP bereits vorkonfiguriert und standardmäßig eingeschaltet. Während des Boot-Vorgangs erzeugt das Betriebssystem automatisch einen Tunneladapter pro Netzwerkschnittstelle. Für jedes in der Domänensuffixsuchliste verzeichnete Domänensuffix und für jedes verbindungsspezifische Domänensuffix der Netzwerkschnittstellen sendet das Betriebssystem dann eine Auflösungsanfrage für einen Host mit dem Namen isatap.dns.*Suffix*. Ist auf dem Host NetBios über TCP/IP eingeschaltet, dann versucht das Betriebssystem außerdem, für einen Host mit dem Namen »isatap« eine IPv4-Adresse zu erhalten.

Schlagen diese DNS/NetBIOS-Anfragen fehl, dann versetzt das Betriebssystem die Schnittstelle in den Status »Media disconnected«:

```
Tunnel adapter Local Area Connection* 3:
Media State . . . . . . . . . . . : Media disconnected
Connection-specific DNS Suffix . :
Description . . . . . . . . . . . : isatap.{8D911A44-8E32-4C45-
   80E9-4D22F73DE25F}
Physical Address. . . . . . . . . : 00-00-00-00-00-00-00-E0
DHCP Enabled. . . . . . . . . . . : No
Autoconfiguration Enabled . . . . : Yes
```

Erhält der Host bei einer erfolgreichen Anfrage die gewünschte IPv4-Adresse, dann konfiguriert das Betriebssystem die Tunnelschnittstelle und weist ihr eine Link-Local-Adresse zu. Diese Adresse endet mit der IPv4-Adresse der Netzwerkschnittstelle, die mit dem ISATAP-Tunnel verbunden ist. Das andere Ende des Tunnels ist eine Netzwerkschnittstelle des ISATAP-Routers.

Schließlich sendet das Betriebssystem eine RS-Nachricht zum ISATAP-Router, um von ihm ein globales Präfix und eine Default-Route zu erhalten. Der ISATAP-Router sendet daraufhin eine RA-Nachricht mit den gewünschten Informationen zurück, und der Host kann seine Autokonfiguration durchführen:

```
Connection-specific DNS Suffix . : itcon.net
Description . . . . . . . . . . . : Microsoft ISATAP Adapter
Physical Address. . . . . . . . . : 00-00-00-00-00-00-00-E0
DHCP Enabled. . . . . . . . . . . : No
Autoconfiguration Enabled . . . . : Yes
IPv6 Address. . . . . . . . . . . : 2001:1890:1109:4102:0:5efe:
   192.168.111.5(Preferred)
Link-local IPv6 Address . . . . . :
   fe80::5efe:192.168.111.2%25(Preferred)
Default Gateway . . . . . . . . . : fe80::5efe:192.168.111.1%25
DNS Servers . . . . . . . . . . . : 192.168.111.111
NetBIOS over Tcpip. . . . . . . . : Enabled
```

Damit dies alles funktioniert, muss für isatap.domain.name ein A-Record auf einem DNS-Server oder in der host-Datei des Hosts existieren. Auf dem Link muss es außerdem einen ISATAP-Router geben, der dem Client auf Verlangen ein gültiges 64-Bit-Präfix sendet.

Linux: ISATAP ist kein Standardbestandteil der Linux-Distributionen, aber es ist leicht hinzuzufügen. Am einfachsten geht es mit einem automatisierten Dienst. Die Quellen dafür oder vorbereitete Pakete, beispielsweise für Debian oder Ubuntu, erhält man von der isatapd-Site unter `www.saschahlusiak.de/linux/isatap.htm`.

isatapd sucht standardmäßig nach der IPv4-Adresse des Routers isatap.my.domain.com. Die Adresse dieses Routers erhält isatapd über

DNS oder sie wird in der Datei /etc/default/isatapd manuell konfiguriert. Ohne diese IPv4-Adresse wird isatapd nicht funktionieren.

Um isatapd beispielsweise für Ubuntu Karmic zu installieren und zu konfigurieren, reicht das Kommando `apt-get install isatapd` schon aus. Existiert im Netzwerk bereits ein ISATAP-Router mit dem Namen isatap.my.domain.com, dann ist nichts weiter zu tun. Falls nicht, dann ist der Datei /etc/default/isatapd eine *Potential-Router-List* (PRL) hinzuzufügen.

Wer eine manuelle Konfiguration bevorzugt, benötigt dafür ein für diese Aufgabe geeignetes iproute2-Paket. iproute2.2.6-33 funktioniert. Dieses Paket ist ggf. herunterzuladen, zu kompilieren und zu installieren. Um zu überprüfen, ob eine vorhandene iproute2-Version geeignet ist, kann man schnell in der man-Page nachschauen, ob in der Syntaxbeschreibung des Tunnel-Kommandos das Schlüsselwort **pre-default** auftaucht. Steht es da, ist alles in Ordnung.

Ist eine geeignete Version installiert, sind ein paar Kommandos einzugeben:

```
ip tunnel add is0 mode isatap local <V4-ADDR-HOST> ttl 64
ip link set is0 up
ip tunnel prl prl-default <V4-ADDR-RTR> dev is0
```

Das erste Kommando erzeugt einen Tunneleingang `is0`, der lokal mit der IPv4-Adresse der physischen Schnittstelle (V4-ADDR-HOST) verknüpft ist. Das zweite Kommando richtet den `is0`-Tunnel ein. Das dritte Kommando fügt der RPL die IPv4-Adresse eines ISATAP-Routers (V4-ADDR-RTR) hinzu. Diese IPv4-Adresse ist das andere Ende des Tunnels. `is0` ist der Name der Tunnelschnittstelle. Generell darf dafür jeder durch den Kernel unterstützte Name benutzt werden, aber es hat sich eingebürgert, `is`*N* zu verwenden, wobei *N* von 0 an aufsteigend nummeriert wird.

Diese drei Kommandos sollte man in die /etc/rc.local einfügen, damit sie einen Rechnerneustart überleben.

ISATAP-Router unter Linux

Linux-Systeme mit einem Kernel ab 2.6.25 können als ISATAP-Router konfiguriert werden, allerdings gibt es für diese Aufgabe (noch) kein fertiges Paket. Der ISATAP-Router ist also manuell zu konfigurieren. Folgende Schritte sind dafür auszuführen:

1. Installieren und Konfigurieren des *Router-Advertisement-Daemon* radvd.
2. Erzeugen eines A-Records für isatap.my.domain.suffix im DNS.
3. Erzeugen, Konfigurieren und Starten der ISATAP-Tunnelschnittstelle.
4. Überprüfen, ob der Kernel Pakete aus dem ISATAP-Tunnel an ihr Ziel weiterleiten kann.
5. Starten von radvd.

Im ersten Schritt installieren wir also den Router-Advertisement-Daemon und konfigurieren ihn in der Datei /etc/radvd.conf. Nachfolgend eine Konfiguration, die Router-Advertisements on Demand (UnicastOnly On;) über die Schnittstelle `is0` sendet:

```
# apt-get install radvd
# cat >> /etc/radvd.conf << _EOF_
 interface is0
{
 AdvSendAdvert on;
 UnicastOnly on;
 AdvHomeAgentFlag off;

 prefix 2001:1980:1108:4103::/64
 {
 AdvOnLink on;
 AdvAutonomous on;
 AdvRouterAddr off;
 };
};
_EOF_
```

Im zweiten Schritt müssen wir dafür sorgen, dass die ISATAP-Clients eine IPv4-Adresse für isatap.my.domain.suffix erhalten. Dafür erzeugen wir auf einem DNS-Server einen A-Record für isatap.my.domain.suffix. Alternativ können wir den ISATAP-Router auch so konfigurieren, dass er via NetBIOS over TCP/IP oder LLMNR kommuniziert. Microsoft-Clients nutzen diese Protokolle, um ISATAP-Router zu finden.

Für die letzten drei Schritte sind ein paar Kommandos in die Datei /etc/rc.local zu schreiben:

```
# cat >> /etc/rc.local << _EoF_
ip tunnel add is0 mode isatap local 192.168.222.111 ttl 64
ip link set is0 up
ip addr add 2001:1880:1108:4103::5efe:192.0.2.1/64 dev is0

sysctl net.ipv6.conf.all.forwading=1

invoke.rc.d radvd restart
_EoF_
```

Das erste Kommando erzeugt eine mit der IPv4-Adresse 192.168.222.111 verknüpfte ISATAP-Tunnelschnittstelle. Die IPv4-Adresse ist die Adresse einer physischen Netzwerkschnittstelle des ISATAP-Servers. Das zweite Kommando schaltet die Tunnelschnittstelle ein, und das dritte Kommando weist dieser Tunnelschnittstelle eine globale Adresse zu. Diese globale Adresse hat natürlich dasselbe Präfix, das über die radvd.conf bekannt gegeben wird. Das letzte Kommando startet radvd neu.

10.2.4 Teredo-Tunneling

Teredo-Tunneling erlaubt es einem Dual-Stack-Host, einen Tunnel zu einem anderen Host zu erzeugen. Der Host erzeugt in diesem Fall das IPv6-Paket selbst und kapselt es auch selbst in ein IPv4-Paket ein.

NAT stellt beim Übergang zu IPv6 ein Problem dar, denn die meisten Tunneling-Mechanismen kommen durch NAT nicht hindurch. Das bedeutet, dass ein Standort keinen Tunnel erzeugen kann, wenn der NAT-Router, beispielsweise durch ein Upgrade, nicht dazu gebracht werden kann, den Tunneling-Mechanismus zu unterstützen. Teredo wurde dafür entwickelt, dieses Problem zu lösen. Teredo ermöglicht automatisches Host-zu-Host-Tunneling für IPv6, wenn Hosts sich hinter NAT befinden. IPv6-Daten werden beim Einsatz von Teredo in IPv4-UDP-Datagrams gekapselt.

Teredo funktioniert, wenn der hinter NAT sitzende Host die global eindeutige IPv4-Adresse eines Teredo-Servers kennt. Der Tunnel wird hergestellt, indem der Host den Server kontaktiert. Der Server leitet den Setup-Wunsch daraufhin weiter an einen Teredo-Relay-Router, welcher mit der IPv6-Domäne verbunden ist, die der Host zu erreichen wünscht.

Router können grundsätzlich als Teredo-Server und Teredo-Relay arbeiten, allerdings unterstützt Ciscos IOS-Betriebssystem diese Tunneling-Variante nicht.

Teredo-Tunneling sollte als letzte Möglichkeit betrachtet werden, IPv6-Connectivity zu erhalten, denn es ist auf Host-zu-Host-Tunnel beschränkt.

Zu Hause mit Teredo

IPv6-Internetzugang von zu Hause oder kleinen Büros aus ist leicht auch dann möglich, wenn Ihr Internet-Provider noch keine native IPv6-Connectivity offeriert. Windows Vista und Windows 7 erlauben den Zugriff auf IPv6-only Sites wie ipv6.google.com ohne zusätzliche Software mithilfe von Teredo. Ganz ohne Konfigurationseinstellungen funktioniert es allerdings nicht. Zwar ist Teredo unter den beiden erwähnten Windows-Betriebssystemen standardmäßig installiert und aktiviert, aber einfach den Ziel-URL im Browser einzutippen, führt nicht zum Ziel. Den Browser zu überreden, die gewünschte IPv6-Site anzuzeigen, ist aber nicht schwer. Nachfolgend gehe ich davon aus, dass es sich dem Host, der auf ein IPv6-Ziel zugreifen soll, um einen Windows-Vista- oder Windows-7-PC handelt, der sich über einen kleinen Access-Router (z. B. via DSL) via IPv4 und NAT mit dem Internet verbindet. Zur Überprüfung der Konfiguration kann man jedes beliebige IPv6-only-Ziel nehmen. Allerdings bietet es sich an, die Site www.ipv6.sixxs.net dafür zu verwenden, denn diese Site zeigt bei erfolgreicher Verbindung u.a. die IPv6-Adresse des Hosts an, der die Verbindung hergestellt hat – und das ist gut für Tests.

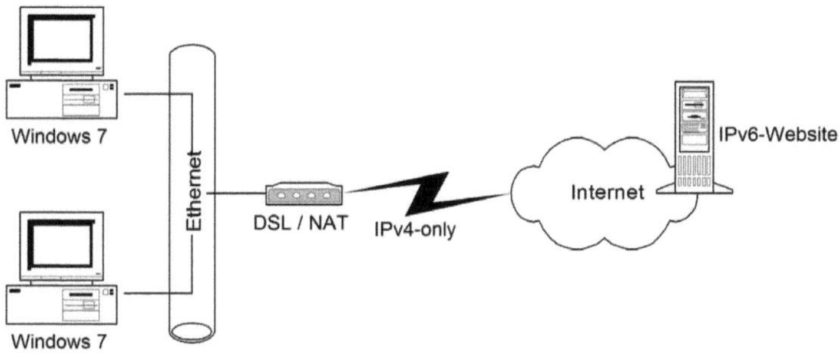

Abb. 10.2: Zugriff auf eine IPv6-Website mit Teredo

Etwas weiter oben stand, dass wir Teredo-Tunneling als letzte Möglichkeit betrachten sollten, IPv6-Connectivity zu erhalten. Windows Vista und Windows 7 tun das ebenfalls. Das hat zur Folge, dass Teredo-Tunneling nicht funktioniert, wenn irgendeine andere Form des Tunnelings konfiguriert und aktiv ist. Ist also beispielsweise native IPv6-Connectivity vorhanden oder vielleicht ein 6to4-Tunnel konfiguriert, dann wird man mit der Teredo-IPv6-Adresse nicht ins Internet kommen, denn Windows wählt in diesem Fall eine der anderen Methoden. Wie die aktuelle Konfiguration des Windows-Hosts ausschaut, können wir schnell in der Befehlszeile durch Eingabe von `ipconfig /all` feststellen:

```
Windows IP Configuration
   Host Name . . . . . . . . . . . . : Sylvester
   Primary Dns Suffix  . . . . . . . : toons.de
   Node Type . . . . . . . . . . . . : Hybrid
   IP Routing Enabled. . . . . . . . : No
   WINS Proxy Enabled. . . . . . . . : No
   DNS Suffix Search List. . . . . . : toons.de
```

```
Ethernet adapter Local Area Connection:

   Connection-specific DNS Suffix  . :
   Description . . . . . . . . . . . : Atheros AR8132 PCI-E
       Fast Ethernet Controller
   Physical Address. . . . . . . . . : 00-24-1D-B2-EF-15
   DHCP Enabled. . . . . . . . . . . : No
   Autoconfiguration Enabled . . . . : Yes
   Link-local IPv6 Address . . . . . :
       fe80::224:1dff:feb2:ef15%11(Preferred)
   IPv4 Address. . . . . . . . . . . : 192.168.0.65(Preferred)
   Subnet Mask . . . . . . . . . . . : 255.255.255.0
   Default Gateway . . . . . . . . . : 192.168.0.40
   DHCPv6 IAID . . . . . . . . . . . : 234890269
   DHCPv6 Client DUID. . . . . . . . : 00-01-00-01-12-D5-C9-EC-
       00-24-1D-B2-EF-15
   DNS Servers . . . . . . . . . . . : 192.168.0.40
   Primary WINS Server . . . . . . . : 192.168.0.64
   NetBIOS over Tcpip. . . . . . . . : Enabled
Tunnel adapter isatap.{8D911A44-8E32-4C45-80E9-4D22F73DE25F}:
   Media State . . . . . . . . . . . : Media disconnected
   Connection-specific DNS Suffix  . :
   Description . . . . . . . . . . . : Microsoft ISATAP
   Physical Address. . . . . . . . . : 00-00-00-00-00-00-00-E0
   DHCP Enabled. . . . . . . . . . . : No
   Autoconfiguration Enabled . . . . : Yes
Tunnel adapter Teredo Tunneling Pseudo-Interface:
   Connection-specific DNS Suffix  . :
   Description . . . . . . . . . . . : Teredo Tunneling
       Pseudo-Interface
   Physical Address. . . . . . . . . : 00-00-00-00-00-00-00-E0
   DHCP Enabled. . . . . . . . . . . : No
   Autoconfiguration Enabled . . . . : Yes
   IPv6 Address. . . . . . . . . . . : 2001:0:5ef5:73b8:18b6:a4ac
       :aab6:5ec9(Preferred)
   Link-local IPv6 Address . . . . . :
       fe80::18b6:a4ac:aab6:5ec9%13(Preferred)
   Default Gateway . . . . . . . . . : ::
   NetBIOS over Tcpip. . . . . . . . : Disabled
```

In der Beispielausgabe lautet die IPv4-Adresse 192.168.0.65. Das bedeutet, dass sich der Host hinter NAT befindet. Es gibt auch eine IPv6-Adresse, die mit fe80: beginnt. Dabei handelt es sich um eine Link-Local-Adresse, die ausschließlich im lokalen Netzwerk von Bedeutung ist, nicht im Internet. Solche Link-Local-Adressen können mehrfach vorkommen. Dann haben wir eine IPv6-Adresse, die mit 2001:0 startet. Dies ist unsere Teredo-Adresse. Falls dies die einzige weitere IPv6-Adresse ist, ist alles in Ordnung. Würde aber beispielsweise im ISTAPI-Abschnitt noch eine IPv6-Adresse auftauchen, dann wäre mit Teredo Essig, denn Windows würde dann auf ISTAPI zurückgreifen.

In unserem Beispiel haben wir nur die Teredo-Adresse, und damit ist Teredo auch unsere einzige Möglichkeit, auf das IPv6-Ziel zuzugreifen. Nun aber einfach unser Ziel www.ipv6.sixxs.net im Browser einzutippen, zeigt uns lediglich »Server not found«. Das liegt daran, dass Windows den Namen www.ipv6.sixxs.net nicht in die dazu gehörende IPv6-Adresse auflösen kann. Das können wir glücklicherweise schnell ändern. Wir müssen der hosts-Datei des Windows-Hosts nur folgende Zeile hinzufügen:

```
2001:838:1:1:210:dcff:fe20:7c7c www.ipv6.sixxs.net
```

Die hosts-Datei finden Sie im Verzeichnis C:\Windows\System32\drivers\etc. Öffnen Sie die Datei mit einem Editor und fügen Sie dann die Zeile am Ende ein. Nach dem Speichern können Sie www.ipv6.sixxs.net in Ihrem Browser öffnen.

Möchten Sie dies auch mit anderen IPv6-Sites tun, deren IPv6-Adressen Sie nicht kennen, können Sie die IPv6-Adresse mit dem Kommando `nslookup` ermitteln. So erfahren Sie beispielsweise die IPv6-Adresse von www.youtube.com.sixxs.org:

```
nslookup www.youtube.com.sixxs.org
```

Falls sich der Windows-Host in einer Windows-Domäne befindet, klappt der Zugriff möglicherweise noch immer nicht. Geben Sie in der Befehlszeile das Kommando `netsh interface teredo show state` ein.

Wird ein Fehler ausgegeben, dann müssen Sie folgendes Kommando eingeben: `netsh interface ipv6 set teredo enterpriseclient`.

Falls es jetzt immer noch Probleme mit IPv6-only-Zielen gibt, liegt es vermutlich daran, dass Ihre Firewall die Pakete blockiert. Sie müssen dann entsprechende Regeln konfigurieren.

Teredo-Tunneling funktioniert auch mit Linux-Betriebssystemen. Die einzige Schwierigkeit auf dieser Plattform besteht darin, dass Teredo standardmäßig nicht immer mit dabei ist; wenn es fehlt, muss es in Form der Miredo-Software manuell installiert werden. Allerdings akzeptieren nur relativ neue Linux-Kernel dieses Paket.

Unter Ubuntu oder Debian installieren Sie beispielsweise mit `apt-get install miredo` das aktuellste Paket.

Prüfen Sie mit dem Kommando `ps`, ob der miredo daemon gestartet ist. Falls nicht, starten Sie das Netzwerk neu und alles ist gut. Sie brauchen unter Linux mit Miredo keine hosts-Dateien editieren. Falls es Schwierigkeiten gibt, tragen Sie in der `/etc/miredo.conf`-Datei einfach einen anderen Teredo-Server ein.

10.3 Übersetzung zwischen IPv4 und IPv6

Die bis jetzt beschriebenen Methoden für den Übergang von IPv4 zu IPv6 setzen alle voraus, dass die Endknoten IPv6, wenn nicht sogar IPv6 und IPv4 gemeinsam unterstützen. Es gibt aber Umgebungen oder Situationen (aktuelle Mobiltelefonnetzwerke beispielsweise), wo ein Gerät, das ausschließlich IPv6 versteht, mit einem Gerät, das ausschließlich IPv4 spricht, kommunizieren können soll. In diesem Fall benötigt man Übersetzungsmechanismen, genauer gesagt ein Werkzeug, das aus IPv6-Headern IPv4-Header macht und umgekehrt. Solche Übersetzungsmechanismen gibt es in verschiedenen Formen:

- Bump-in-the-Stack, BIS, RFC 2767
- SOCKs-based Gateway, RFC 3089 und 1928
- TCP-UDP-Relay, RFC 3142

- Network-Address-Translation/Protocol-Translation, NAT-PT, RFC 2765 und 2766

Wir haben es hier mit zwei Kategorien von Übersetzungsmechanismen zu tun: solche, welche Auswirkungen auf die Hosts haben, und solche, welche die Hosts unberührt lassen. Zur ersten Kategorie zählen BIS und SOCKs-based Gateways. TCP-UDP-Relay und NAT-PT gehören zur zweiten Kategorie.

Cisco-Router bzw. deren Betriebssystem Cisco IOS haben ausschließlich *NAT-PT* implementiert. Ein mit NAT-PT konfigurierter Cisco-Router muss natürlich wissen, welche IPv6-Adresse er in welche IPv4-Adresse zu übersetzen hat, und umgekehrt. Dabei handelt es sich im Grunde um dieselben Informationen, die auch in einer gewöhnlichen NAT-Tabelle gespeichert werden. Und genau wie das gewöhnliche NAT erlaubt NAT-PT statische Definitionen, dynamisches NAT und dynamisches PAT.

NAT-PT selbst ist beschrieben im RFC 2766. NAT-PT nutzt einen IP-Übersetzungsmechanismus, der *Stateless IP/ICMP Translation Algorithm* (SIIT) heißt und im RFC 2765 definiert ist.

Der Mechanismus ignoriert während der Protokollübersetzung IPv4-Protokolloptionen und übersetzt fragmentierte IPv4-Pakete unter Verwendung des IPv6-Fragment-Headers. Die meisten ICMPv4-Control-Nachrichten werden bei der Übersetzung verworfen – die Ausnahme bilden ICMP-Echo-Requests und -Replies, die entsprechend in IPv6 abgebildet werden. Fehlermeldungen werden übersetzt, wann immer dies möglich ist. IPv4-Prüfsummen berechnet der Mechanismus, nachdem er die Übersetzung durchgeführt hat.

BIS ist in etwa so etwas wie NAT-PR mit SIIT, übertragen auf den Protokoll-Stack des Hosts. Vorausgesetzt wird eine darunter liegende IPv6-Infrastruktur. Während SIIT eine Übersetzungsschnittstelle zwischen IPv6- und IPv4-Netzwerken bildet, ist BIS eine Übersetzungsschnittstelle zwischen IPv4-Applikationen und dem darunter liegenden IPv6-Netzwerk. Das Host-Stack-Design basiert auf dem eines Dual-Stacks, fügt aber drei Module hinzu: einen Übersetzer, einen Extension-Name-Resolver und einen Adress-Mapper. Gegenwärtig sind mir nur zwei

BIS-Implementationen bekannt: eine von *Hitachi* und der *Trumpet Winsock*. Netzwerke, in denen BIS eingesetzt wird, sind mir völlig unbekannt.

Der *SOCKs-based IPv6/IPv4-Gateway-Mechanismus* erlaubt die Kommunikation zwischen IPv4- und IPv6-Hosts. Er erfordert zusätzliche Funktionalität im Endsystem (Host) und im Dual-Stack-Router (Gateway). Implementationen sind mir nur von Nec und Fujitsu bekannt.

Der *TCP-UDP-Relay-Mechanismus* gleicht NAT-PT insofern, als dass er einen dedizierten Server und DNS erfordert. Die Übersetzung erfolgt auf der Transportschicht. DNS übernimmt das Mapping zwischen IPv4- und IPv6-Adressen. Empfängt ein TCP-Relay-Server eine Anfrage, dann erzeugt er auf der Transportschicht separate Verbindungen zu den Quell- und Ziel-IPv4- und -IPv6-Hosts und leitet die Daten dann einfach von einer Verbindung zur anderen weiter. UDP-Relays arbeiten vergleichbar.

Der Mechanismus lässt sich gut dort einsetzen, wo Hosts in IPv6-Netzwerken auf IPv4-Hosts zugreifen müssen. Der Relay-Mechanismus unterstützt bidirektionalen Verkehr (keine Multicasts) und erlaubt Sicherheit auf Anwendungsebene. Schnelles Rerouting ist schwierig. Implementationen von TCP-UDP-Relays sind im Internet frei verfügbar.

10.4 Fazit

Eine Menge Methoden und Mechanismen vereinfachen (oder ermöglichen erst) den (sanften) Übergang von IPv4 zu IPv6. Allerdings ist es sehr unwahrscheinlich, dass eine Organisation mit der Implementation eines einzigen dieser Mechanismen auskommt. Zielführend wird eher eine geschickte Kombination einiger dieser Werkzeuge sein.

Hier noch einmal zusammengefasst die wichtigsten Übergangslösungen mit Hinweis auf die entsprechenden RFCs:

RFC 2893	»Transition Mechanisms for IPv6 Hosts and Routers«, obsolet durch RFC 4213 »Basic Transition Mechanisms for IPv6 Hosts and Routers«
RFC 2766	»Network Address Translation – Protocol Translation, NAT-PT«, durch RFC 4966 »Reasons to Move the Network Address Translator – Protocol Translator NAT-PT to Historic Status« als obsolet erklärt
RFC 2185	»Routing Aspects of IPv6 Transition«
RFC 3493	»Basic Socket Interface Extensions for IPv6«
RFC 3056	»Connection of IPv6 Domains via IPv4 Clouds«
RFC 4380	»Teredo: Tunneling IPv6 over UDP through Network Address Translations NATs«
RFC 4214	»Intra-Site Automatic Tunnel Addressing Protocol ISATAP«
RFC 3053	»IPv6 Tunnel Broker«
RFC 3142	»An IPv6-to-IPv4 Transport Relay Translator«
RFC 5569	»IPv6 Rapid Deployment on IPv4 Infrastructures (6rd)«
RFC 5572	»IPv6 Tunnel Broker with the Tunnel Setup Protocol (TSP)«

Kapitel 11

IPv6-Campus-Deployment

Nachdem wir uns die Grundlagen von IPv6 erarbeitet und gesehen haben, wie wir IPv6 gemeinsam mit IPv4 einsetzen können, sollten wir uns nun damit beschäftigen, wie wir IPv6 möglichst unfallfrei in eine existierende Umgebung einführen. Betrachten wir dazu das Deployment von IPv6 in eine Campus-Umgebung. Damit ist jetzt kein tatsächlicher Campus gemeint, wie man ihn in Universitäten findet, sondern einfach eine größere Netzwerkumgebung, die aus mehreren miteinander verbundenen lokalen Netzwerken bzw. Netzwerksegmenten besteht, die gemeinsam ein autonomes System bilden.

Bei der Einführung von IPv6 in eine solche Umgebung müssen wir uns über folgende Dinge Gedanken machen: die generelle Deployment-Strategie, die IPv6-Adresszuweisung, die Deployment-Topologie und die zur Verfügung zu stellenden Services.

11.1 Deployment-Strategie

Die zu wählende Strategie richtet sich natürlich nach der bereits existierenden (IPv4-)Umgebung und dem angestrebten Ziel. In der Regel werden wir IPv4 nicht sofort vollständig ersetzen (können) und möglicherweise noch ein paar Jahre lang IPv4 und IPv6 parallel nutzen, bis wir schließlich auf IPv4 verzichten können. Wir haben in jedem Fall eine mehr oder weniger lange Übergangsphase, die wir mit einem oder mehreren der inzwischen bekannten Übergangsmechanismen unterstützen müssen:

- Dual-Stacks: Server und Clients arbeiten mit beiden Protokollen. Die Applikationen und Dienste können eines der beiden Protokolle auswählen.

- Tunneling: IPv6-Pakete bilden die Payload von IPv4-Paketen oder MPLS-Frames. Die IPv6-Pakete werden also in IPv4-Paketen oder MPLS-Frames gekapselt.
- Übersetzung: Auf Schicht 3 werden neue IP-Header-Informationen und auf Schicht 4 neue TCP-Header erzeugt. Auf Schicht 7 können Application-Layer-Gateways eingesetzt werden.

Besonders beliebt ist das Dual-Stack-Deployment, denn es bietet einige Vorteile: Moderne Betriebssysteme wie Windows Vista, Windows 7 und Linux unterstützen es standardmäßig. Dual-Stacks ermöglichen es, IPv6-Geräte und -Dienste gründlich zu testen, ohne die IPv4-Connectivity zu beeinflussen. Legacy-IPv4-Applikationen wie E-Mail können neben neuen IPv6-Applikationen, beispielsweise Home-Networking, eingesetzt werden. Um die Möglichkeiten von Dual-Stacks vollständig auszureizen, werden sie normalerweise gemeinsam mit dem einen oder anderen Tunneling-Mechanismus implementiert.

11.1.1 Deployment-Plan

Nun können wir einen einfachen Deployment-Plan für ein Campus-Netzwerk entwerfen, der beispielsweise folgende Schritte umfasst:

1. Anfordern eines globalen IPv6-Adressbereichs vom ISP.
    - Als Endkunde werden wir ein /48-Präfix erhalten.
2. Herstellen externer Connectivity.
    - Wir nutzen Dual-Stack.
    - Außerdem nutzen wir Tunneling für den Zugriff auf IPv6-only-Dienste, die nur über ein IPv4-only-Netzwerk erreicht werden können.
3. Internes Deployment.
    - Auswahl bzw. Einkauf notwendiger Hardware.
    - Wir entwickeln ausgehend von vorhandenen IPv4-Firewall-/-Sicherheitsrichtlinien eine IPv6-Firewall-/-Sicherheitsrichtlinie.
    - Entwurf eines IPv6-Adressplans für unseren Standort.
    - Auswahl einer Adressmanagementmethode (RAs, DHCPv6).

- Auswahl eines Routing-Protokolls.
- Migration zur Dual-Stack-Infrastruktur. Damit unterstützen unsere Netzwerk-Links IPv6.
- Einschalten der IPv6-Applikationen und -Dienste. Wir beginnen mit DNS.
- Einschalten von IPv6 auf den Client-Systemen.
- Einschalten der Management- und Monitoring-Tools.

11.2 Adressierung

Die meisten Standorte werden vom ISP ein /48-Präfix erhalten. Da wir 64 Bits für die Interface-ID nutzen werden, um die Autokonfiguration mit EUI-64 zu ermöglichen, bleiben uns 16 Bits für die Subnetz-ID. Bleibt die Frage, wie wir diese 16 Bits nutzen werden. Um dies zu entscheiden, müssen wir zwei grundsätzliche Fragen beantworten:

- Wie viele topologisch verschiedene »Zonen« können wir identifizieren? Das betrifft sowohl Zonen, die bereits existieren, als auch Zonen, die wir aus welchen Gründen auch immer neu erzeugen werden.
- Wie viele Netzwerke bzw. Subnetze benötigen wir innerhalb dieser Zonen?

Gehen wir das einmal mit einem Beispiel durch. Für unser Beispielnetzwerk haben wir fünf Zonen und die pro Zone benötigten Subnetze identifiziert:

Zonenbeschreibung	Anzahl Subnetze
Upstream	16
Administration	4
Forschung und Entwicklung	32
Marketing	16
Vertrieb	16

Tabelle 11.1: »Zonen« des Beispielnetzwerks

Nun können wir beim Subnetting beispielsweise strikt sequenziell vorgehen:

Sequenz	Subnetz-ID	Zonenbeschreibung
0000	0000/60	Upstream
0001	0010/60	Administration
0002	0020/59	Forschung und Entwicklung
0003	0030/60	Marketing
0004	0040/60	Vertrieb

Tabelle 11.2: Subnetting »sequenziell«

Wir können uns aber auch an einem existierenden IPv4-Subnetting-Schema orientieren:

IPv4-Subnetz	Subnetz-ID (IPv6)	Zonenbeschreibung
152.66.70.0/24	0046	Upstream
152.66.75.0/24	004B	Administration
152.66.80.0/24	0050	Forschung und Entwicklung
152.66.91.0/24	005B	Marketing
152.66.150.0/24	0096	Vertrieb

Tabelle 11.3: Subnetting angelehnt an IPv6

Eine weitere Möglichkeit ist, das Subnetting an der Topologie orientiert durchzuführen:

Zonenbeschreibung	Subnetz-ID
Marketing	0010/60
Marketing, 1. Etage	001A/64
Marketing, 2. Etage	001B/64
Vertrieb	0200/64
Vertrieb, Inland	020A/64

Tabelle 11.4: Subnetting, Topologie

Schließlich lassen sich die vorgestellten Subnetting-Methoden auch noch beliebig kombinieren, und eine Reihe anderer Methoden sind vorstellbar. Eine allgemeingültige Empfehlung lässt sich kaum aussprechen, nur soviel: Planen Sie das Subnetting gut und denken Sie an folgende Unterschiede zum IPv4-Subnetting:

- Sie können Subnetz-IDs verwenden, die ausschließlich Nullen und Einsen enthalten (0000, FFFF).
- Es gibt keine sekundären Adressen (aber Sie können einer Schnittstelle mehr als eine Adresse zuweisen)
- Sie sind nicht auf 254 Hosts pro Subnetz eingeschränkt – Tausende Hosts pro Subnetz sind möglich.
- Keine winzigen Subnetze (/30, /31, /32). Planen Sie für Backbones, serielle Links, Loopbacks ...
- Nutzen Sie /64 pro Link, besonders wenn Sie Autokonfiguration verwenden wollen.
- Bei einem /48-Präfix und 64 Bits für die Interface-ID bleiben 16 Bits übrig für die Subnetz-ID. Das ergibt 65.536 mögliche Subnetze. So viele Subnetze könnten riesige Routing-Tabellen verursachen. Berücksichtigen Sie also stets die interne Topologie und aggregieren Sie wo immer möglich.

Noch ein paar weitere Punkte, die Sie berücksichtigen sollten: Neunummerierungen werden nach wie vor gelegentlich unumgänglich sein. IPv6 macht es zwar einfacher, dennoch ist das keine schöne Aufgabe. Deshalb:

- Vermeiden Sie numerische Adressen.
- Vermeiden Sie die Nutzung fest konfigurierter Adressen auf Hosts (ausgenommen Server und besonders DNS-Server).
- Gehen Sie davon aus, dass ein ISP-Wechsel eine Neunummerierung nach sich zieht.
- Ein ISP-Wechsel beeinträchtigt die ersten 48 Bits, die restlichen 80 Bits können unverändert bleiben.

11.2.1 Adresszuweisung

Wir haben verschiedene Methoden kennengelernt, den Hosts ihre IPv6-Adressen zuzuweisen:

- Autokonfiguration: Sorgt für eindeutige Adressen.
- DHCPv6: Zentrales Management kann eindeutige Adressen bereitstellen.
- Manuell

Die manuelle Konfiguration vieler Hosts ist mühsam und sollte auf Server und Router beschränkt werden. Wir wollen so wenige manuelle Eingriffe wie möglich und natürlich eindeutige Adressen. Zielführend ist eine Kombination von Autokonfiguration und DHCPv6.

DHCP

IPv6 arbeitet mit stateless Autokonfiguration, es gibt aber auch DHCPv6. DHCPv6 lässt sich für die Zuweisung von IPv6-Adressen und anderen Informationen nutzen, darunter die Adressen von DNS-Servern. Wird DHCPv6 nicht für die Zuweisung von Adressen verwendet, dann wird nur ein Teil des Protokolls genutzt, und der Server muss sich keine Informationen merken. In diesem Fall sprechen wir von Stateless-DHCPv6 (RFC 3736). Einige Server- und Client-Implementationen nutzen ausschließlich Stateless-DHCPv6, während andere das vollständige Protokoll unterstützen.

DHCPv6 lässt sich auf zwei Weisen nutzen:

- Stateless-Adress-Autokonfiguration mit Stateless-DHCPv6 für weitere Informationen (DNS-Server, NTP-Server etc.).
- Nutzung von DHCPv6 für die Zuweisung von Adressen und anderer Informationen. Dies erlaubt eine größere Kontrolle über die Adresszuweisung.

Ein potenzielles Problem mit DHCP ist, dass DHCPv4 ausschließlich IPv4-Informationen (Adressen, Serveradressen etc.) zur Verfügung stellt, während IPv6 ausschließlich IPv6-Informationen liefert. Soll ein

Dual-Stack-Host nun beide DHCP-Clients ausführen oder nur einen? Und welchen?

Einige Hersteller arbeiten an der DHCP-Integration, und aktuell sind verschiedene Implementationen verfügbar, darunter folgende:

- DHCPv6 über `http://dhcpv6.sourceforge.net`
- dibbler über `http://klub.com.pl/dhcpv6`
- KAME-WIDE DHCPv6 über `http://sourceforge.net/projects/wide-dhcpv6`
- ISC DHCPv6 über `https://www.ssc.org/software/dhcp`

Cisco-Router haben ihren eigenen Stateless-Server eingebaut, der Basisinformationen wie Nameserver und Domänennamen liefert.

DHCP lässt sich ferner zwischen Router für die Präfixdelegation (RFC 3633) einsetzen. Dafür gibt es verschiedene Implementationen. Cisco-Router können beispielsweise als Client und Server arbeiten.

11.3 Deployment-Optionen

Die einfachste Option ist die Einrichtung einer Dual-Stack-Umgebung. Wir haben gesehen, dass so gut wie alle modernen Betriebssysteme Dual-Stacks unterstützen. Und selbst wenn einige Hosts Dual-Stacks nicht unterstützen, ist die Dual-Stack-Umgebung immer noch eine sichere Option, denn IPv4 funktioniert nach wie vor. Schicht-3-Geräte können allerdings ein Problem sein, wenn sie IPv6 nicht unterstützen oder existierende Router nicht angefasst werden sollen. Die Lösung ist, zusätzliche IPv6-fähige Schicht-3-Geräte zu installieren. Falls das Budget knapp ist, kann man dafür auf Software (Windows-Server-2008, Linux) zurückgreifen.

Wer befürchtet, durch die IPv6-Einführung die vorhandene IPv4-Infrastruktur zu beeinträchtigen, sollte zunächst nur wenige Teile des Netzwerks migrieren und den Rest nicht berühren. So gewinnt man Vertrauen in IPv6 und das Zusammenspiel von IPv6 und IPv4 und wird erfahrener im Management von IPv6. Diese Vorgehensweise ist natürlich grundsätzlich immer empfehlenswert, ob man nun Komplikationen befürchtet oder nicht. Eine gute Methode für diese Art des Deployments ist die Nutzung von VLAN-Technik. VLANs werden ohnehin in den meisten Netzwerken genutzt, die eine gewisse Größe erreichen. IPv6 in solche Netzwerke zu integrieren, ist sehr einfach, besonders wenn ein eigener IPv6-Router eingesetzt wird, der ausschließlich Zugriff auf die VLANs erhält, in denen IPv6 gewünscht ist. Aus diese Art und Weise bleibt das IPv4-Netzwerk unberührt, und der gesamte IPv6-Verkehr wird über andere Hardware abgewickelt und verwaltet.

Die nachfolgende Abbildung zeigt eine einfache Schicht-2-Campus-Umgebung mit einem Core-Switch und hinzugefügtem IPv6-Router:

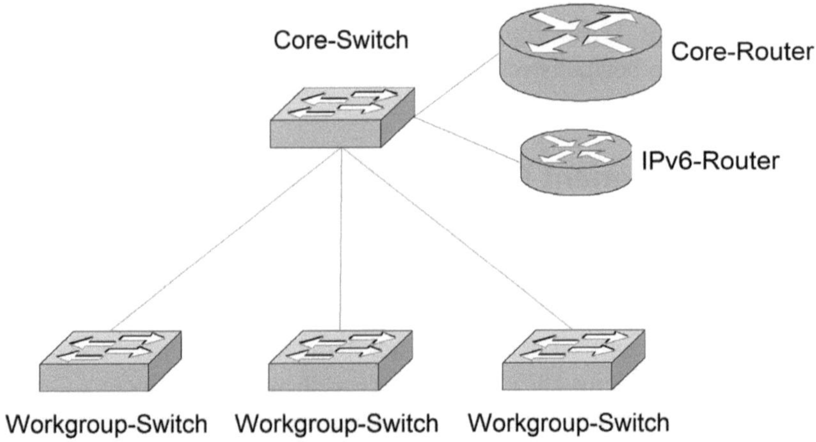

Abb. 11.1: Schicht-2, ein Switch

Abbildung 11.1 zeigt eine wirklich sehr einfache Umgebung. In der Regel haben wir es aber heute mit redundant ausgelegten Netzwerken zu tun. Abbildung 11.2 zeugt eine entsprechende Umgebung mit hinzugefügtem IPv6-Router:

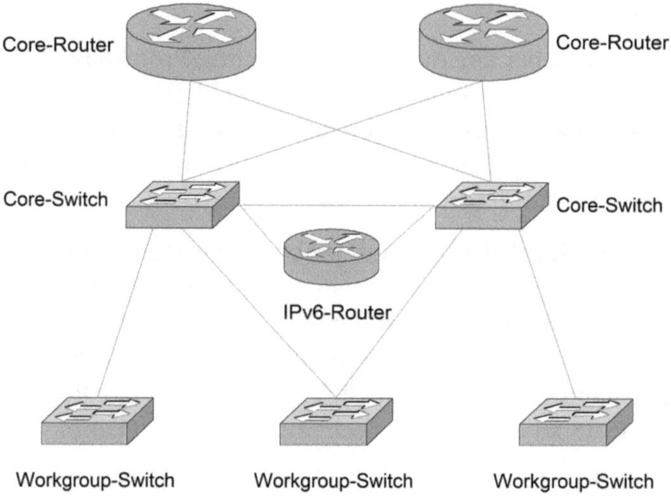

Abb. 11.2: Schicht-2, redundante Switches

Abschließend ein Beispiel für ein Schicht-3-Campus-Netzwerk mit 6to4- oder ISATAP-Tunneling:

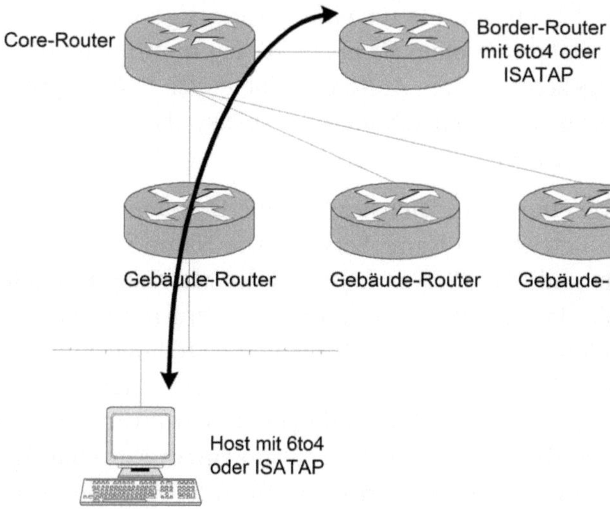

Abb. 11.3: Schicht-3-Campus-Netzwerk

11.3.1 Routing-Protokolle

Natürlich gibt es auch bei der Auswahl des Routing-Protokolls einige Optionen. Ein guter Ausgangspunkt für die Auswahl eines geeigneten Protokolls ist das bisher mit IPv4 eingesetzte Routing-Protokoll. Möglicherweise lässt sich der gleiche Protokolltyp auch mit IPv6 einsetzen, was die Lernkurve für Administratoren etwas reduziert.

OSPFv3 ist eine gute Wahl, denn es läuft problemlos neben OSPFv2 für IPv4 und unterscheidet sich auch nicht so gewaltig von OSPFv2. Eine weitere Option ist IS-IS. IS-IS unterstützt Single-Topologie- und Multi-Topologie-Implementationen. Soll IS-IS als alleiniges Routing-Protokoll genutzt werden, dann ist ggf. das aktuell für IPv4 eingesetzte Routing-Protokoll durch IS-IS zu ersetzen, was sehr aufwendig sein kann.

Trotz offensichtlicher Skalierbarkeitsprobleme ist statisches Routing keine schlechte Option für einen schnellen Start.

11.4 DNS-Überlegungen

Das *Domain Name System* (DNS) ist eine recht komplexe Sammlung von Funktionen und Diensten, die für eine zuverlässige Übersetzung von Namen (*Fully Qualified Domain Names* (FQDNs)) in Adressen (IPv4 und IPv6) und umgekehrt sorgen. Außerdem bietet das DNS Support-Funktionen für spezifische Applikationen, beispielsweise MX für das Routing elektronischer Post.

Die Implementation eines DNS-Dienstes für eine Domäne (oder mehrere) erfordert den Betrieb von Name-Servern. Die Name-Server teilen sich auf in Master- und Slave-Server. Das sind die Maschinen, welche die relevanten Teile der verteilten Nameservice-Datenbank speichern, pflegen und verwalten. Außerdem ist natürlich eine Methode zur Kommunikation mit den Clients erforderlich. Auf Seite der Clients ist ein sogenannter *Resolver* für die DNS-Funktionalität verantwortlich. Der Resolver empfängt Auflösungsanforderungen von einem Anwendungsprogramm und kommuniziert stellvertretend für die Anwendung mit dem Server. Die Auflösungsanforderungen der Anwendungen resultieren entweder in Forward- oder in Reverse-Domain-Name-Lookups.

Der *Forward-DNS-Dienst* offeriert eine auf Namen basierende Identifikation und Zugriff auf Internetressourcen, indem er eine Ziel-IP-Adresse liefert. Diese Internetressourcen sind individuelle Hosts, bestimmte Schnittstellen, Services etc.

Der *Reverse-DNS-Dienst* erledigt die Übersetzung einer IP-Adresse zurück in einen verständlichen Namen. Oberflächlich betrachtet ist Reverse-DNS die umgekehrte Funktion des Forward-DNS-Dienstes. Die von einem spezifischen Reverse-Lookup zurück gelieferte Information ist aber nicht notwendigerweise identisch mit dem Inhalt des korrespondierenden Forward-Namens.

DNS ist als verteilte Datenbank mit einem Replikationsmechanismus implementiert. Replikas werden nach einem vordefinierten Zeitplan oder über Trigger gesteuert über das Netzwerk aktualisiert. Die Master-Kopie der DNS-Daten für eine bestimmte Domäne wird in einer Zonendatei auf dem primären Name-Server, welcher der Domäne zugeordnet ist, gespeichert und gepflegt. Ein Name-Server kann gleichzeitig mehrere Domänen als Master- oder Slave-Server unterstützen.

11.4.1 DNS mit IPv6

Um einen reibungslosen Betrieb des Gesamtsystems zu gewährleisten, müssen zwei Dinge aufmerksam betrachtet werden: die Typen der in der Datenbank gespeicherten Informationen (die Resource-Records, RRs) und der Informationsfluss zwischen den Servern und den Clients. Der wichtigste Punkt hierbei ist, dass es keine Beziehung zwischen den in der Datenbank gespeicherten Record-Typen und dem zum Austausch der Daten zwischen Servern und Clients verwendeten Transportprotokoll gibt. Ein DNS-Server kann sowohl A-Records für IPv4-Adressen als auch AAAA-Records für IPv6-Adressen speichern und neben IPv4 möglicherweise IPv6 als Transportprotokoll verwenden. Aber der Zugriff auf einen AAAA-Record hat nicht zwangsläufig die Nutzung von IPv6 als Transportprotokoll zur Folge.

Es ist heute nicht ungewöhnlich, in einigen Zonen IPv6-Daten zu speichern, aber für die Übertragung der Auflösungsanforderungen und der Ergebnisse IPv4 zu nutzen. Die meisten Zonentransfers zwischen Master- und Slave-Servern nutzen ebenfalls IPv4.

So vorzugehen, hat einen Vorteil: Die Software der existierenden Systeme verlangt nur wenige Änderungen. Der große Nachteil ist aber, dass die Endsysteme (die Hosts) nach wie vor einen IPv4-Stack benötigen, um mit dem DNS zu kommunizieren, selbst wenn sie in der Lage wären, IPv6 exklusiv zu nutzen. Falls die Dual-Stack-Methode nicht geeignet ist, dann muss ein komplexeres System aus Resolvern und Name-Servern eingerichtet werden.

In einem IPv6-only-Netzwerk ist es bei der Einrichtung des DNS also nicht damit getan, einem DNS-Server, der IPv6-Records speichern kann, AAAA-Records hinzuzufügen. Dieser Server muss natürlich zusätzlich auch den IPv6-Transport unterstützen. Um dies zu erreichen, kann man einen vorhandenen DNS-Server mit einem Dual-Stack ausstatten. Alternativ könnte ein IPv6-only-DNS-Server installiert werden.

11.5 Kleinere Szenarios

Viele Organisationen werden IPv6 nicht gleich großflächig implementieren, sondern erst Erfahrungen sammeln wollen, beispielsweise in einer speziellen Testumgebung. Andere Organisationen möchten vielleicht nur einigen wenigen, im Netzwerk der Organisation verteilten Hosts IPv6-Connectivity bieten. Für diese und vergleichbare Szenarien folgen hier einige Vorschläge.

11.5.1 IPv6-Connectivity für Heimanwender

Hier geht es um Heimanwender, die in der Regel mit einer einzelnen Maschine hinter NAT sitzen und von ihrem ISP eine dynamische IPv4-Adresse erhalten. Die für ein solches Szenario möglichen Lösungen umfassen:

- Teredo

- 6to4
- Tunnel-Broker

Einige Tunnel-Broker-Implementationen, beispielsweise mit TSP, unterstützen IPv4-NAT und/oder dynamische IPv4-Adressen. 6to4 arbeitet nicht immer zuverlässig, ist aber besonders gut für Verbindungen zu anderen 6to4-Standorten geeignet. Teredo ist besonders für den Einsatz hinter NAT geeignet, gilt aber generell als letzte Möglichkeit, IPv6-Connectivity zu erlangen. Das bedeutet, dass Betriebssysteme immer Broker oder 6to4 bevorzugen.

11.5.2 IPv6-Testumgebung

In diesem Fall empfiehlt sich die Installation eines einzelnen Routers in einem Test-Subnetz. Die Connectivity zu einem Upstream-IPv6-Provider erhält man via Tunneling. Für den Tunnelmechanismus gibt es folgende Optionen:

- 6to4
- Manuell konfigurierter Tunnel
- Tunnel-Broker

Für 6to4 spricht, dass dieser Mechanismus bequem, weil automatisch ist. Ein manueller Tunnel oder Tunnel-Broker werden aber generell bevorzugt.

11.5.3 Verteilte IPv6-Hosts

Hier empfiehlt sich ebenfalls die Installation eines Routers mit externer Connectivity via Tunneling. Die entscheidende Frage lautet dann, wie die verteilten Hosts anzubinden sind. Ideal ist es, wenn VLANs verfügbar sind. Sie können dann benutzt werden, um IPv6-Verkehr durch Schicht-2-Segregation an spezifische physische Ports zu verteilen. Alternativ lässt sich ISATAP als automatischer Tunnelmechanismus einsetzen. Es geht außerdem mit einem internen Tunnel-Broker. VLANs und Tunnel-Broker offerieren ein höheres Maß an Sicherheit und Administrierbarkeit.

Kapitel 12

Netzwerkmanagement

Netzwerkmanagement und Monitoring sind kritische Aufgaben, die in jedem produktiv eingesetzten Netzwerk durchzuführen sind. Sie sind essenziell für öffentliche Netzwerke und kaum weniger wichtig für private Netzwerke, darunter natürlich auch IPv6-Netzwerke. Besonders große Rollen spielen Netzwerkmanagement und Monitoring in den Netzwerken der Service-Provider, denn wenn diese Backbone-Netzwerke nicht ebenso streng verwaltet und überwacht werden wie die existierenden IPv4-Netzwerke, dann werden die Anwender nur widerstrebend zu IPv6 migrieren.

Das Netzwerkmanagement bzw. die unter diesem Begriff zusammengefassten Aufgaben sind vielfältig. Sie reichen von der Überwachung des Verbindungsstatus über die Sammlung von Verkehrsstatistiken bis zur Analyse der Daten. Die Aufgaben lassen sich grob in zwei Kategorien einteilen: solche, die täglich für die Steuerung des Betriebs durchzuführen sind, und solche, welche die Analyse des Netzwerkverhaltens betreffen.

Dieses Kapitel beschreibt alle wichtigen Netzwerkmanagement- und Monitoring-Aufgaben und schlägt einige Werkzeuge vor, mit denen sie sich erledigen lassen.

12.1 Basisanforderungen

Wie wir gesehen haben, werden die meisten Netzwerke nach einer Migration zu IPv6 nicht sofort ausschließlich IPv6 ausführen, sondern eine Zeit lang noch IPv4 parallel nutzen. Für das Management bedeutet das, dass viele Aufgaben mit Kommandos und Werkzeugen durchgeführt werden können, die bereits in IPv4-Netzwerken erfolgreich eingesetzt werden. Dennoch ist zu beachten, dass Übergangslösungen, die einen solchen gemeinsamen Betrieb ermöglichen, beispielsweise Dual-Stacks und Tunneling, nicht für immer und ewig implementiert sein werden. Der IPv4-Stack wird eines Tages entfernt werden, womit ein IPv6-only-Netzwerk zurückbleibt. Um dieses Netzwerk dann managen zu können, muss es einige Basisanforderungen erfüllen. Die wichtigste Anforderung ist, dass das Equipment für Managementaufgaben über IPv6 erreichbar sein muss. Die meisten Router erfüllen diese Voraussetzung, was bedeutet, dass sie SSH und Telnet über IPv6-Verbindungen unterstützen. Auch TFTP über IPv6 wird von den meisten modernen Geräten unterstützt. Damit ist für die meisten Geräte bereits ein Basismanagement möglich, sofern es den Zugriff auf Konfigurationen, Routing-Informationen, Counter etc. betrifft. Mithilfe von Scripts, die periodisch ausgeführt werden, lässt sich hier auch bereits ein gewisser Grad an Automation erreichen.

Für ein erweitertes Management ist allerdings mehr erforderlich, beispielsweise SNMP- und Netflow-Unterstützung. Wie es damit aussieht, werden wir uns in den folgenden Abschnitten ansehen.

12.2 Standards

Der wichtigste Managementstandard für IPv4 ist zweifellos das *Simple Network Management Protocol* (SNMP). Deshalb lag es nah, SNMP-Management auch für IPv6 verfügbar zu machen.

12.2.1 SNMP für IPv6

So gut wie alle Netzwerkhersteller unterstützen heute SNMP für IPv6, was bedeutet, dass die Geräte dieser Hersteller in einem IPv6-Netzwerk via SNMP verwaltet bzw. überwacht werden können. Die Anzahl der SNMP-Applikationen, die remote SNMP-Agenten über IPv6 abfragen können, ist vergleichsweise klein, wächst aber stetig. Viele Tools nutzen die Open-Source-SNMP-Library netSNMP, die ihrerseits sowohl IPv4 als auch IPv6 unterstützt. Integrierte Management-Suites großer Netzwerkhersteller wie Cisco (CiscoWorks bzw. CiscoView) und Hewlett-Packard (HP OpenView) unterstützen natürlich ebenfalls SNMP für IPv6.

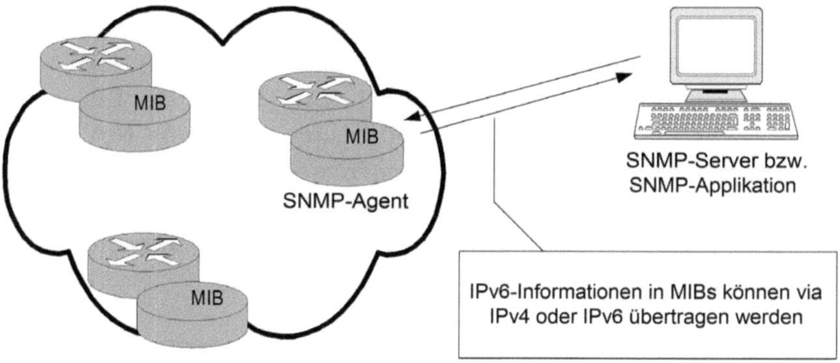

Abb. 12.1: Das SNMP-Modell

Herstellerunterstützung von SNMP über IPv6

Wie oben erwähnt, unterstützen die meisten Netzwerkhersteller SNMP über IPv6. Bei Cisco ist es verfügbar ab 12.0(27)S und 12.3(14)T, ab IOS 12.4 und 12.0(30)s. Juniper, Hitachi und 6wind unterstützen ebenfalls SNMP über IPv6.

Das Netzwerkmanagement mit SNMP funktioniert nicht ohne *Management Information Bases* (MIBs). Wir benötigen MIBs, die über eine IPv6-Adressfamilie erreichbar sind und die in der Lage sind, IPv6-Informationen zu sammeln.

In der Vergangenheit arbeiteten IPv4- und IPv6-MIBs unabhängig voneinander, gegenwärtig nutzen IPv4 und IPv6 jedoch vereinheitlichte MIBs.

Cisco unterstützt bereits sehr lange die IP-MIB und IP-FORWARD-MIB in IPv4. Die Cisco-IETF-IP-MIB und die Cisco-IETF-IP-FORWARD-MIB sind IPv6-MIBs, die als protokollunabhängig definiert, aber nur für IPv6-Objekte und -Tabellen implementiert sind. Im Cisco-IOS-Release 12.2(33)SRC wurden die IP-MIB und die IP-FORWARD-MIB auf RFC-4293- und RFC-4292-Standards aktualisiert.

Junipers JUNOS-IPv6- und ICMPv6-MIB bietet Unterstützung für die JUNOS-Implementation von IPv6 und ICMPv6. Die MIB basiert auf dem (alten) RFC 2465 und bietet unterschiedliche Counter für IPv4- und IPv6-Verkehr.

Hitachis Router (GR2000 und GR4000) und Switches (GS4000) unterstützen IPv6-Standard-MIBs: RFC 2452 (TCP/IPv6), RFC 2454 (UDP/IPv6), RFC 2465 (IPv6) und RFC 2466 (ICMPv6). Net-SNMP: Net-SNMP (`http://net-snmp.sourceforge.net`) ist eine Sammlung von Applikationen zur Implementierung von SNMP v1, SNMP v3 und SNMP v3 unter Verwendung von IPv4 und IPv6. Die Suite unterstützt MIBs gemäß den RFCs 2452, 2454, 2465 und 2466.

12.2.2 Andere Standards

SNMP wird überwiegend für Monitoring- und Fehlermanagementaufgaben eingesetzt (und wurde hauptsächlich auch dafür entworfen). Das allein kann natürlich die Anforderungen von Netzwerkadministratoren nicht befriedigen, die Funktionen für die Konfiguration, für Authentifizierung, Autorisierung und Accounting (AAA) benötigen. Deshalb wurden weitere Standards definiert, darunter *COPS* (RFC 2748) und *Web-Based Enterprise Manager* (WBEM) für Konfigurationsaufgaben und Radius (RFC 3162) sowie Kerberos V (RFC 1510) für AAA.

WBEM und COPS sind für IPv6-Netzwerke verfügbar. Radius wurde für IPv6 definiert, aber weil es nur schlecht in sehr großen Netzwerken eingesetzt werden kann, definierte die IETF ein neues Protokoll mit dem Namen *Diameter* (RFC 3588). In den Radius-Implementationen *Radiator* und *FreeRadius* ist IPv6-Unterstützung enthalten.

12.2.3 Netflow und IPFIX

Netflow ist ein ursprünglich von Cisco entwickeltes Accounting-Protokoll. Es ist weit verbreitet und unterstützt verschiedene Applikationen wie Verkehrsanalyse, Kapazitätsplanung oder Abrechnung. Neben Cisco unterstützen viele weitere Hersteller Netflow oder offerieren technisch mit Netflow identische Versionen, beispielsweise *cFlow* von Juniper und *Netstream* von Huawei. Es gibt verschiedene Versionen von Netflow; am weitesten verbreitet ist Netflow Version 5. Als offener Standard im RFC 3954 beschrieben ist indes Netflow Version 9. Und nur Netflow Version 9 exportiert IPv6-Flows zu einem Netflow-Kollektor. Netflow Version 9 dient außerdem als Basis für das IPFIX-Protokoll (RFC 3917), eine Weiterentwicklung von Netflow.

Für die Speicherung und Verarbeitung der Flows sind Netflow-Kollektoren notwendig. Netflow-Kollektoren sind inzwischen zahlreich verfügbar – als freie Versionen oder in Form kommerzieller Produkte.

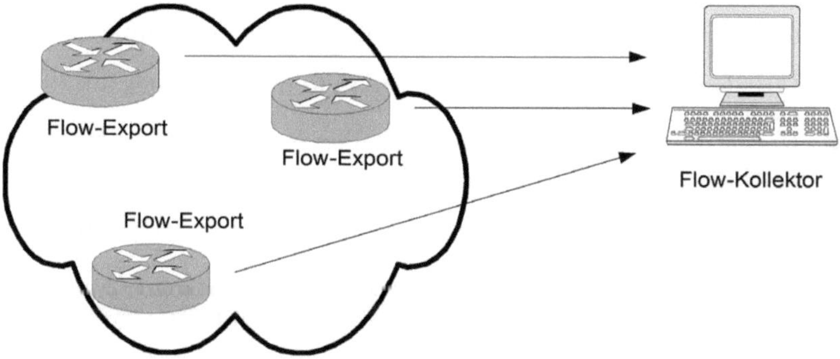

Abb. 12.2: Das Netflow-Modell

Als *Flow* bezeichnen wir eine Sammlung von Paketen, die zur selben Applikation zwischen einem Quell- und Ziel-Paar gehören.

12.3 Managementwerkzeuge

Netzwerkmanagement erstreckt sich über viele Segmente eines Netzwerks. Üblicherweise unterscheiden wir Local Area Networks (LANs), Metropolitan Area Networks (MANs) und Wide Area Networks (WANs). Der Administrator eines LANs benötigt eine andere Sammlung von Managementfunktionen als der Administrator eines WANs. Aus diesem Grund beschreiben die folgenden Abschnitte Managementwerkzeuge geordnet nach dem Teil eines Netzwerks, für den sie am besten geeignet sind.

12.3.1 Managementwerkzeuge für das Core-Netzwerk

Die folgenden Managementapplikationen und -werkzeuge sind am besten geeignet für das Management von Core-Netzwerken oder WANs.

Routing Information Service (RIS)

RIS ist ein Projekt von RIPE NCC, das Internet-Routing-Daten von zahlreichen Standorten rund um den Globus sammelt und speichert. RIS enthält viele Werkzeuge zur Darstellung dieser Informationen:

- Visualisierung der von RIS gesehenen Routing-Updates
- IS-Alarme für Benachrichtigungen über fehlerhafte bzw. fehlgeleitete Ankündigungen Ihres Adressbereichs
- Suche nach spezifischen RIS-Daten mit zahlreichen Optionen
- *ASInUse* bestimmt, ob ein AS aktuell im Internet genutzt wird, und liefert statistische Informationen über die Nachbarn.
- *PrefixInUse* findet heraus, wann ein Präfix zuletzt im Internet gesehen wurde und woher es kam.
- *Looking Glass* erlaubt die direkte Abfrage der Route-Collector von RIPE.
- *RISwhois* durchsucht die aktuellsten RIS-Daten nach den Details einer IP-Adresse.

RIS liefert außerdem einige Reports und Statistiken:

- Wöchentliche Statistiken über Status und Änderungen der globalen Routing-Tabellen.
- RIS-Report-BGP-Analysegrafiken basierend auf RIS-Daten.
- Tests der Erreichbarkeit neuer Adressblöcke über das Internet.

Die *RIS-Status-Overview* listet Wartungsankündigungen, Ausfälle und den Datenbank-Insertion-Status.

RIS ist nutzbar über `http://www.ripe.net/data-tools/stats/ris/routing-information-service`.

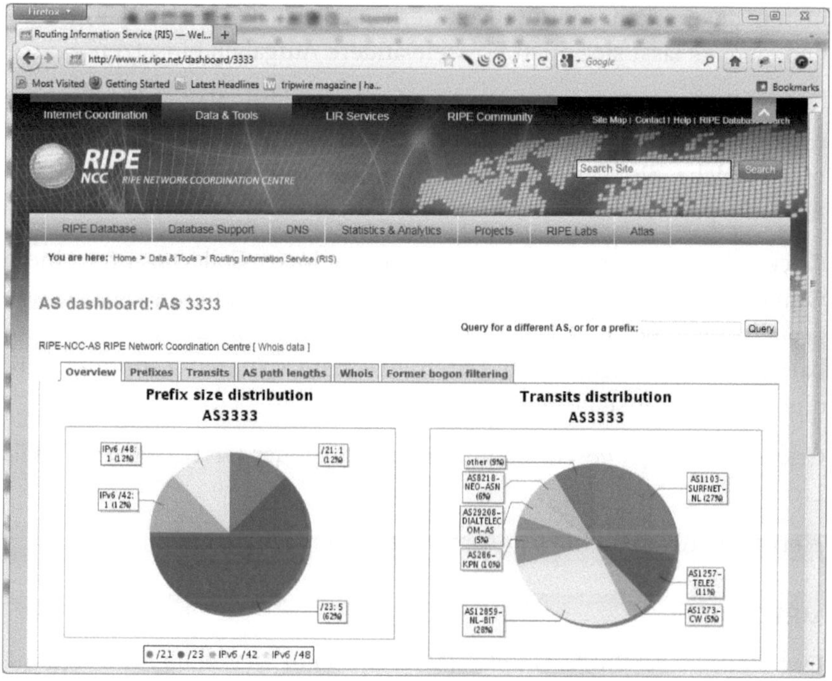

Abb. 12.3: RIS ist ein ausgezeichnetes Tools für das Management von IPv6-WANs.

IPFlow

IPFlow ist ein Kollektor für Netflow-Pakete. Das Tool unterstützt die Netflow-Versionen 1, 5, 7, 8 und 9. Es unterstützt die Aufzeichnung der Flussdaten auf Platte, Datenaggregation entsprechend der Konfiguration, Port-Scan-Entdeckung, die Speicherung aggregierter Daten in RRDtool und eine grafische Darstellung von Flussstatistiken.

IPFlow unterstützt Linux, Solaris 9 und 10, FreeBSD, OpenBSD und Tru64 Unix. Das Tool kann möglicherweise für weitere Betriebssysteme kompiliert werden.

Herunterladbar von `http://www.ipflow.utc.fr/index.php/Main_Page`

Cricket

Cricket ist ein hoch performantes, sehr flexibles System für das Monitoring von Trends. Das Tool wurde entwickelt, um Netzwerkmanagern zu helfen, den Verkehr in ihren Netzwerken zu visualisieren und zu verstehen, aber es lässt sich auch für viele andere Aufgaben einsetzen.

Netzwerkoperatoren müssen wissen, wie gut ihre Netzwerke funktionieren. Jeder Knoten im Netzwerk erzeugt Statistiken über viele Attribute, welche die Performance betreffen. Operatoren möchten diese Attribute permanent beobachten.

Cricket besteht aus zwei Komponenten: einem Collector und einem Grapher. Der Collector läuft über cron alle fünf Minuten (oder wie eingestellt) und speichert Daten in einer von RRDtool verwalteten Datenbank. Zum Überprüfen der Daten zu einem späteren Zeitpunkt wird eine Web-Schnittstelle genutzt.

Cricket ist in Perl geschrieben und unterliegt der GNU General Public License.

Herunterladbar von `http://cricket.sourceforge.net`

MRTG

Der *Multi Router Traffic Grapher* (MRTG) ist ein Werkzeug für das Monitoring der Verkehrslast auf Netzwerk-Links. MRTG generiert HTML-Seiten mit Grafiken, die den aktuellen Verkehr auf den Links visuell repräsentieren. Das Tool ist aber nicht auf Traffic-Monitoring beschränkt; es erlaubt die Beobachtung jeder beliebigen SNMP-Variablen. Viele Administratoren nutzen es, um Dinge wie die Systemauslastung, Login-Sitzungen und mehr zu überwachen.

Das Tool wird häufig eingesetzt, für IPv4 ebenso wie für IPv6. Es ist vollständig in Perl geschrieben und läuft auf den meisten Unix-Plattformen (natürlich auch Linux) und Windows NT. Auch dieses Tool kann mit RRDtools zusammen arbeiten.

Website: `http://oss.oetiker.ch/mrtg/doc/mrtg.en.html`

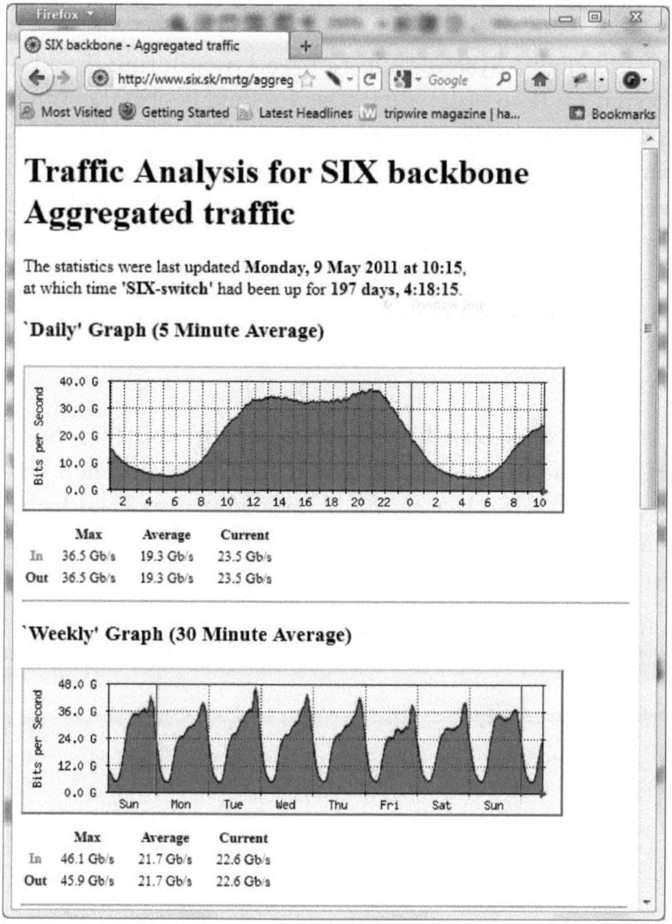

Abb. 12.4: MRTG-Beispielausgabe

12.3.2 Managementwerkzeuge für das lokale Netzwerk

Für das Management lokaler Netzwerke stehen sehr viele Werkzeuge zur Verfügung, von denen einige schon fast Klassiker sind.

Argus

Argus ist eine recht beliebte System- und Netzwerkmonitoring-Applikation, die seit Version 3.2 IPv6 unterstützt. Das Produkt beobachtet unter anderem TCP- und UDP-Applikationen, IP-Connectivity, SNMP OIDS und vieles mehr. Die Web-Schnittstelle der Applikation ist sauber und einfach anzuwenden. Argus sendet Alerts via Pager und E-Mail, und weitere Benachrichtigungsarten, beispielsweise WinPopup, lassen sich hinzufügen. Das Programm eskaliert Alerts automatisch, bis sie bestätigt werden. Für die Installation des Programms benötigt man ein Betriebssystem, das IPv6 unterstützt. Außerdem müssen ein paar Perl-Module vorhanden sein.

Das Produkt lässt sich einsetzen für das Management von PCs, Switches, Routern. Es beobachtet die Verfügbarkeit der Geräte und den Verkehr im Netzwerk. Zu den Services, die Argus administrieren kann, gehören unter anderem http, ftp, dns, imap und smtp. Neue Features lassen sich dem Produkt relativ einfach hinzufügen.

Download von `http://argus.tcp4me.com/`

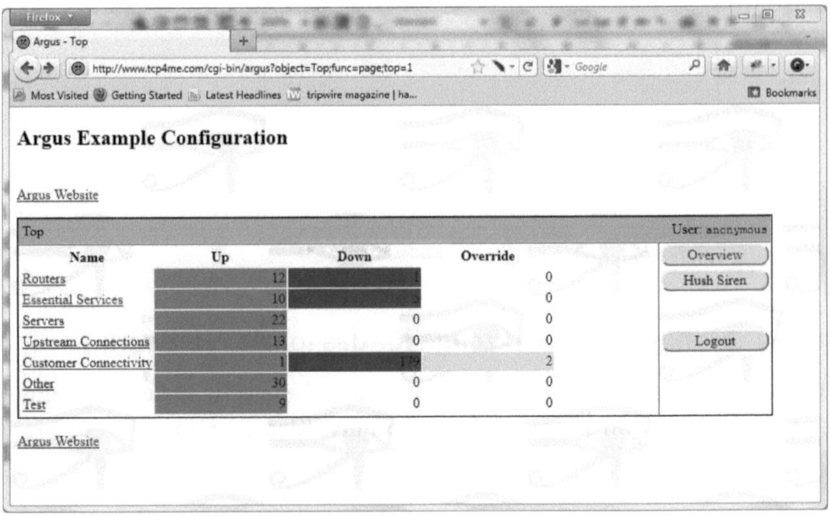

Abb. 12.5: Argus – ein leicht zu bedienendes System für das Management lokaler Netze

Wireshark

Wireshark (ehemals Ethereal) ist ein sehr populärer Paketanalysator mit grafischem Front-End und eingebauten Drill-down-Fähigkeiten. Das Produkt unterstützt die grundlegenden IPv6-Protokolle und auf TCP und UDP basierende Applikationen, die über IPv6 ausgeführt werden. Wireshark wird von vielen Anwendern für die Entwicklung und zum Troubleshooting von IPv4- und IPv6-Applikationen und -Protokollen eingesetzt. Die grafische Schnittstelle des Produkts ist sauber und sehr einfach navigierbar. Wireshark erlaubt die Einstellung vieler Filter und die Speicherung gesammelter Pakete. Das Produkt läuft unter Windows und Unix (Linux).

Website: `www.wireshark.org`

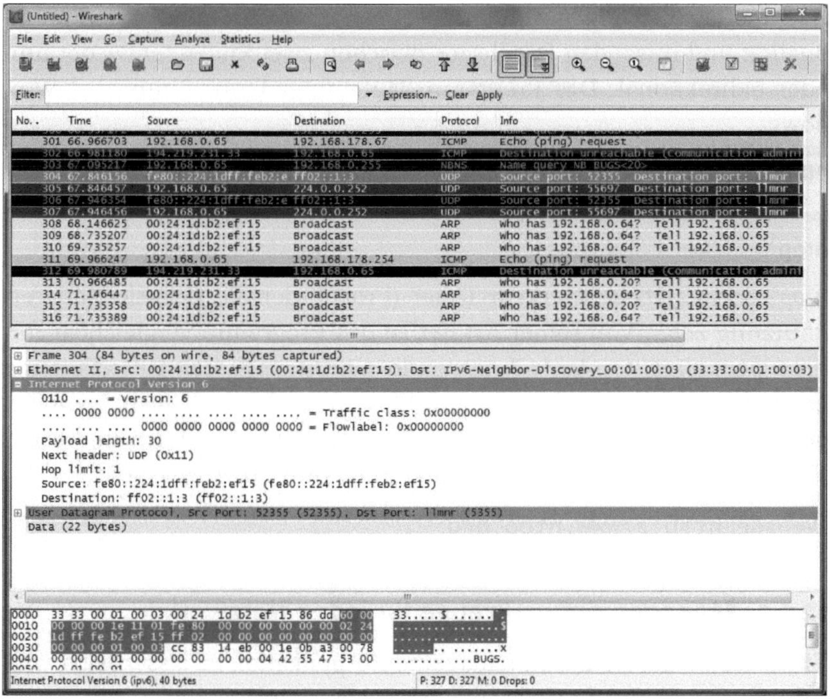

Abb. 12.6: Für die Protokollanalyse (auch IPv6) gibt es kaum ein besseres (freies) Produkt als den Wireshark.

DBeacon

DBeacon ist eine Applikation zum Monitoring der Parameter von Multicast-Verkehr. Das Tool sammelt Statistiken wie Loss, Delay und Jitter zwischen Beacons. DBeacon unterstützt sowohl IPv4 als auch IPv6-Multicasts und funktioniert mit *Any-Source-Multicast* (ASM) und *Source-Specific-Multicast* (SSM).

Zu finden unter `http://fivebits.net/proj/dbeacon/`

Iperf

Iperf ist ein Tool zum Überprüfen der Bandbreitenverfügbarkeit, des Packet-Loss' und der Latenz auf einem Ende-zu-Ende-Pfad im IPv6-Internet. Um seine Tests durchzuführen, erzeugt das Programm TCP- und UDP-Datenströme und misst dann den Durchsatz des Netzwerks, über das sie übertragen werden. Iperf besitzt Client- und Server-Funktionalität und misst den Durchsatz zwischen zwei Enden, entweder uni- oder bidirektional. Das Programm läuft unter Unix, Linux und Windows.

Herunterladbar von `http://iperf.sourceforge.net/`

ntop

ntop ist ein Netzwerkverkehr-Tester (Probe), der die aktuelle Netzwerknutzung zeigt. Von seiner Art her ist das Programm vergleichbar mit dem populären top-Unix-Kommando zur Anzeige der CPU-Nutzung eines Systems. ntop basiert auf libpcap und wurde sehr portabel geschrieben, sodass es auf so gut wie jeder Unix-Plattform und unter Windows (Win32) läuft. Das Produkt unterstützt IPv6 vollständig.

Website: `http://www.ntop.org`

12.3.3 Managementwerkzeuge für jedes Netzwerk

Eine Reihe von Netzwerkmanagement-Applikationen lassen sich zielführend sowohl im LAN als auch im WAN einsetzen.

Nagios

Nagios ist ein sehr populärer Host- und Service-Monitor, der Netzwerkadministratoren über Netzwerkprobleme informiert. Das Produkt ist sehr vollständig, kann daher aber auch für kleinere Netzwerke zu komplex sein. Der Monitoring-Daemon des Produkts führt die in der Konfiguration spezifizierten Checks auf Hosts und für Services aus. Dazu bedient er sich externer Plugins, die Statusinformationen an Nagios zurückliefern. Wird ein Problem entdeckt, dann kann der Daemon Administratoren Benachrichtigungen senden, beispielsweise via E-Mail, IM, SMS etc. Statusinformationen, historische Logs und Berichte sind über Web-Browser abrufbar. Neue Features lassen sich dem Programm über Plug-ins hinzufügen. Von Nagios existieren einige Forks sowie kommerzielle Varianten.

Website: `www.nagios.org`

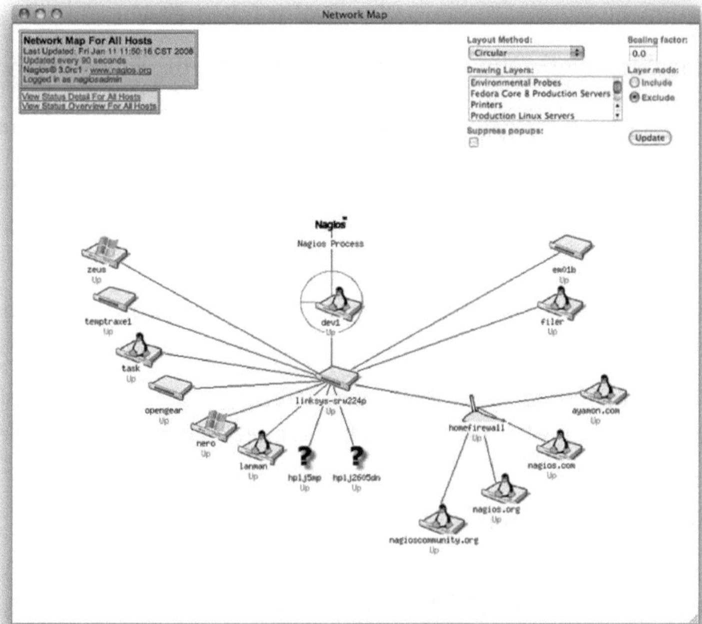

Abb. 12.7: Nagios erzeugt transparente Netzwerkdiagramme.

RANCID

RANCID oder »Really Awesome New Cisco config Differ« ist trotzt des Namens nicht nur für Cisco-Geräte geeignet sondern unterstützt außerdem auch Juniper-Router, Foundry-Switches und andere Geräte. Das Tool fragt automatisch die Konfigurationsdateien eines Routers (oder generell eines Netzwerkgeräts) ab und speichert sie in einer CVS-Umgebung, um Konfigurationsänderungen nachverfolgen zu können. Zum Anzeigen dieser Änderungen gibt es verschiedene Front-Ends, beispielsweise *cvsweb* und *viewcvs.*

Weitere Informationen und Download auf: `http://www.shrubbery.net/rancid/`

12.3.4 Empfehlungen für den Administrator

Da es kein einzelnes Werkzeug gibt, mit dem sich alle Managementaufgaben erledigen lassen, muss sich jeder Administrator seine eigene Werkzeugsammlung zusammenstellen. Dafür folgende Vorschläge:

- Ein einzelnes Werkzeug für Verkehrsmanagement, Diensteverfügbarkeit und Link-/Equipment-Status. Für diese Aufgabe eignen sich Argus, Nagios oder (eingeschränkt) Ntop.
- Ein Werkzeug für die Überwachung der Ende-zu-Ende-Performance des IPv6-Netzwerks. Das lässt sich beispielsweise mit Iperf erledigen.
- Ein Werkzeug für das Management der Konfiguration des Equipments: Rancid.
- Ein Werkzeug für die Protokoll- bzw. Paketanalyse, das beim gelegentlichen Troubleshooting hilft. Hier eignet sich besonders Wireshark, aber auch tcpdump lässt sich einsetzen.
- Ein Multicast-Dbeacon fürs IPv6-Multicast-Management.

Diese Sammlung ist geeignet für das Management lokaler Netzwerke. Für das Management von Core-Netzwerken bzw. WANs reicht sie allerdings nicht aus. Hier wäre zu ergänzen:

- Fürs Verkehrsmanagement: Neben Nagios MRTG oder Cricket.
- Ein Werkzeug für das Routing-Management: ASpath-tree für die Überwachung der Routing-Richtlinie und des globalen Status der Routing-Tabelle.
- Ein Werkzeug für das Account-Management: IPflow.

Kapitel 13

Sicherheit

Dieses Kapitel beschreibt, wie es mit der Sicherheit von Netzwerkumgebungen aussieht, die IPv6 ganz oder teilweise eingeführt haben. Jeder Netzwerkadministrator sollte wissen, wie IPv6 die Sicherheit seines Netzwerks ändert und was er tun kann, um sein Netzwerk so sicher wie möglich zu machen.

13.1 Sicherheitsbedrohungen

Die folgenden Abschnitte beschreiben die *Sicherheitsbedrohungen*, denen ein IPv6-Netzwerk ausgesetzt ist.

13.1.1 Reconnaissance oder Informationsbeschaffung

Ein Angreifer beginnt in der Regel seine Aktivität damit, sich Informationen über das Netzwerk, die darin enthaltenen Hosts und Dienste zu beschaffen. Dazu bedient er sich normalerweise einer ausgefeilten *Scanning-Methode*. Die beschafften Informationen dienen ihm als Grundlage für den später folgenden, eigentlichen Angriff. IPv6 bietet von vornherein einen gewissen Schutz vor Scanning, indem die riesige Anzahl potenzieller Hosts in einem typischen LAN ein Port-Scanning relativ schwierig macht. Ein umfassender Scan eines /64-Subnetzes ist extrem zeitaufwendig, und viele Angreifer werden sich einfachere Ziele suchen. Selbstverständlich ist dies kein hundertprozentiger Schutz, aber immerhin eine wirkungsvolle Abschreckung.

Leider gibt es einige Punkte, die ein Scanning vereinfachen und wichtige Systeme einer Gefahr aussetzen. Diese Punkte zu kennen, ermöglicht Administratoren aber auch, Maßnahmen zu ergreifen:

- *Vorhersehbare Adressierungsschemas*: Viele Administratoren nutzen spezifische und damit relativ leicht vorhersehbare Adressierungsschemas für bestimmte Systeme, beispielsweise Server und Router. Administratoren sollten ihre Adressierungsmuster sorgfältig auswählen und vielleicht sogar wichtige Systeme ohne besonderes Schema nummerieren, selbst wenn dies das Adressmanagement etwas schwieriger macht.
- *Das EUI-64-Adressformat*: Zweifellos erleichtert EUI-64 die Autokonfiguration und Adressierung von Hosts. Allerdings ist auch Angreifern bekannt, wie EUI-64 und Autokonfiguration funktioniert. So wissen natürlich auch Angreifer, dass zur Erzeugung der letzten 64 Bits der Adresse die MAC-Adresse genutzt wird, in die automatisch das Muster 0xFFFE eingefügt wird. Dies reduziert den zu scannenden Adressbereich. Nochmals einfacher wird es für einen Angreifer, wenn er weiß oder zumindest ahnen kann, von welchem Hersteller die im Netzwerk genutzten Netzwerkkarten stammen. Denn wenn er dies weiß, kennt er bereits die Hälfte der MAC-Adresse.
- *Ungeeignete Filterung eingehender Nachrichten*: Damit IPv6 korrekt funktioniert, müssen bestimmte ICMPv6-Nachrichten im geschützten Netzwerk erlaubt sein. Diese Nachrichten können für die Informationsbeschaffung genutzt werden. Administratoren müssen Filter so einstellen, dass sie wirklich nur die notwendigen Nachrichten erlauben.
- *Ungeeignete Filterung von Multicasts*: Einige IPv6-Multicast-Adressen adressieren eine Gruppe von Geräten gleichen Typs, beispielsweise alle Router. Kann ein Angreifer auf solche Adressen zugreifen, könnte er Zugriff auf diese Geräte erlangen und sie angreifen (DoS). Entsprechend eingestellte Filter verhindern, dass solche Adressen über die Grenzen des Netzwerks hinaus angekündigt werden.

Wie bei IPv4 sollten nicht benötigte Dienste an den Zugangspunkten des Netzwerks gefiltert werden.

13.1.2 Unautorisierter Zugriff

Die Autorisierung, wer auf ein Computersystem zugreifen darf, ist eine Richtlinienentscheidung. Eine solche Richtlinie kann in TCP/IP auf Schicht 3 oder 4 durchgesetzt werden. In diesem Fall wird die Entscheidung normalerweise in Firewalls getroffen. Das ist auch bei IPv6 noch so.

Die Filterung von Paketen, deren Quelladressen niemals in Internet-Routing-Tabellen auftauchen sollten, ist eine Minimalanforderung an jede Firewall. Bei IPv4 ist es einfacher, Pakete mit solchen Adressen abzulehnen (*deny*), bei IPv6 ist es leichter, legitime Pakete zuzulassen.

Die Zugriffssteuerung kann natürlich auch unterhalb der Netzwerkschicht erfolgen, beispielsweise mit einem auf Ports basierenden Authentifikationsmechanismus wie 802.1x. Eine 802.1x-Infrastruktur unterstützt sowohl verdrahtete und wireless Segmente des Netzwerks.

13.1.3 Spoofing

Denial-of-Service-(DoS-)Angriffe mit gefälschten oder gespooften Quelladressen bereiten große Schwierigkeiten. Zur Verhinderung von DoS-Angriffen mit gefälschten IP-Adressen empfiehlt RFC 2827 eine einfache, aber wirksame Methode zur Nutzung von *Ingress-Traffic-Filtering*. Diese Methode kann das Spoofing von Quelladressen verhindern. Außerdem ermöglicht sie eine Rückverfolgung des Urhebers bis zur Quelle, denn der Angreifer muss eine gültige, erreichbare Quelladresse verwenden.

Ingress-Filterung wird normalerweise in den Edge-Routern des ISPs implementiert, entweder durch Firewall-Filter oder durch einen *Unicast-Reverse-Path-Forwarding-Check* (uRPF).

Die Endbenutzer eines ISPs könne eine ähnliche Technik (*Egress-Filterung*) nutzen, um das Senden von Paketen zu verhindern, die nicht zu ihren Netzwerken gehören.

Diese Techniken lassen sich auch in IPv6 implementieren, wobei IPv6 die Ingress-Filterung noch erleichtert, da lediglich ein Präfix für den Ingress-Filter zu konfigurieren ist.

13.1.4 Stören der Host-Initialisierung

In IPv4-Netzwerken lassen sich relativ einfach Angriffe gegen das *ARP-Protokoll* durchführen, da Hosts nicht beweisen können, dass sie Eigentümer ihrer MAC-Adresse sind. Daher ist es beispielsweise einfach, den Default-Router des Subnetzes zu kapern. Das Netzwerk lässt sich dagegen schützen, indem man einen Switch so konfiguriert, dass er für alle Frames, die er über einen spezifischen Port empfängt, nur eine spezifische Zahl MAC-Adressen zulässt. Cisco-Switches bieten diesen Schutz mit ihrem *Port-Security* genannten Feature.

Falls DHCP für die Initialisierung der Hosts genutzt wird, können Angreifer auf dem Link verschiedene Angriffe gegen den DHCP-Server unternehmen. Sie können einen falschen DHCP-Server betreiben und DHCP-Nachrichten schneller als der legitime DHCP-Server liefern, sie können den DHCP-Server erschöpfen, indem sie ihn mit einer riesigen Anzahl von Requests bombardieren, sie können den vom DHCP-Server zur Verfügung gestellten IP-Adressbereich erschöpfen, indem sie zu viele IP-Adressen anfordern ... Vor solchen Angriffen schützen kann man sich durch eine Kombination aus Port-Security, *DHCP-Snooping* und Beschränkung der DHCP-Nachrichtenrate. Port-Security verhindert den Betrieb falscher DHCP-Server. DHCP-Snooping filtert nicht vertrauenswürdige DHCP-Nachrichten und erzeugt eine *DHCP-Snooping-Binding-Tabelle*. Diese Tabelle wird genutzt, um IP-Spoofing zu verhindern.

Die Hosts in einem IPv6-Netzwerk können ähnlich wie ARP angegriffen werden, beispielsweise durch Senden falscher Neighbor-Advertisement-Nachrichten, durch einen DoS-Angriff auf die Prozedur, die doppelte Adressen erkennt, oder durch Senden falscher Router-Advertisements. Zum Schutz vor Angriffen auf die Neighbor-Discovery-Prozedur kann man *Secure Neighbor Discovery* (SEND) implementieren (RFC 3971).

13.1.5 Broadcast-Storms

In der Vergangenheit wurden viele *Broadcast-Storm-Angiffe* gegen IPv4-Netzwerke unternommen, der berühmteste davon war dem smurf-Angriff. Dieser Angriff wurde durch zwei Umstände ermöglicht:

1. Ingress-Filterung war nicht implementiert, wodurch das Spoofing der Quelladresse des Angriffspakets ermöglicht wurde.
2. Die Hosts antworteten auf Nachrichten, die an eine Broadcast-Adresse gerichtet waren.

Ein solcher Angriff ist in einer IPv6-Umgebung kaum vorstellbar, denn:

- In einer IPv6-Umgebung gibt es keine Broadcast-Adressen. Dies stoppt Angriffe, die ICMP-Pakete an eine Broadcast-Adresse senden. Für Gruppen von Geräten existieren allerdings globale Multicast-Adressen (Link-Local-Adressen, Site-Local-Adressen und Site-Local-Router).
- Die IPv6-Spezifikation erlaubt keine Antworten auf Nachrichten, die für globale Multicast-Adressen bestimmt sind. Dabei gibt es allerdings zwei Ausnahmen: die Packet-Too-Big-Nachricht und die Parameter-Problem-Nachricht.

13.1.6 Angriffe gegen die Routing-Infrastruktur

Der Zweck eines IP-Routing-Angriffs ist die Störung oder Zerstörung des Router-Peerings oder der Routing-Informationen mit dem Ziel, einen weiteren Angriff nachzuschieben, beispielsweise einen DoS-Angriff. Auch Administratoren eines IPv6-Netzwerkes müssen mit Angriffen auf ihre Routing-Infrastruktur rechnen.

BGP, IS-IS und EIGRP nutzen bei IPv4 und IPv6 denselben Sicherheitsalgorithmen: keyed MD5-Digest. In diesen Fällen sind die Routing-Protokolle bei IPv6 so zu schützen, wie es bei IPv4 getan wird.

OSPFv3 und RIPng nutzen indes IPsec. Wer also eines dieser beiden Routing-Protokolle verwendet, der sollte IPSec zum Schutz dieser Protokolle konfigurieren.

Die weiteren Angriffstypen gegen die Router-Infrastruktur gleichen denen, die bei IPv4 genutzt werden. Hier sollten also ähnliche Gegenmaßnahmen ergriffen werden wie bei IPv4, beispielsweise Zugriffsbeschränkungen für Router, SSH-Authentifikation etc.

13.1.7 Sniffing oder Abfangen von Daten

Das Einfangen ungeschützter Daten in einer IPv6-Umgebung gleicht dem Sniffing in IPv4-Umgebungen. Wireshark (ehemals Ethereal) ist ein von Netzwerkadministratoren sehr häufig eingesetztes Tool zum Einfangen und Auswerten von Paketen, das natürlich auch jedem Angreifer zur Verfügung steht.

Die obligatorische Unterstützung von IPSec in IPv6-Umgebungen kann dieses Problem abschwächen.

13.1.8 Man-in-the-Middle-Angriffe

Ohne IPSec werden diese Angriffe bei IPv6 ebenso zum Erfolg führen wie bei IPv4. IPv6 ist mit IPSec zwar eng verknüpft, aber es ist noch nicht alltäglich, dass Netzwerkadministratoren IPSec auch wirklich nutzen. Zertifikate können die nötige End-to-End-Authentifikation auf Anwendungsebene bieten. Ohne einen solchen Mechanismus sind Man-in-the-Middle-Angriffe möglich.

13.1.9 Angriffe auf die Anwendungsschicht

Heute haben die meisten Angriffe auf Computersysteme die Anwendungsschicht zum Ziel. Solche Angriffe erlangen Zugriff auf Systemressourcen, indem sie Pufferüberläufe in den Anwendungen ausnutzen oder sich durch Ausführung von Code höhere Privilegien aneignen.

Diese Angriffstypen sind nicht mit dem zugrunde liegenden Netzwerkprotokoll verknüpft. Aus diesem Grund ist nach einer Migration zu IPv6 keine Änderung zu erwarten. Die Administratoren müssen die Probleme kennen und ihre Systeme permanent aktualisieren, um solche Angriffe zu verhindern.

13.1.10 Denial-of-Service-Angriffe

Flooding-Angriffe sind bei IPv4 und IPv6 identisch. Sie zu verhindern, wird also auch bei IPv6 eine Aufgabe sein. Dafür benötigen Administratoren wirksame DoS-Erkennungswerkzeuge, die IPv6-Kommunikationsflüsse analysieren können, um DoS-Flüsse zu finden. Falls die Kommunikation durch IPSec authentifiziert wird, erreichen die DoS-Pakete die Anwendung zwar nicht, aber der Kommunikationskanal könnte immer noch überflutet werden, womit der Angriff im Endeffekt doch noch erfolgreich wäre.

13.2 IPSec

IPSec (Internet Protocol Security) ist ein von der IETF entwickeltes Framework offener Standards, die die Übertragung von Informationen über ungeschützte Netzwerke (wie das Internet) schützt. IPSec arbeitet auf der Netzwerkschicht und schützt und authentifiziert IP-Pakete zwischen den teilnehmenden IPSec-Geräten, beispielsweise Router. IPSec offeriert folgende Sicherheitsdienste:

- *Datenvertraulichkeit*: Der IPSec-Sender kann Pakete verschlüsseln, bevor er sie über ein Netzwerk sendet.
- *Datenintegrität*: Der IPSec-Empfänger kann von einem IPSec-Sender gesendete Pakete authentifizieren, um sicherzustellen, dass sie während der Übertragung nicht verändert wurden.
- *Datenquellenauthentizität*: Der IPSec-Empfänger kann die Quelle authentifizieren, welche die Pakete gesendet hat.
- *Anti-Replay*: Der IPSec-Empfänger kann wiedergegebene Pakete entdecken und ablehnen.

Die Dienste sind optional. Die lokale Sicherheitsrichtlinie schreibt normalerweise vor, welche Dienste genutzt werden und wie sie genutzt werden.

Die Funktionalität von IPSec ist bei IPv4 und IPv6 generell identisch. Bei IPv6 kann sie jedoch End-to-End genutzt werden – Daten lassen sich also auf dem gesamten Pfad zwischen Quelle und Ziel verschlüsseln. IPv6 implementiert IPSec unter Verwendung der Authentication-Extension-Header und der ESP-Extension-Header. Der Authentication-Header offeriert Integrität und Authentizität der Quelle. Er schützt die

Integrität der meisten Felder des IP-Headers und authentifiziert die Quelle durch einen Signaturalgorithmus. Der ESP-Header offeriert Vertraulichkeit, die Authentizität der Quelle, verbindungslose Integrität des inneren Pakets, Anti-Replay und Verkehrsflussvertraulichkeit (eingeschränkt).

13.3 Sichere Autokonfiguration

Die stateless Adressautokonfiguration von IPv6 erzeugt die globale Unicast-Adresse eines Knotens aus dem Präfix (vom Router erhalten) und dem EUI-64-Identifier. Da der EUI-64-Identifier aus der MAC-Adresse generiert wird, ist es sehr einfach, die IP-Adresse mit einer MAC-Adresse zu verknüpfen. Nur MAC-Adressen und L2-Port-Mapping sollten implementiert werden. Die Nutzung von EUI-64-Identifiers als Teil der IPv6-Adresse zu erzwingen, kann mit einer Firewall erledigt werden. Einige Firewalls erlauben bereits die Prüfung der MAC-Adressen/EUI-64-Adressen-Konsistenz ausgehender Pakete. So lässt sich eine Art Integrität der ausgehenden Kommunikation herstellen.

13.3.1 Privacy-Extensions

Adressen dieses Typs wurden entwickelt, weil es Bedenken gab, ein und denselben Schnittstellen-Identifier in mehrfachen Kommunikationskontexten zu benutzen. Man könnte den Identifier ja nutzen, um scheinbar unabhängige Aktivitäten miteinander in Beziehung zu setzen. Diese Privacy-Extension-Adressen verhindern das zwar, sie bringen aber auch ein paar Probleme mit sich: Sie machen das Troubleshooting komplizierter, erfordern häufige Updates von Reverse-DNS-Einträgen, erlauben einfacheres Adress-Spoofing, verhindern die Unterscheidung temporärer und gefälschter Adressen und verbessern dabei die Präfix-Privacy kein Stück.

Möglicherweise ist es besser, statt solcher Adressen ein neueres IPv6-Feature zu nutzen: *Cryptographically Generated Addresses* (CGA), RFC 3972. Dieses Feature generiert einen zufälligen Schnittstellen-Identifier basierend auf dem öffentlichen Schlüssel (*public key*) des Knotens. CGA beweist das Eigentum einer Adresse und verhindert das Spoofing und den Diebstahl existierender IPv6-Adressen.

13.3.2 DHCPv6

DHCP kann ein Gerät mit einer Adresse und anderen Konfigurationsinformationen ausstatten. DHCPv6-Server nutzen *DCHP-Unique-Identifier* (DUIDs), um Clients für die Auswahl von Konfigurationsparametern zu identifizieren. DHCP-Clients nutzen DUID, um einen Server zu identifizieren.

Ein DUID kann aus verschiedenen Quellen generiert werden:

- Basierend auf der Link-Layer-Address-Plus-Time (DUID-LLT)
- Basierend auf der Enterprise-Number (DUID-EN)
- Basierend auf der Link-Layer-Adresse (DUID-LL)

Bei DUID-LLT und DUID-LL existiert eine Verknüpfung zwischen der IPv6-Adresse und der Link-Layer-Adresse (normalerweise eine MAC-Adresse) in den Statusinformationen des DHCPv6-Servers. Bei DUID-EN ist es Aufgabe des Administrators, eine solche Verknüpfung herzustellen.

Werden die Adressen aus einem gut identifizierbaren Teil in /64 zugewiesen, dann können die Firewalls dafür sorgen, dass nur Hosts, die DHCPv6 für die Adresskonfiguration verwenden, sich mit Zielen außerhalb des geschützten Netzwerks verbinden können.

13.3.3 Statische Adresskonfiguration

Die statische Adresskonfiguration gleicht der statischen Konfiguration bei IPv4. Hier gibt es also auch die gleichen Probleme wie bei IPv4.

13.3.4 Falsche Router-Advertisements

Router-Advertisements sind einer der großen Unterschiede zwischen IPv6 und IPv4. IPv4 stellt die Adresse eines Gateways üblicherweise per

DHCP oder durch statische Konfiguration zur Verfügung. Bei IPv6 können Router, die am selben Link angeschlossen sind, das *Neighbor-Discovery-Protocol* für verschiedene Zwecke verwenden. Sie können damit beispielsweise die Präsenz anderer Router entdecken, deren Link-Layer-Adressen herausfinden, Parameter lernen etc. Ein solcher Mechanismus bringt aber auch ein gewisses Risiko mit sich. Die Anzahl der Angriffe, die möglich sind, sobald man an die Stelle des Default-Gateways getreten ist, ist beängstigend.

Router betrachten die Informationen, die sie in Router-Advertisements von anderen Routern erhalten, als bindend, selbst wenn diese Informationen nicht digital signiert oder verschlüsselt sind. Router ändern also betroffene Konfigurationseinstellungen ohne Verifikation. Bösartige Knoten können in den optionalen Feldern des ICMPv6-Extension-Headers fehlerhafte Werte eintragen, beispielsweise ein falsches Präfix oder eine falsche Link-Layer-Adresse. Da legitime Router-Advertisements nicht notwendigerweise Werte für sämtliche Optionen enthalten, stehen die Chancen nicht schlecht, dass die fehlerhaften Werte nicht durch ein nachfolgendes legitimes Router-Advertisement korrigiert werden.

Administratoren sollten sich dieser Situation bewusst sein und Konfigurationen vermeiden, wo solche Advertisements standardmäßig konfiguriert sind. DHCPv6-Systeme können möglicherweise dabei helfen, solche falschen Konfigurationen zu verhindern.

Beginnt ein falscher Router damit, Verkehr umzuleiten, dann wird er wahrscheinlich als »böser Proxy« den Inhalt ausgehender Pakete modifizieren oder als Endknoten in einem Kommunikationsfluss agieren. Diese zwei Formen eines Angriffs lassen sich mit IPSec verhindern. IPSec ist aber keine Option, wenn ein Ende der Kommunikation nicht von vornherein bekannt ist, es sehr viele Peers gibt oder sie sich unterschiedlichen Managementdomänen befinden. Auch hier kann DHCPv6 helfen.

Das weiß ich nun – Auflösung

Kapitel 1

1. C. TCP und UDP sind Protokolle der OSI-Schicht 4, der Transportschicht.
2. E. Die Datengruppe einschließlich der Ethernet- und/oder PPP-Header und -Trailer auf Ebene der Netzzugangsschicht nennt man *Frame*. Auf Ebene der Internetschicht spricht man von einem *Paket*, und die Transportschicht überträgt *Segmente*.
3. F. IP ist ein Protokoll der TCP/IP-Internetschicht.
4. B. Die Darstellungsschicht des OSI-Modells definiert die Standards für die Datendarstellung und Verschlüsselung.
5. A. Die TCP/IP-Internetschicht entspricht der OSI-Schicht 3, der Vermittlungsschicht.
6. B. Die Internetschicht des TCP/IP-Modells definiert logische Adressen und Routing.

Kapitel 2

1. A und C. Die OSI-Schicht 3, die Vermittlungsschicht, definiert die logische Adressierung und das Routing.
2. B. Das Dynamic Host Configuration Protocol (DHCP) dient zur automatischen Zuweisung von IP-Adressen und weiterer Konfigurationsinformationen wie Subnetzmasken, Default-Gateway-Adressen und DNS-Server-Adressen.
3. D. Gültige Werte für das erste Oktett einer Klasse-A-IP-Adresse liegen im Bereich von 1 bis 126. 127 ist für die Verwendung als Loopback-Adresse reserviert.

4. B. Falls sich die Ziel-IP-Adresse nicht im selben Subnetz befindet wie der sendende Host, sendet der Host das Paket zu seinem *Default-* oder *Standard-Gateway*.
5. D. Ein Router trifft seine Routing-Entscheidung, indem er die Ziel-IP-Adresse mit den Einträgen in seiner Routing-Tabelle vergleicht.
6. C und D.

Kapitel 3

1. C. Multiplexing mithilfe von Port-Nummern. Alle anderen Funktionen sind keine Funktionen von UDP.
2. B und D.
3. C. Routing ist eine Aufgabe eines Schicht-3-Protokolls, beispielsweise IP.
4. D. Maximum Transmission Unit.
5. C. Segmentierung.
6. B. 80 ist die well-known Port-Nummer für Webserver, 1023 die letzte der reservierten well-known Port-Nummern, bleibt 1025 übrig. Port-Nummern ab 1024 stehen frei zur Verfügung.

Kapitel 4

1. B und C.
2. C. /18 entspricht der Maske 255.255.192.0.
3. C. Um in einem Klasse-B-Netzwerk 165 Subnetze und 150 Hosts pro Subnetz zu unterstützen, benötigen wir eine Maske, die acht Host-Bits und acht Subnetz-Bits enthält. Diese Anforderung erfüllt nur die Maske 255.255.255.0.
4. C. 190.4.80.80/20 befindet sich in Subnetz 180.4.80.0 mit der Broadcast-Adresse 180.4.95.255 und einem Bereich gültiger IP-Adressen von 180.4.80.1 bis 190.4.95.254.

5. C. Die Subnetznummern beginnen bei 180.1.1.0 und erhöhen sich jeweils um 1 im dritten Oktett bis hinauf zu 180.1.255.0 (Broadcast-Subnetz).
6. A. RIP Version 1 unterstützt kein VLSM und damit auch keine manuelle Routenzusammenfassung.
7. A. Nur 10.5.0.0 255.255.240 überlappt nicht.

Kapitel 5

1. C. Von den aufgelisteten Routing-Protokollen nutzt nur OSPF Link-State-Logik.
2. C. RIPv1 ist ein klassenbezogenes Routing-Protokoll. Die anderen aufgelisteten Protokolle sind klassenlose Routing-Protokolle.
3. B, C und D.

Kapitel 7

1. D. Das Unternehmen wendet sich an einen ISP, der seinerseits Adressblöcke von einer regionalen Registratur bezieht, die ihre Adressblöcke von der ICANN zugewiesen bekommt. Die ICANN ist die Nachfolgeorganisation der IANA.
2. B. Unique-Local-Unicast-Adressen beginnen stets mit hexadezimal FD (FD00::/8). Die folgenden 40 Bits für die Site-ID wählt eine Organisation beliebig, ebenso die sich anschließenden 16 Bits für die Subnetz-ID. Es bleiben 64 Bits für Hosts.
3. C. In dieser Abkürzung wird der doppelte Doppelpunkt (::), der mehrere aufeinanderfolgende Quartetts, die ausschließlich binäre Nullen enthalten, repräsentiert, zwei Mal verwendet, was nicht erlaubt ist. Die zwei allein stehenden Doppelpunkte unter D. sehen zwar etwas merkwürdig aus, tatsächlich handelt es sich aber um eine spezielle IPv6-Adresse, die stellvertretend für eine unbekannte Adresse steht.
4. B. FF02::2. Alle anderen Adressen sind aber ebenfalls Multicast-Adressen.

Kapitel 8

1. A und C. Während bei stateful DHCPv6 sowohl eine IPv6-Adresse als auch weitere Konfigurationsinformationen, darunter die Adressen von DNS-Servern, übermittelt werden, vergibt stateless DHCP keine IPv6-Adresse, liefert aber weitere Konfigurationsinformationen. Stateless DHCPv6 wird meist in Verbindung mit stateless Autokonfiguration eingesetzt.

2. D. Die Link-Local-Adressse lautet FE80::0224:11FF:FF11:2222. Link-Local-Adressen entstammen dem Präfix FE80::/10. Die Interface-ID einer solchen Adresse wird gebildet, indem die MAC-Adresse der Schnittstelle in zwei gleich große Teile unterteilt wird, zwischen die FFFE geschoben wird. Schließlich wird das erste Bit im ersten Byte auf binär Eins gesetzt.

3. C. Seine IPv6-Adresse hat der Host mittels stateless Autokonfiguration erhalten. Er ruft aufgrund des gesetzten O-Bits weitere Konfigurationsinformationen (z. B. die Adressen von DNS-Servern) von einem DHCPv6-Server ab.

Der IPv6-Header

Der Vollständigkeit halber zeigt dieser Anhang den IPv6-Header und erklärt kurz die darin enthaltenen Felder.

Anders als der IPv4-Header (Protokolltyp 4) hat der IPv6-Header (Protokolltyp 41) eine feste Länge von 320 Bits oder 40 Bytes. Seltener benutzte optionale Informationen sind bei IPv6 ausgelagert in Extension-Header, die zwischen dem IPv6-Header und der Nutzlast (Payload) geschoben werden.

Der Header eines IPv6-Pakets sieht folgendermaßen aus:

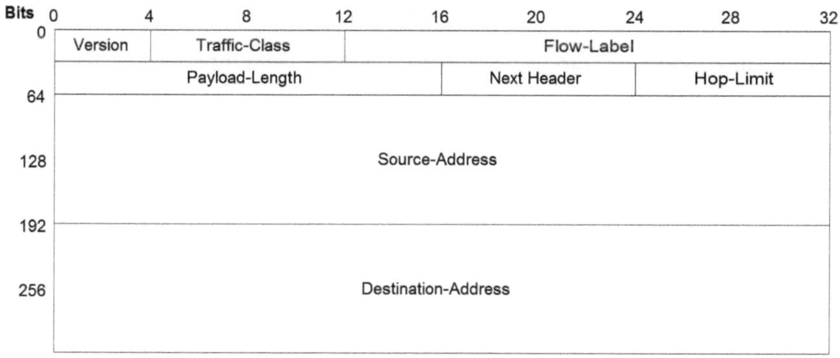

Abb. B.1: Der IPv6-Header

Die Felder haben folgende Bedeutung:

Feldbezeichnung	Länge (Bit)	Bedeutung
Version	4	Die IP-Versionsnummer.
Traffic-Class	8	Ein für Quality of Service (QoS) genutzter Wert.
Flow-Label	20	Für QoS oder Echtzeitanwendungen genutzter Wert. Pakete mit identischem Flow-Label werden gleich behandelt.
Payload-Length	16	Die Länge des IPv6-Paketinhalts in Byte ohne Header, aber mit Extension-Header.
Next Header	8	Identifiziert den Typ des nächsten Header-Bereichs. Dies kann ein Extension-Header oder ein Protokoll einer höheren Schicht sein, z. B. TCP (Typ 6) oder UDP (Typ 17).
Hop-Limit	8	Maximale Anzahl der Hops über Router, die ein Paket zurücklegen darf. Das Feld entspricht der TTL von IPv4.
Source-Adress	128	Die Quelladresse des Senders.
Destination-Address	128	Die Zieladresse des Empfängers.

Tabelle B.1: Felder im IPv6-Header

Im Feld Next-Header lassen sich neben den Protokollen höherer Schichten sechs Extension-Header und ein Platzhalter referenzieren. Folgende Extension-Header sind definiert:

Name	Typ	Größe	Beschreibung	RFCs
Hop-By-Hop-Options	0	variabel	Enthält Optionen, die von allen IPv6-Geräten, die das Paket durchläuft, beachtet werden müssen. Wird z. B. für Jumbograms benutzt.	RFC 2460, RFC 2675
Routing	43	variabel	Durch diesen Header kann der Weg des Pakets durch das Netzwerk beeinflusst werden, er wird unter anderem für Mobile-IPv6 verwendet.	RFC 2460, RFC 3775, RFC 5095
Fragment	44	64 Bit	In diesem Header können die Parameter der Fragmentierung festgelegt werden.	RFC 2460
Authentication-Header (AH)	51	variabel	Enthält Daten, welche die Vertraulichkeit des Pakets sicherstellen können (siehe IPsec).	RFC 4302
Encapsulating Security Payload (ESP)	50	variabel	Enthält Daten zur Verschlüsselung des Pakets (siehe IPsec).	RFC 4303
Destination Options	60	variabel	Enthält Optionen, die nur vom Zielrechner des Pakets beachtet werden müssen.	RFC 2460
No Next Header	59	leer	Dies ist nur ein Platzhalter, um das Ende eines Header-Stapels anzuzeigen.	RFC 2460

Tabelle B.2: IPv6-Extension-Header

Stichwortverzeichnis

J

K

L

M

N

O

P

Q

R

S

W

Z